CON
BOOK.

ROBERT KÖSCH

EIN KRANKEN-HAUS IM KONGO

MIX
Papier aus verantwor-
tungsvollen Quellen
FSC® C083411
www.fsc.org

© Conbook Medien GmbH, Neuss, 2021
Alle Rechte vorbehalten.

www.conbook-verlag.de

Umschlaggestaltung: Birgit Kohlhaas, kohlhaas-buchgestaltung.de,
unter Verwendung der Motive von Piman Khrutmuang/Adobe Stock
(Hintergrund), aluna1/Adobe Stock (Mangos), Ints Vikmanis/Adobe Stock
(Stacheldraht), Marish/Shutterstock (Muster unten)
Umschlagfotos: Robert Kösch, Tina Fares (Innenklappe)
Karte: © Peter Palm, Berlin
Fotos im Bildteil: Robert Kösch, Bildrahmen © istockphoto.com/Nic_Taylor
Satz: David Janik
Druck und Verarbeitung: CPI Books GmbH, Leck

893993 01 21 9

Printed in Germany

ISBN 978-3-95889-399-3

INHALT

Für Katharina

Anmerkung des Autors

Um die Identität und Privatsphäre Dritter zu schützen, wurden manche Namen der im Buch vorkommenden Personen bewusst geändert.

Die in diesem Buch geäußerten Ansichten sind meine eigenen und sind nicht zwangsläufig deckungsgleich mit den offiziellen Ansichten von Ärzte ohne Grenzen.

Prolog

Ich konnte die Hand vor Augen nicht mehr sehen, so dunkel war es in dem Wald. Nur hin und wieder schien das fahle Mondlicht durch die Wolkendecke und ließ Äste und Büsche gespenstisch schimmern. Im Gebüsch raschelte es. War da jemand? War es nur ein harmloses Tier? Oder der Wind, der durch die Äste pfiff? Vom Dorfältesten waren wir vor einer knappen Stunde noch gewarnt worden, dass hier rivalisierende Rebellengruppen ihr Unwesen trieben und die Zivilbevölkerung in Angst und Schrecken versetzten. Und genau durch dieses Gebiet liefen wir jetzt. Also vermutlich. Meiner Meinung nach hatten wir uns hoffnungslos verirrt.

Eigentlich sollten wir in dieser Gegend wichtige Daten wie die Kindersterblichkeit ermitteln und die Trinkwasserqualität untersuchen. Und jetzt waren wir in einer nahezu aussichtslosen Situation, hatten uns verlaufen, und die Dunkelheit war längst hereingebrochen. Wie hatte es nur so weit kommen können? Erneut dieses Rascheln, aber das konnte unmöglich der Wind sein. Jemand war hinter uns her. Mein Puls beschleunigte sich, und ich hielt den Zeigefinger an die Lippen, um die anderen zu warnen. Doch was sollten wir tun? Wir wären jedem Angreifer schutzlos ausgeliefert.

Ich blickte zu meinen Mitstreitern. Rachel, die britische Kinderärztin, versuchte uns leise Mut zuzureden. Luca, der italienische Projektleiter, umklammerte die Karte und starrte auf Wege und Abzweigungen, die alle keinen Sinn ergeben wollten. Emilia, die Krankenschwester aus dem Senegal, schwieg wie ein Grab, und ich als Logistiker versuchte angestrengt, einen Ausweg aus unserer misslichen Lage zu finden. Wir alle hatten den Blick wachsam auf das Unterholz gerichtet und versuchten, uns so leise wie möglich fortzubewegen.

Mit vorsichtigen Schritten gingen wir weiter. Dann zerfetzte eine Maschinengewehrsalve die trügerische Stille. Ein ohrenbetäubendes Geratter in unmittelbarer Nähe. Das Mündungsfeuer ließ die Bäume riesig wirken. Scheiße, Scheiße, Scheiße! Wohin? Wie kopflose Hühner liefen wir durcheinander, rempelten uns gegenseitig an und suchten panisch Schutz in den nahen Büschen. Dann sahen wir sie. Zwei dunkle Umrisse kamen näher. Sie brüllten uns Wörter in einer unverständlichen Sprache entgegen. Wir waren paralysiert. Unfähig zu denken. Unfähig zu handeln. Auf einmal waren sie ganz nah.

Dann wurde alles schwarz. Man verband uns die Augen, und wir sollten unsere Uhren und Handys rausrücken. Dann fesselten sie uns die Hände mit einem dicken Seil und schubsten uns weiter die Böschung herauf.

»*What do you want in forest? Our forest! Not your forest!*« Die tiefe und bedrohlich nahe Stimme machte deutlich, dass sie nicht zum Scherzen aufgelegt war.

Wie kommen wir hier nur wieder raus?

Dann auf einmal zog man uns die Augenbinden ab, und das schwere Seil wurde gelockert. Mit einem lauten »*Go away*« wurden wir weggeschickt. Wir sahen uns überrumpelt an, aber es blieb keine Zeit zum Nachdenken. Wir liefen einfach nur fort. Weg von den dunklen Gestalten.

Vorsichtig warf ich einen Blick zurück und sah, wie sich die beiden vermeintlichen Entführer lachend unterhielten und sich einen warmen Kaffee aus einer Thermoskanne einschenkten. Ich musste schmunzeln. Wir befanden uns nicht etwa in einem brandgefährlichen Krisengebiet, sondern in einem schönen Waldgebiet am Südrand der Stadt Bonn. Hier fand die sechstägige Schulung statt, die die Teilnehmer auf die anstehenden Missionen mit Ärzte ohne Grenzen vorbereiten sollte. Rachel würde in Bangladesch arbeiten, Emilia in Sierra Leone, und für mich würde es Anfang Januar in den Kongo gehen.

· 1 ·

ANFANG JANUAR BIS MITTE MÄRZ 2020

CHANGE IT

Abschiedsparty

Es war der erste Freitagabend im Jahr 2020, und in der Q-Bar im Herzen Hamburg-Eimsbüttels war viel los. Mehr als 60 Leute tummelten sich um den Tresen, standen in kleinen Grüppchen zusammen, quatschten, saßen in den gemütlichen Sesseln, spielten Kicker und genossen den Abend. Das Beste dabei war, dass ich jeden Einzelnen der Gäste kannte. Das weniger Gute, dass ich all diese lieben Menschen wohl für die nächsten zwölf Monate nicht sehen würde.

Vor ein paar Wochen hatte ich mit dem Inhaber telefoniert und die ganze Bar für den heutigen Abend gebucht. Meine Frau Katharina und ich waren häufig hier, denn viele unserer Freunde wohnten in der Nähe, und man traf sich immer wieder zu einem Feierabendbierchen. Auf die Frage, was denn der Anlass der Feier sei, hatte ich geantwortet, dass es meine Abschiedsparty werden würde. Ich würde für ein Jahr mit Ärzte ohne Grenzen in den Kongo gehen. Es war einen kurzen Moment still am anderen Ende der Leitung gewesen.

»Oh krass, dann alles Gute. Wusste gar nicht, dass du Arzt bist.« Diesen Satz hörte ich fast immer, wenn ich von meinem abenteuerlichen Vorhaben erzählte. Aber ich war kein Arzt. Ich hatte Wirtschaftsingenieurwesen studiert und arbeitete bei Airbus im Projektmanagement.

»Ärzte ohne Grenzen braucht auch Leute, die sich um die Logistik, das Personal und die Finanzen kümmern.«

»Ja, stimmt, macht Sinn, da habe ich irgendwie noch gar nicht drüber nachgedacht. Dann bis Freitag!«

Und jetzt war der Abend gekommen. Noch einmal ordentlich mit seinen Liebsten feiern. Sebastian klopfte mir auf die Schulter und sagte kopfschüttelnd: »So etwas Verrücktes kannst auch wirklich nur du machen, Robert. Ein Krankenhaus im Kongo bauen.«

Ich musste ihm recht geben, etwas verrückt war es schon. Ich konnte es selbst kaum glauben, dass es nun losgehen sollte.

»Wo geht es für dich denn ganz genau hin?«

Da die geografischen Kenntnisse des Durchschnittsdeutschen, mich eingeschlossen, in Bezug auf den afrikanischen Kontinent gerne zu wünschen übrig lassen, hatte ich extra eine große Weltkarte mitgebracht und an die Wand gehängt. Kleine Pfeile markierten die nächsten Stationen: von Hamburg mit dem Zug nach Berlin zum ersten Briefing, von dort aus weiter nach Amsterdam zur Zentrale der holländischen Sektion von Ärzte ohne Grenzen. Dort würde ich in den Flieger steigen und nach Kigali fliegen, in die Hauptstadt von Ruanda. Jemand würde mich abholen und mit dem Auto an die Grenze zur Demokratischen Republik Kongo bringen, wo ich dann in Bukavu ein paar Tage verbringen würde. Bukavu war die Hauptstadt der Provinz Süd-Kivu, ganz im Osten des Kongos, und dort hatte die Coordination von Ärzte ohne Grenzen ihren Sitz. Und dann käme der spannendste Teil, denn von dort ginge es 200 Kilometer weiter in den Süden nach Baraka, dem eigentlichen Ziel meiner Reise. Viel hatte ich über die Stadt nicht herausfinden können. Der englischsprachige Wikipedia-Eintrag von 2015 besagte nur, dass es in Baraka keine asphaltierten Straßen, kein fließend Wasser und keinen Strom gebe.

»Und wie gefährlich ist es da denn wirklich? Ich meine, es ist ja der Kongo und nicht Österreich.« Sebastian kramte sein Handy hervor und las eine Passage aus den Reisehinweisen des Auswärtigen Amts vor. Vor Reisen nach Süd-Kivu und in andere Provinzen im Osten des Kongos wurde ausdrücklich gewarnt: »In diesen Provinzen kommt es immer wieder zu gewaltsamen Zwischenfällen zwischen den kongolesischen Sicherheitskräften und bewaffneten Gruppen. In einigen Gebieten ist es in der Vergangenheit auch zu Entführungen gekommen. Ein Aufenthalt in diesen Gebieten muss unbedingt durch ein tragfähiges Sicherheitskonzept abgesichert sein.«

Diesen Satz hatte ich auch schon gelesen, ebenso wie die letzten Berichte von Ärzte ohne Grenzen zur aktuellen Sicherheitslage in der Region. In den vergangenen Jahren war es verhältnismäßig ruhig geblieben. Sonst würde man mich als blutigen sogenannten *First Missioner* nicht dort hinschicken. Ich hatte nämlich keinerlei Vorerfahrung bei einer NGO, einer Nichtregierungsorganisation. Das Risiko eines Überfalls wäre in Baraka natürlich größer als in Hamburg. Aber klar, wenn im Osten des Kongos alles in Ordnung wäre, hätte Ärzte ohne Grenzen auch keinen Grund, dort zu sein.

Tjark, der sich zu uns gesellte, winkte ab: »Geh du ruhig in den Kongo, ich überweise lieber einfach etwas Geld und gehe alle paar Wochen zum Blutspenden. Das tut's doch auch.«

Je länger der Abend wurde, desto ausgelassener wurde die Stimmung. Alles war so herrlich normal. Eine schöne Sause mit meinen Liebsten am Freitagabend. Und auf einmal hatte ich in dem ganzen Trubel einen kurzen Moment, in dem ich mit niemandem anstieß und mich niemand zu den nächsten Monaten interviewte. Ich fragte mich, ob es das wirklich wert war: Das alles aufzugeben, um auf der anderen Seite der Erde im tiefsten Afrika etwas Gutes zu tun und zu helfen. In einer Region zu leben, die sich seit Jahrzehnten in einer tiefen Krise befand, wo Vergewaltigungen an der Tagesordnung und die Menschen bettelarm waren – so klang zumindest der Tenor der Berichterstattung im Netz. Aber Katharina und ich hatten uns gemeinsam entschieden, dass ich dieses Abenteuer angehen würde. Es würde nicht leicht werden: Wir waren frisch verheiratet, und nun würde ich allein in die Ferne ziehen. Seit sieben Jahren waren wir ein Paar, und seit mehr als drei Jahren wohnten wir zusammen. Es war das Paradies auf Erden. Aber ein Unfall hatte mir sehr deutlich gezeigt, dass es kein Morgen gibt. Es bleibt nur das Heute. Meine Frau kannte mich wie so häufig besser als ich mich selbst und hatte den Nagel auf den Kopf getroffen: »Wenn du es jetzt nicht machst, machst du es nie.«

Meine Stammtisch-Jungs kamen auf mich zu und überreichten feierlich ein Abschiedsgeschenk: Sie hatten einen Kalender gebastelt. Für jeden kommenden Monat ein paar Erinnerungen, damit ich sie nicht vergessen würde. Die verrückten Vögel hatten den Ersatzschlüssel unserer Wohnung organisiert und in jedem Zimmer Bilder geschossen. Tjark und Brian saßen Zeitung lesend mit Schaum auf dem Kopf in unserer Badewanne. Diese Irren – ich konnte nicht mehr vor Lachen. Sie würden mir fehlen.

»Buffaloooo!!!« Ein lauter Schrei ging durch die Q-Bar. Brian klopfte sich lachend auf die Schenkel, und Justus schaute frustriert zu Boden. »Ich wusste doch, dass ich dich kriege, Justus!«

Meine Mutter stand neben mir und verstand die Welt nicht mehr.

»Ach, das ist ein Trinkspiel, das wir eigentlich immer spielen. Bei einer geraden Stundenzahl darf man nur mit der rechten Hand trinken, also zum Beispiel von 22:00 bis 22:59 Uhr. Eben ist es 23:00 Uhr geworden, die Uhrzeit ist ungerade und Justus hätte mit links trinken müssen. Hat er aber nicht, jetzt muss er sein Bier exen.«

Meine Mutter schüttelte nur lachend den Kopf. Sie wusste, dass wir das Herz am rechten Fleck hatten. Was sie wohl wirklich zu der Kongo-Idee dachte? In jedem Fall wusste ich, dass sie sich jetzt schon sehnlichst auf den Moment freute, wenn ihr ältester Sohn wieder gesund zurück in Deutschland wäre.

Langsam ging der Abend seinem Ende entgegen. Da kam Justus, mein Trauzeuge, auf mich zu. Wir kannten uns seit der Schulzeit in Mainz und haben schon unfassbar viel miteinander erlebt. Eigentlich nahmen wir uns ständig auf den Arm, machten Witze über den anderen und nahmen uns nicht sonderlich ernst. Aber wenn ich Justus nachts um 4 Uhr anrufen würde und ich seine Hilfe bräuchte, dann würde er nicht groß fragen, was los war, sondern sich ins Auto setzen und sofort vorbeikommen. Genau wie ich hatte er schon ordentlich einen im Kahn, und wir umarmten uns lange und feste. Und auf einmal flüsterte er mir mit ungewöhnlich ernster Stimme leise ins Ohr: »Pass bitte auf dich auf!« Wir hatten beide feuchte Augen.

Irgendwann war Schluss, und zusammen mit dem harten Kern traten wir hinaus in die kalte und klare Winternacht. »Ich bin dann mal im Kongo ...«, rief ich noch winkend über die Schulter. Katharina hatte sich bei mir eingehakt, und wir gingen zu zweit nach Hause. Das Schlimmste stand mir noch bevor, in wenigen Tagen würde ich mich von ihr verabschieden müssen. Ich wollte gar nicht daran denken.

Ankunft in Baraka

Der Toyota Land Cruiser kam schnaubend zum Stehen, fast so, als wäre er froh, dass die Strapazen der letzten vier Stunden nun endlich hinter ihm lagen. Tapfer hatte sich der weiße Geländewagen durch die Serpentinen der strahlend grünen Berge gekämpft und die nur aus Schlaglöchern bestehende blutrote Sandpiste bezwungen. Die ständige Ruckelpartie hatte meinen sonst so zuverlässigen Stahlmagen beängstigend nah an seine Belastungsgrenze gebracht, und jetzt hatte auch er sich eine Auszeit verdient. Kurz nach Sonnenaufgang waren wir im hektischen Bukavu aufgebrochen, hatten die Berge überwunden, und nun blickten wir auf einen riesigen blauen Spiegel, der sich im Horizont verlor. Nicht die kleinste Welle war auf dem Tanganjikasee zu sehen. Es war atemberaubend schön. Wir waren in Uvira angekommen, einer Stadt am nördlichen Ende des Sees, die an Burundi grenzte. Baraka war noch 90 Kilometer entfernt, aber für die Straße RN5 gab es seit Monaten keine Sicherheitsfreigabe. Zu häufig war es dort schon zu bewaffneten Überfällen gekommen. Wir würden daher auf ein Boot von Ärzte ohne Grenzen umsteigen, das uns ohne Risiko nach Baraka bringen würde. Es war ein ordentliches Motorboot mit zwei kräftigen 150-PS-Motoren und ausreichend Platz für zehn Leute. Zahllose Pakete, gefüllt mit Spritzen und Ampullen, sowie mein riesiger, tonnenschwerer roter Koffer wurden vorsichtig verladen, und dann ging die Fahrt auch schon auf dem Wasserweg weiter.

Ich musste mich kneifen, es war einfach unglaublich: Ich war mitten im Kongo und donnerte mit unglaublichem Speed über den spiegelglatten See. Noch glich die Reise eher einem großen Abenteuer, und einzig mein schneeweißes T-Shirt mit dem roten Logo von Ärzte ohne Grenzen erinnerte mich daran, dass ich hier nicht als Tourist unterwegs war, sondern einen Job zu erledigen hatte. In großen Buchstaben stand dort ›MSF‹ geschrieben, die internationale Abkürzung für Médecins Sans Frontières. Das T-Shirt hatte den Zweck, uns als Helfer auszuweisen und die Werte der Hilfsorganisation zu unterstreichen: unabhängig, unparteilich und neutral. Diese Werte sollten uns besser schützen, als eine kugelsichere Weste es könnte.

Als mir die Gischt ins Gesicht spritze, musste ich an den Abschied von Katharina denken. Wir waren an der S-Bahn-Station gestanden, hatten uns fest im Arm gehalten und verzweifelt versucht die Tränen zurückzuhalten, um es dem anderen nicht noch schwerer zu machen. Katharina hasst Abschiede und hatte keine große Szene gewollt. Mit leiser, erstickter Stimme hatte sie mir das Versprechen abgerungen, dass ich auf mich aufpassen und ja gesund und in einem Stück zurückkommen solle. Ich hatte es ihr versprochen, und dann hatten wir beide auf einmal losgeheult. Irgendwann hatten wir die Umarmung gelöst, sie war aufs Rad gestiegen, hatte sich tränenüberströmt umgedreht und war weitergefahren zur

Uni. Und ich war in die S-Bahn gestiegen, und die Reise hatte begonnen.

Das Boot wurde langsamer, und der Kapitän zeigte auf die ersten Häuser am Ufer und rief auf Französisch: »*Voilà, c'est Baraka. On est là.*« Mein Wohnort für die nächsten zwölf Monate. Es hatte Tage gedauert und Züge, Busse, Flugzeuge, allradgetriebene Geländewagen und ein Boot gebraucht, um an diesen Ort zu gelangen, der meiner Welt so unglaublich fern war.

Eine riesige Schar neugieriger Kinder reckte ihre Hälse nach dem Neuankömmling aus. Sie trugen zerrissene T-Shirts und hatten weder Schuhe noch Flipflops an den Füßen. Doch alle lachten, schrien und zeigten ihre strahlend weißen Zähne. Herzlich willkommen in Baraka!

Mit Sack und Pack wurde ich in ein paar Minuten vom Strand bis zu meinem Quartier gebracht. Doch war die Fahrt lang genug, um meine Sinne komplett zu überfluten. Es stank nach verbranntem Plastik, überall herrschte geschäftiges Treiben, aus Boxen dröhnte völlig übersteuerte Musik, Hühner und Ziegen versuchten dem Geländewagen auszuweichen, und das Ganze bei 37 Grad im Schatten. Vor einem türkisfarbenen Metalltor kamen wir zum Stehen. Ein verwaschenes MSF-Logo war an der Mauer zu erkennen, das gleiche wie auf meinem T-Shirt. Da öffnete sich schon das Tor, und zwei Kongolesen begrüßten mich mit »*Karibu*«.

Vor einem grauen Gebäude unter einer großen Palme standen die beiden internationalen Mitarbeiter Alessandro und Filippo, zwei Italiener in ihren Dreißigern. »Herzlich willkommen in Papaya!« Papaya? Alessandro musste meinen fragenden Blick gesehen haben und fügte schmunzelnd hinzu, dass die Base Papaya genannt wurde. Das klang unkompliziert und locker – irgendwie unerwartet, aber nett. »Ach, und *Karibu* heißt auf Swahili ›willkommen‹, das ist neben der Amtssprache Französisch die am häufigsten gesprochene Sprache in Süd-Kivu.«

Mit Alessandro hatte ich bereits im Vorfeld telefoniert, er war der Projektleiter für das neue Krankenhaus und somit mein Chef. Filippo würde nächste Woche den Heimweg antreten, und ich würde seinen Posten als Verantwortlicher für Finanzen, Personal und die Logistik der Base übernehmen.

Filippo führte mich am Haus vorbei in einen kleinen Hof, in dem ein Zitronenbaum stand. Dort war ein Anbau mit drei Zimmern, davor jeweils eine kleine Terrasse. Es wirkte wie ein Apartmenthotel in Lloret de Mar. Mein Zimmer war circa zehn Quadratmeter groß und ausgestattet mit einem wuchtigen Bett mit Moskitonetz, einem wackligen Schreibtisch und einem Schrank, dessen Holztüren so verzogen waren, dass man sie nicht schließen konnte. Stolz präsentierte mir Filippo das direkt angeschlossene Bad: Die Fliesen hingen schief an der Wand, der Toilettensitz war verbeult, der Spiegel hatte einen Riss, und die Duscharmatur wirkte nicht gerade robust. »In den meisten MSF-Projekten teilt man sich Dusche und Toilette mit anderen. Hier in Papaya leben wir im Luxus! Jeder hat sein eigenes Bad.«

Das also war mein Reich für die nächsten zwölf Monate.

»Komm erst mal an, dann zeige ich dir die Base.«

Papaya selbst war etwas mehr als 800 Quadratmeter groß und von hohen Mauern umgeben, die zusätzlich mit NATO-Draht gesichert waren. Man hätte fast meinen können, man wäre im Knast! Der kleine Ausguck am Tor, von dem man gut über die Straße schauen konnte, verstärkte diesen Eindruck zusätzlich. Die freundlichen Mitarbeiter jedoch machten sehr schnell klar, dass man hier eher in einer Oase als in einem Gefängnis war. Im Haupthaus gab es vier Schlafzimmer, ein riesiges Wohn- und Esszimmer, eine kleine Küche mit angeschlossener Speisekammer sowie einen Raum für Waschmaschine, Bügelbrett und Kühlschrank. Wie auch mein Badezimmer war alles Stückwerk, aber es machte einen freundlichen, unkomplizierten Eindruck. In einem kleinen Schränkchen war die Medikamentenbox mit Malariaprophylaxe, Verbandsmaterialien, Fieberthermometer und – zu meiner Überraschung – Kondomen. Die würde ich wohl eher nicht benötigen ...

Die Büroräume waren im vorderen Teil: ein größerer Raum für Logistik, Personal und Finanzen und im ersten Stock ein Meetingraum sowie ein kleineres Büro für Alessandro und seine Assistentin. Mein Weg zur Arbeit dauerte also keine halbe Minute!

Dann präsentierte mir Filippo am Eingangstor die kongolesische Version von The Beast. Es war Liebe auf den ersten Blick, als er mir Rhino vorstelle. Wie der Name vermuten lässt, sah der Geländewagen ebenso massiv und kräftig aus. Es handelte sich um einen Toyota Land Cruiser in der Pickup-Version, also mit großer Ladefläche. Die Reifen wirkten riesig und machten den Eindruck, dass sie den Kampf mit den kongolesischen Straßen nur zu gerne aufnehmen wollten. Es gab nur einen Haken an dem allradgetriebenen Ungetüm: Ich durfte es nicht fahren! Dafür hatten wir aber vier Fahrer, die so eingeteilt waren, dass das Fahrzeug rund um die Uhr und auch am Wochenende abfahrbereit war. Sie waren bestens darin ausgebildet, die Fahrzeuge durch tiefen Matsch zu steuern und im Zweifel auszugraben. Autofahren in Baraka war mit Autofahren in Hamburg nicht im Ansatz zu vergleichen.

Dann kümmerten wir uns um das Wichtigste für junge Menschen im 21. Jahrhundert: das WLAN-Passwort. Die Frage, welches WLAN ich auswählen musste, erübrigte sich, da es nur ein einziges gab. Und auf einmal war ich mit meiner bekannten Welt verbunden und konnte Katharina bequem per WhatsApp schreiben. Für uns war eine passable Internetverbindung Grundvoraussetzung für die Zeit im Kongo gewesen. Hätte ich nicht vernünftig per WhatsApp oder Skype telefonieren können, wäre ich zu Hause geblieben.

Um mich nicht noch mehr mit Informationen und Eindrücken zu überfrachten, stand heute glücklicherweise nur noch das Sicherheitsbriefing für internationale Mitarbeiter – auch Expats genannt – auf dem Plan. Mit der eigentlichen Übergabe würden wir erst morgen anfangen. Alessandro legte einen dicken Ordner vor mich auf den Tisch, den Local Security Plan (LSP). Das war also das ›tragfähige Sicherheitskonzept‹, von dem das Auswärtige Amt gesprochen hatte. Daneben legte er einen unhandlichen schwarzen Klotz, aus dem eine Antenne herausragte. »Ab sofort musst du das Funkgerät immer eingeschaltet bei dir haben. Auch nachts.«

»Warum brauchen wir überhaupt diese Funkgeräte? Warum nutzen wir nicht einfach nur die Handys?«

»Mit den Funkgeräten sind wir unabhängig und nicht auf das das Mobilfunknetz angewiesen. Bei Störungen oder absichtlichem Abschalten seitens der Regierung haben wir immer noch ein funktionsfähiges Kommunikationsnetz. Und vor allem ist es schnell – du wirst es hassen und lieben!«

Ich hatte keine Ahnung, was Alessandro mit dem letzten Satz meinte.

Von morgens 6 Uhr bis abends 18 Uhr durften sich die Expats weitestgehend frei in der sogenannten *green zone* bewegen, also auch zu Fuß und allein. Ab 18 Uhr nur noch mit den Fahrzeugen, und um 22:30 Uhr musste jeder in der Base sein. Ohne Wenn und Aber. Jede Bewegung musste vorher dem Radio Room in Mango mitgeteilt werden, sodass man lückenlos nachverfolgen konnte, wo man sich befand. Mango?

»Ach, Mango, das ist der Name der anderen MSF-Base in Baraka. Die zeigen wir dir morgen.«

Fahrten außerhalb der Stadt mussten mindestens einen Tag vorher angemeldet werden, und vor Abfahrt musste eine Sicherheitsfreigabe eingeholt werden. Der Projektleiter in Mango und sein Assistent bewerteten jeden Tag das aktuelle Geschehen und passten entsprechend die Maßnahmen an. Der Rest stehe im Local Security Plan: Protokolle, wie man sich bei einer potenziellen Evakuierung oder bei einem bewaffneten Überfall zu verhalten haben und wie man Sicherheitsvorfälle meldet. Sicherheit und Risikominimierung wurden hier offensichtlich großgeschrieben! So viele Dinge, die man beachten musste und nicht falsch machen durfte. Hoffentlich würde ich mir den Sicherheitsplan in Zukunft nicht mehr so genau anschauen müssen.

Punkt 18 Uhr war es schlagartig dunkel geworden. Wir waren nur 450 Kilometer Luftlinie vom Äquator entfernt, und anstatt gemächlich unterzugehen, fiel die Sonne einfach nur wie ein Stein hinter den Horizont. Aber es war immer noch heiß, bestimmt über 30 Grad, und zu dritt machten wir es uns auf der Terrasse gemütlich und tranken ein kühles Bier.

Was man denn hier für Sport treiben könne, fragte ich die beiden. Sport ist so etwas wie mein Lebenselixier. Beim Sport kann ich alles vergessen, bin ich maximal fokussiert und lebe ich ganz im Moment. Umso wichtiger war es für mich, dass ich mich in der Ferne regelmäßig bewegen konnte. Es war offensichtlich, dass es hier keinen Rennradverein oder Tennisclub gab. Aber irgendwas musste man ja machen können.

»Also Kongwa, ein Wärter aus Mango, geht gerne joggen. Der nimmt immer internationale Mitarbeiter mit. Aber er soll verdammt schnell sein«, warnte mich Filippo.

Schnell griff ich zum Telefon, wählte seine Nummer – morgen früh um 6 Uhr würde er mich abholen.

Mein Kopf rauchte von den ganzen Eindrücken des Tages, also zog ich mich in mein kleines Zimmer zurück, das sich noch ganz fremd anfühlte. Als ich den Kalender der Hamburger Stammtisch-Jungs aus dem Koffer kramte, fiel mir ein kleines, in Geschenkpapier eingewickeltes Paket auf, das ich auf keinen Fall selbst eingepackt hatte. Ach, Katharina, sie war immer für diese kleinen süßen Überraschungen gut. Gespannt riss ich das bunte Papier auf, und ein kleines schwarzes Notizbuch kam hervor. Der Einband war elegant und makellos, die Seiten glatt und ordentlich. Ich löste vorsichtig den Gummibandverschluss und schlug die erste Seite auf. Ich erkannte die gleichmäßige Schrift meiner Frau:

›Lieber Robert, ich wünsche dir viel Spaß beim Schreiben dieser noch fast leeren Seiten und bin sehr gespannt, wie das Buch in einem Jahr aussieht. Es soll dir für alte und neue Erinnerungen dienen. Deine Katharina‹

Ich blätterte durch das Heft. Jedes Seitenpaar entsprach einer Kalenderwoche, mit viel Platz für Notizen und Gedanken. Ganz leer war das Büchlein aber nicht. Auf einigen Seiten waren bereits kleine Fotos eingeklebt. Bilder von guten Freunden, verrückten Urlaubstagen und himmlischen Momenten. Sie war wirklich zu gut für mich.

Ich nahm meinen Stift und schrieb die ersten Worte in das noch jungfräuliche Heft: ›Das Abenteuer beginnt!‹

Wie das Buch wohl in einem Jahr aussehen würde?

Mzungu

Um 5:45 Uhr riss mich mein Handywecker aus einem tiefen Schlaf. Was hatte ich mir da nur wieder einfallen lassen? Joggen zu dieser furchtbaren Zeit? Schlaftrunken schälte ich mich aus dem Bett, verhedderte mich dabei im Moskitonetz, quälte mich in meine Laufsachen und schleppte mich zum Tor. Doch bei aller Müdigkeit meldete sich auch mein Entdeckergeist: Das erste Mal zu Fuß durch das fremde Baraka, aufregend! Ich nickte den beiden Wärtern zu und versuchte mich krampfhaft an ihre Namen zu erinnern, doch mein Gehirn schien noch im Halbschlaf zu sein.

Ein mir unbekannter Kongolese in einer langen quietschpinken Laufhose wartete bereits auf mich und begrüßte mich mit einem strahlenden Lächeln. Das musste also Kongwa sein, die pfeilschnelle Laufmaschine! Der Wärter – Debis, Dabis oder Dabo, der Name wollte mir immer noch nicht einfallen – hielt die schwere Tür allerdings noch verschlossen und fragte mich, wo denn mein Funkgerät sei. Ach Mist, den unförmigen Klotz hatte ich natürlich in meinem Zimmer vergessen. Ich musste mich wohl noch daran gewöhnen, dass man immer und jederzeit erreichbar sein musste. Sogar beim Sport.

Dann wurde uns das Tor geöffnet, und wir traten auf die sandige Straße. Um diese morgendliche Uhrzeit kurz nach Sonnenaufgang herrschte eine schon fast magische Stimmung. Ein Schleier hing über der Stadt, der alles ruhiger und langsamer wirken ließ. Die meisten Kinder schliefen noch, ebenso wie Ziegen und Schafe, keine knatternden Motorräder und brummenden Lkw-Riesen. Wir bahnten uns unseren Weg auf verschlungenen Pfaden vorbei an einer nicht enden wollenden Siedlung aus kleinen Lehmhütten, die mit Stroh bedeckt waren. Mit einem fröhlichen »*Jambo Mama*« grüßte Kongwa die zahllosen Frauen, die sich um einen Brunnen scharten, um die tägliche Ration Wasser in die knallgelben Zehn-Liter-Kanister zu füllen. Wasseranschlüsse in den Häusern schien es hier wohl nicht zu geben. Unvorstellbar, was das für den Alltag bedeutete. Doch die schnellen Schritte meines Begleiters ließen mir keine Zeit, lange über die alltäglichen Herausforderungen der Bevölkerung nachzudenken. Nach zehn anstrengenden Minuten erreichten wir einen kleinen Hügel, der einen fantastischen Blick auf die Stadt und den See bot. Die Pause kam mir sehr gelegen, ein kurzer Moment zum Durchatmen.

Das war also Baraka. Eine riesige Ansammlung von Hütten und kleinen Häusern. Die Straßen waren zwar schachbrettartig angeordnet, aber dennoch wirkte alles wie ein riesiges Durcheinander. Hochhäuser gab es überhaupt keine, schon Gebäude mit zwei Stockwerken waren extrem selten. Der höchste Punkt der Stadt war die Antenne eines großen Telefonmasts. Ansonsten deutete nichts auf technische Errungenschaften hin.

Wie viele Menschen hier wohl lebten? Kongwa war sich nicht sicher, vielleicht so um die 150.000. Hätte ich ein Bild malen sollen, hätte ich nur drei Farben benötigt: die blutrote Erde, die sattgrünen Blätter der gigantischen Mangobäume, die hier wie Unkraut wuchsen, und der tiefblaue Himmel. Kongwa war hier geboren und erklärte mir, dass Baraka auf Swahili Segen bedeutet. Ein Segen für wen? Die Frage blieb unbeantwortet. In meinen Ohren klang der Name eher nach einer Baracke.

Wir mussten weiter. Obwohl es nicht einmal halb sieben war, stand die Sonne überraschend hoch am Himmel. Gefühlt waren es auch schon knapp 30 Grad, und mein Shirt war klatschnass. Auf dem Weg zurück zur Hauptstraße folgten uns unzählige Kinder. Sie streckten ihre kleinen Daumen nach oben, gluksten vor Lachen und versuchten, mit uns Schritt zu halten. Dabei hörte man immer wieder ein Wort, »Mzungu, Mzungu«. Kongwa klärte mich auf, damit seien Menschen mit heller Hautfarbe gemeint. Also ich. Es war unglaublich, wie sich die Kinder freuten, einen weißen Mann zu sehen. Kongwa musste immer wieder eine Traube an Kindern auflösen und nach Hause schicken.

An der Hauptstraße erwachte die Stadt zum Leben. Neben den roten Sonnenschirmen stand ein großer Haufen Mopeds kreuz und quer am Straßenrand, und die Fahrer brüllten wild durcheinander. Man rief laut den Ort, wo man hinwollte, und fand in Sekunden einen Fahrer. In anderen Teilen der Welt nimmt man sich ein Uber, hier dagegen ein sogenanntes Moto. Die schwarzen Abgase der Lkws drangen tief in meine Atemwege ein. Die Stadt war endgültig erwacht, und das geschäftige Treiben begann. Keuchend, nach Atem ringend und nass geschwitzt kamen wir nach 40 Minuten wieder in Papaya an. Ich würde ordentlich trainieren müssen, um auch nur annähernd mit Kongwa mithalten zu können.

Unter der erfrischenden Dusche in meinem winzigen Bad kam ich ins Grübeln. Die Stadt war so anders als alles, was ich bislang gesehen hatte. Eine Welt, die anderen Regeln folgte. Regeln, die ich nicht kannte. Ich wunderte mich über das, was ich gesehen hatte, und vor allem über das, was ich nicht gesehen hatte. Da war kein Zentimeter asphaltierter Straße, kein gepflasterter Gehweg, kein einziges Verkehrsschild, von einer Ampel ganz zu schweigen. Keine Parkbank, kein Mülleimer, kein Gullydeckel, keine Bushaltestelle und auch kein Stromkasten. Nicht ein einziges Auto hatte ich gesehen, nur die vollkommen überfüllten Lkws und wuseligen Motos. Mit anderen Worten: Es gab überhaupt keine Infrastruktur! Ich war geschockt. Ich hätte nie gedacht, dass es einen solchen Ort auf der Erde im 21. Jahrhundert gab. Besonders segensreich kam mir das nicht vor ...

Alles neu

Trotz des mehrtägigen Vorbereitungskurses in Bonn vor knapp einem Monat, stundenlangen E-Learnings, diversen Briefings in Berlin und Amsterdam und den Einweisungen in der Coordination in Bukavu fühlte ich mich wie ein Kind, das eben erst Fahrradfahren gelernt hat und jetzt bei der Tour de France starten sollte. Aber immerhin war da noch Filippo, der mir das kleine und das große MSF-Einmaleins beibringen würde. Wir hatten eine Woche, bis er zurück nach Italien reisen würde. Es gab viel zu lernen!

Wir starteten mit einem groben Überblick der Aktivitäten von Ärzte ohne Grenzen in Baraka. Es gab zwei Stützpunkte, die jeweils nur sechs Minuten Fußweg auseinanderlagen: Mango und Papaya. Mango unterstützte das bereits existierende Krankenhaus, das Centre de Santé (Gesundheitszentrum), das Malaria-Camp Cent Lits, das Cholerabehandlungszentrum sowie diverse Gesundheitsstützpunkte im Umland, die vom sogenannten Outreach-Team mit Booten und Geländewagen angefahren wurden. Zudem waren in Mango Werkstätten, Schulungsräume, Büros – ein riesiges Projekt mit mehr als 150 nationalen Mitarbeitern und zwölf internationalen Mitarbeitern, den Expats. Das Projekt existierte seit 2003.

Papaya dagegen war deutlich jünger. Es war erst im Herbst 2019 (also dem europäischen) gebaut bzw. umgebaut worden. Vorher war es ein Hotel gewesen. Es sollte die Base für das Team sein, das das neue Krankenhaus wenige Kilometer nördlich im Stadtteil Kalundja bauen sollte. In Papaya arbeiteten drei internationale Mitarbeiter, Alessandro, Filippo und ich, sowie 18 nationale Mitarbeiter, die alle Kongolesen waren und aus der Region kamen:

- sieben Wärter: Amigo, Dobis, Gentil Amani, Jeancy, Mathias, Mattathias und Silvie;
- vier Fahrer: Cedric, Franck, Papa Amuri und Rams;
- zwei Reinigungskräfte: Etoile und Josephine;
- eine Köchin: Clementine;
- zwei Logistiker: Akas und Francois;
- eine Mitarbeiterin für Finanzen und Personalangelegenheiten: Marie;
- eine Assistentin für die Projektleitung: Tabita.

Viele Namen, die ich sofort wieder vergessen hatte, mir aber möglichst schnell merken wollte. Akas und Marie waren dabei meine direkten Kollegen, mit ihnen saß ich im Büro und würde ich in Zukunft viel Zeit verbringen. Noch waren wir einander unbekannt, doch das würde sich schnell ändern. Als Allround-Manager wäre ich für die Finanzen, das Personal und die Logistik der Base verantwortlich. In den kommenden Monaten würden dann weitere internationale Mitarbeiter kommen: Architekten, Bauingenieure, Experten für Wasser und Hygiene, Bauleiter und so weiter. Ich würde ein paar Wochen brauchen, um die Software sowie die diversen Prozesse zu verstehen und selbstständig anzuwenden. Für alles schien es ein Protokoll zu geben, durch das man sich durchkämpfen musste.

Nachmittags begannen wir mit dem Logistikteil. Wie ich morgens schon beim Joggen festgestellt hatte, gab es in Baraka quasi keine Infrastruktur. Wir mussten also weitestgehend autark operieren. Woher kam unser Strom? Was für Back-up-Systeme hatten wir? Was passierte mit unserem Müll? Woher bekamen wir unser Wasser? Wie wurde es aufbereitet? Fragen über Fragen.

In Deutschland hatte ich mich ehrlich gesagt nie gefragt, wo unser Wasser herkommt. Man dreht den Hahn auf, und es kommt eben je nach Bedarf kaltes oder warmes Wasser raus. Alle paar Monate muss man die Wasseruhr ablesen, und dann bekommt man eine Rechnung zugeschickt. Fertig. In einem Ort ohne Wasserleitungen und Kanalisation war das schon etwas schwieriger. Als Filippo mir das Frischwassermanagement von Papaya erklärte, war ich sehr erstaunt:

Im Centre de Santé, das nur einen Steinwurf entfernt lag, hatte MSF vor Jahren einen Brunnen gebaut. Per Funk baten unsere Wärter die Jungs vom Gesundheitszentrum, die Pumpe anzuschalten. Diese würde dann Wasser aus dem Brunnen durch ein eigens dafür eingerichtetes Rohr knapp 180 Meter zu uns in einen riesigen Tank pumpen. Nach Absprache mit den Behörden hatte man einfach einen langen Graben in die sandige Straße gebuddelt, das Rohr versenkt und anschließend wieder zugeschippt. Wenn der große Tank voll war, funkte man erneut die Kollegen im Gesundheitszentrum an und bat freundlich, die Pumpe auszuschalten. In einem nächsten Schritt aktivierte man eine weitere Wasserpumpe, die in Papaya stand. Sie pumpte das Wasser in einen kleineren, circa 3.000 Liter fassenden Tank, der auf zweieinhalb Metern Höhe angebracht war und so für den nötigen Wasserdruck sorgte. Dabei wurde das Wasser noch mit Chlor versehen. Wenn man nun den wackligen Wasserhahn aufdrehte, sprang automatisch eine zusätzliche Pumpe an, die den Wasserdruck verstärkte. Was für ein irrer Aufwand, aber die aktuell beste Lösung! Die Alternative der Einheimischen hatte ich morgens gesehen: langes Warten an den öffentlichen Brunnen und dann schweres Schleppen des kostbaren Guts. Tag für Tag. Dagegen lebte ich in Papaya im Paradies: fließendes Wasser aus dem Hahn. In Zukunft würde ich die Dusche nach dem Joggen noch mehr genießen!

»Robert pour Akas«, krächzte es aus dem Funkgerät.

Puuh, was musste ich jetzt noch mal machen, um diesen Anruf zu beantworten? Verzweifelt versuchte ich mich an die gestrige Einweisung zu erinnern.

»Robert pour Akas«, erklang das blecherne Geräusch erneut.

Da erinnerte ich mich: »Akas pour Robert, bouge canal trois.« Ich wechselte auf Kanal drei und versuchte angestrengt zu erraten, was er mir mitteilen wollte. Meine Französischkenntnisse, der kongolesische Akzent kombiniert mit einer schlechten Funkverbindung gestalteten das Gespräch zu einem Ratespiel.

Zum Abendessen gingen wir rüber zu Mango, um die dortigen Kollegen kennenzulernen. Beziehungsweise wir wurden von Franck hinübergefahren, denn nach 18 Uhr durften wir ja nicht mehr zu Fuß unterwegs sein. In Mango war einfach alles größer. Während wir in Papaya mit Rhino nur ein Fahrzeug hatten, standen hier bestimmt zwölf Geländewagen auf dem riesigen Hof, dazu sogar ein großer Lkw. Alle Fahrzeuge hatten swahilisch klingende Namen: Kinga, Tanganjika,

Pamoja etc. Passenderweise hieß der Lkw Tembo, was Elefant bedeutet. Die Expats lebten in sogenannten Tukuls, kreisrunden Hütten, die mit Stroh bedeckt waren und sehr gemütlich aussahen. Eine der besten Sachen in Mango war die Skybar! Eine wackelige Holztreppe führte auf das Dach eines kleinen Häuschens. Bänke mit dicken Polstern luden zum Verweilen ein, und ein einfaches Dach spendete Schatten während der sonnigen Stunden am Tag. Ein Ort zum Lesen, Entspannen und Yogamachen. Da 90 Prozent der Häuser in Baraka ebenerdig waren, hatte man bereits im ersten Stock einen tollen Blick auf die Hügelkette, die sich hinter Stadt erhob.

Das internationale Team war unglaublich divers! Die Kollegen kamen aus Mexiko, Kanada, USA, Haiti, Guinea, Kamerun, Italien, UK und Kenia. Im wahrsten Sinne des Wortes ein wirklich bunter Haufen. Es waren etwa gleich viele Frauen und Männer. Und es waren nicht nur junge Leute dabei, einige waren schon über 60 Jahre alt. Auch hier versuchte ich mir krampfhaft die vielen neuen Namen zu merken: Noor, Mamadou, Rosy, Clare, Gianina, aber es waren einfach zu viele.

Nach dem Essen saßen wir noch zusammen und unterhielten uns. Filippo zog ein vergilbtes Heftchen hervor, auf dem in Französisch ›Traditionelle Medizin‹ stand. Der Untertitel lautete ›Behandeln Sie Ihre Krankheiten zu geringen Kosten‹ – wenn das mal kein schlagendes Verkaufsargument war! Er gab uns eine Kostprobe der kongolesischen traditionellen Medizin: Schwache Spermien etwa könnten mit einer Mixtur aus dem Saft dreier Kokosnüsse, einer Packung Milch und einem Ei erfolgreich behandelt werden. Auch eine schmerzhafte Menstruation gehörte mit diesem Ratgeber der Vergangenheit an: Ein Esslöffel Lehm solle in einem halb gefüllten Wasserglas gut verrührt werden; eine Zitrone und etwas Salz hinzugeben und täglich während der Regel trinken. Wenn das nicht hilft, kein Problem, einfach zusätzlich vier Stücke einer Papayawurzel in drei Litern Wasser eine Stunde lang kochen lassen. Morgens und abends davon ein Glas trinken, bis Besserung einsetzt. So einfach war das! Gegen Krebs hatte der Ratgeber leider kein Wundermittel parat. Stattdessen solle man sich gedulden und auf Gott vertrauen. Wir blätterten durch das Heftchen und mussten schmunzeln. Aber irgendwie blieb einem dabei auch das Lachen im Halse stecken.

Das alte Krankenhaus

Am nächsten Tag wollten Filippo und ich zu Fuß zum alten Krankenhaus in Baraka laufen. Nachdem ich gestern bereits einen ellenlangen Bericht von Filippos Vorgänger gelesen hatte, war ich sehr gespannt auf die Realität. Besonders eine Passage des Berichts war bei mir hängen geblieben: »Egal was gesagt wird, egal was vorne am Gebäude steht, es ist kein Krankenhaus. Das Gebäude hat den Begriff Krankenhaus nicht verdient.«

Wir standen in Papaya am Tor, scherzten mit den Wärtern Mattathias und Silvie und teilten das Ziel unserer Reise mit. Sauber wurde auf dem aufgehängten Whiteboard vermerkt, wer wann die Base mit welchem Ziel verlassen hatte. Dieses Vorgehen war Vorschrift, damit zu jedem Zeitpunkt klar war, wer sich wo befand. Ordnung musste sein!

Wir schlängelten uns durch den engen Markt, wo Händler alles Mögliche verkauften: von selbst gemachter Seife über ›Adidos‹-T-Shirts bis hin zu unzähligen Billighandys, die schon vom Anschauen kaputt zu gehen drohten. Dazwischen immer wieder Kinder, die mit dem Finger auf uns zeigten und »*Mzungu, Mzungu*« riefen, und Hühner, die kreuz und quer umherliefen. Aber auch Jugendliche und erwachsene Männer murmelten immer wieder etwas mir Unverständliches auf Swahili in unsere Richtung und schauten uns nach. Unsere weiße Hautfarbe fiel sehr deutlich auf. Waren das nur lustige, nicht ernst gemeinte Sprüche, oder schwang da etwas Feindseligkeit mit? Ich hatte keine Ahnung, ich konnte es überhaupt nicht einschätzen. Am Eingang der schmalen Marktstraße stand ein Kongolese mit einer großen Machete in der Hand und grinste mich schief an. Mit dem Daumen fuhr er über die blitzende, scharfe Klinge. Was sollte das? Meine Nackenhaare stellten sich auf, und unterbewusst spannten sich meine Muskeln an. Dann sah ich, dass es sich um einen Metzger handelte, der auf offener Straße eine Ziege in mundgerechte Happen zerteilte.

Kopfschüttelnd bogen wir auf die Hauptstraße ein. Hier herrschte Hochbetrieb. Ein völlig überfülltes Moto düste an mir vorbei und hätte mich fast gestreift. Nach deutscher Manier musste ich mich jetzt natürlich erst mal ordentlich beschweren! Der Typ hätte mich immerhin fast über den Haufen gefahren! Dann schaute ich genauer hin und sah, dass sich hinter dem Fahrer zwei uniformierte Soldaten auf der schmalen Sitzbank drängten. Die Kalaschnikow war jeweils quer über den Schoß gelegt, und der hintere hatte zusätzlich eine riesige Panzerfaust auf dem Rücken. Ich beschwerte mich dann lieber doch nicht. Aber war das normal hier? Maschinengewehre, Panzerfäuste, geschärfte Macheten? Ehrlich gesagt war ich sehr froh, dass ich mich an Filippo halten konnte, denn ich konnte die Situation einfach nicht einschätzen. Ich fühlte mich wie ein Zeitreisender, der in einer anderen Epoche gelandet war und völlig planlos umherirrte.

Dann waren wir da. Direkt neben der großen katholischen Kirche, die nicht gerade prunkvoll aussah, stand auf einer Mauer mit verblichenen blauen Buchstaben ›Hôpital de Baraka‹. Der einzige Hinweis darauf, dass sich hinter diesen Mauern die wichtigste Gesundheitseinrichtung der Stadt und der Umgebung verbergen sollte.

In Westeuropa kennt man Krankenhäuser als riesige, mehrstöckige Gebäude mit langen, breiten und monotonen Gängen sowie Krankenzimmern, die irgendwie immer gleich aussehen. Im ländlichen Teil des Kongos dagegen waren Krankenhäuser komplett anders. Sie glichen eher einer Ansammlung von vielen kleinen, zusammengewürfelten ebenerdigen Häuschen.

Nach dem Betreten mussten wir uns zunächst die Hände ordentlich mit Seife waschen. Das war Pflicht für jeden Besucher. Dann stellte ich zunächst positiv fest, dass alle Häuser sehr ordentlich in einem hellen Weiß gestrichen waren. Aber es war unfassbar eng, die kleinen Häuser standen dicht an dicht gedrängt. Früher waren die Gebäude als Konvent genutzt worden, bevor sie dann als Krankenhaus umfunktioniert worden waren. Und mit der Zeit hatte man immer mehr Hütten in die Zwischenräume gequetscht, um die Kapazitäten des Krankenhauses zu erweitern.

Wir zwängten uns zwischen zwei Hauswänden hindurch und wären fast mit einer humpelnden Frau zusammengestoßen, die mutig einen Topf Reis auf dem Kopf balancierte. Wir ließen sie passieren, um kurz darauf erneut zu stoppen. Knallbunte Kleider und ausgewaschene T-Shirts versperrten uns den Weg. Die Kleidung hing zum Trocknen auf Leinen, die spinnennetzartig über einen kleinen Innenhof gespannt waren. Wir duckten uns hindurch, um zur Neugeborenenstation zu gelangen.

Durch eine niedrige Tür betraten wir einen Raum mit unverputzten Wänden. Junge Mütter saßen auf klapprigen Betten und blickten mit einem Lächeln auf ihren winzigen Nachwuchs. Die Babys sahen in dieser rauen Umgebung so klein und zerbrechlich aus. Einige schliefen friedlich, andere wandten sich hin und her und machten deutlich, dass sie Hunger hatten. Die Neugeborenenstation war voller Leben, und es lag eine Stimmung von Neuanfang und Hoffnung in der Luft.

Im Nebengebäude war es komplett anders. Hier sollten mangelernährte Kinder aufgepäppelt werden und zu neuen Kräften gelangen. In einer Ecke stapelten sich leeren Milchpulverdosen, und der Ventilator an der Decke hatte längst aufgegeben, sich zu drehen und für etwas Abkühlung zu sorgen. Der ganze Raum war mit Betten vollgestellt. Sie standen so dicht aneinander, dass sie sich berührten. Und alle Betten waren belegt – mit mehreren Kindern pro Bett. Als ich in die dunklen Augen der Kinder blickte, sah ich nur tiefe Leere. Kein Hoffnungsschimmer und kein Flackern. Welches Leben würden die Kinder eines Tages wohl führen? Würden sie, wie so viele andere auch, in Arbeitslosigkeit leben, immer auf der

Suche nach dem nächsten Job? Oder würden sie überhaupt erwachsen werden? Immerhin starb hier jedes zehnte Kind, bevor es fünf Jahre alt wird. In Deutschland waren die Überlebenschancen 25-mal besser. Und obwohl dieser Raum so überfüllt war, war es still. Als hätte sich das Leben aus diesem Raum bereits verabschiedet. Ich bekam eine Gänsehaut, und gleichzeitig stand mir der Schweiß auf der Stirn. Hier war es kaum auszuhalten. Das Leid war so greifbar. Wir traten durch die winzige Tür wieder hinaus in den gleißend hellen Sonnenschein.

Auf dem Weg zum OP-Saal mussten wir an den sanitären Anlagen vorbei. Wobei dieses Wort ein ordentlicher Euphemismus war. Es handelte sich um eine Reihe aneinandergedrängter, schmuddeliger Latrinen, die erbärmlich stanken. Ich musste mir die Nase zuhalten und den Würgereflex unterdrücken. Freiwillig würde ich mein Geschäft hier nicht verrichten wollen. Der OP-Saal selbst sah für mein ungeschultes Auge allerdings sauber, ordentlich und hell aus.

Dann liefen uns zwei Kollegen im MSF-Shirt über den Weg, die ich gestern Abend in Mango kennengelernt hatte. Der schlaksige, hochgewachsene Mann mit der ebenholzfarbenen Haut musste Mamadou sein. Er kam aus Guinea, lebte in New York City, war Arzt und arbeitete hier als Krankenhauskoordinator, was auch immer das bedeuten mochte. Ich kannte ihn noch nicht, aber irgendwie hatte er eine Art, dass man in seiner Gegenwart gut gelaunt war. Daneben war Gianina, eine italienische Krankenschwester, die schon älter als 60 Jahre alt war und mehr als ein Dutzend MSF-Missionen hinter sich hatte. Sie erzählte mir, dass das Krankenhaus auf dem Papier vom lokalen Gesundheitswesen betrieben wurde. Das hatte allerdings kein Geld, um seine Mitarbeiter zu bezahlen und vernünftige Medikamente zu beschaffen. Also unterstützte MSF, wo es nur ging, schulte das Personal, stellte Medikamente zur Verfügung, zahlte einen Lohnzuschlag für die Krankenhausmitarbeiter und kümmerte sich um die Logistik.

Auf dem Weg zum Ausgang sahen wir, wie einige Frauen an offenen Feuerstellen eine einfache Mahlzeit zubereiteten. Es handelte sich um Fufu, einen dicken Brei aus Maniok, wie mich Filippo aufklärte. Nicht das Krankenhaus, sondern die Familien der Patienten waren zuständig für die Mahlzeiten.

Der Besuch machte deutlich klar: Diese Stadt brauchte dringend ein komplett neues Krankenhaus. Und ich würde meinen Teil dazu beitragen. Es konnte losgehen!

Auf dem Rückweg bahnten wir uns wieder den Weg über den wuseligen Markt. Da sah ich eine kleine Gruppe von Männern in auffallenden grünen Gewändern, die dazu einen schwarzen Hut trugen. Eine seltsame Uniform. Auch einige Frauen waren in der Nähe und trugen ihrerseits grüne Kleider. Was hatte es damit auf sich?

Filippo schien auf alles eine Antwort zu wissen. Es waren Anhänger der sogenannten Troisième Église, der dritten Kirche, einer christlichen Gemeinschaft, die ihren Ursprung in Baraka hatte. An der Spitze stand ein gewisser Tata Wise Elelwa, ein Mann, der nicht etwa behauptete, er sei Stellvertreter Gottes und als solcher mit gewissen Vollmachten ausgestattet, nein, er sagte, er sei Gott. Gott lebte also in Baraka, unweit vom Malaria-Camp Cent Lits.

Generell war das Thema Religion und Glaube sehr präsent in der Stadt. An nahezu jedem Lkw waren Botschaften wie ›Dieu est grand‹ oder ›Jesus le sauveur‹ gepinselt, und überall sah man Kirchen und Moscheen und kleine Grüppchen, die sich um einen Prediger scharten. Es war beeindruckend, zu sehen, dass alle Glaubensgemeinschaften tolerant nebeneinander existierten. Soweit ich das beurteilen konnte.

Als wir gegen 13 Uhr wieder in Papaya waren, stand das Essen bereits dampfend auf dem Tisch. Es gab Pizza, frische Bohnen, Bratkartoffeln und Salat. Pizza hätte ich hier nun wirklich nicht erwartet. Aber Filippo und Alessandro hatten der Köchin Clementine schon einige italienische Rezepte beigebracht. Es schmeckte einfach unglaublich lecker! Und dann als Nachtisch gab es frische Mango. Noch nie in meinem Leben hatte ich solch eine Köstlichkeit gegessen. Die Mango war riesig und dabei so saftig und süß. Und das Beste war, dass die Früchte hier an jeder Straßenecke für Cent-Beträge gekauft werden konnten. Ich würde zu Hause nie wieder importierte, mickrige, wässrige Mangos kaufen können!

Das neue Krankenhaus

Am nächsten Morgen ging es mit Filippo das erste Mal zum Grundstück des neuen Krankenhauses. Der Stadtteil hieß Kalundja und lag etwa fünf Kilometer nördlich vom Zentrum Barakas entfernt. Für diese Strecke würden wir den Wagen nehmen. Es fühlte sich irgendwie absurd an, dass rund um die Uhr ein Auto inklusive Fahrer bereitstand, nur um uns durch die Gegend kutschieren zu können. Aber gut, das war Teil des Sicherheitskonzepts. Und nach Kalundja zu laufen war verboten. Für diese Strecke bräuchten wir – wenn es gut lief und nicht regnete – circa 20 Minuten mit dem Auto. Das machte eine stolze Durchschnittsgeschwindigkeit von sage und schreibe 15 km/h! Wenn ich in Hamburg mit dem Rad zur Arbeit fuhr, war mein Schnitt an guten Tagen doppelt so hoch. Als wir also die völlig verwüstete RN5 entlangfuhren, fiel mir auf, wie viele Menschen am Straßenrand liefen. Der Grund dafür war banal: Die meisten Menschen hatten keine Fahrräder, ganz zu schweigen von einem eigenen Auto. Auch ein Moto-Taxi war vielen einfach zu teuer. Somit blieb noch der kostenfreie Marsch zu Fuß – bei 37 Grad Außentemperatur eine schweißtreibende Angelegenheit. Die Frauen trugen Körbe voller Brennholz und merkwürdig aussehenden Wurzeln auf dem Kopf.

Auf einmal bog unser Fahrer Cedric von der RN5 links ab. Aber wo wollte er hin? Dort war keine Straße, sondern nur eine grüne Wand aus Gräsern, Büschen und Bäumen. Unerschrocken bog Rhino die Hecken einfach zur Seite, und es kam ein kleiner Trampelpfad zum Vorschein. Dann bat Cedric uns, die Fenster zu schließen, damit keine Schlangen von den nahen Büschen ins Auto gelangen konnten. Schlangen?!? Er erzählte, dass genau das vor ein paar Monaten im Nachbarprojekt in Kimbi passiert war, und da hatte es ordentlich Tumult im Auto gegeben. Oh Mann, wo war ich hier nur gelandet ...

Hinter den Scheiben vor potenziellen Schlangenangriffen geschützt, passierten wir einige Strohhütten und ernteten überraschte Blicke, was denn der Geländewagen hier wollte. Dann sahen die Leute das MSF-Logo und winkten uns freundlich zu. Nach weiteren 100 Metern kam der Wagen zum Stehen. Wir waren da.

Nachdem Cedric den Motor abgestellt hatte, merkte ich, wie ruhig es hier war. Kein Gehupe, kein Geschrei, keine überdrehten Boxen. Nur der Wind, der sanft durch die hohen Gräser blies und ein entferntes Kinderlachen zu uns herübertrug. Hinter uns erstreckte sich die endlose Hügelkette, und vor uns bot sich ein atemberaubendes Panorama auf den tiefblauen Tanganjikasee. Die Sicht war so gut, dass man auf der anderen Seite des Ufers sogar die Berge von Burundi erblicken konnte! Das Grundstück selbst war wie gemalt und gigantisch groß. Mächtige Mangobäume erhoben sich aus den saftig grünen Büschen und strahlten Ruhe und Gemächlichkeit aus. Ein magischer Ort, an dem die Zeit langsamer zu vergehen schien. Ein Ort, der den Menschen Hoffnung geben könnte. Ein Ort ohne Hektik. So langsam wurde mir die Tragweite unseres Vorhabens bewusst. Hier würde in ein paar Jahren auf einer Fläche von elf Fußballfeldern eines der modernsten Krankenhäuser im Ost-Kongo stehen! Ich stellte mir vor, wie in naher Zukunft afrikanische Ärzte in weißen Kitteln von Bett zu Bett gingen, Patienten im wohltuenden Schatten der großen Mangobäume saßen und es genug Platz gab, um eine angemessene Behandlung zu erhalten. Es war zum Greifen nahe. Jetzt mussten wir uns nur noch an die Umsetzung machen.

Zurück in Papaya schaute ich mir das Construction Management Protocol und den Construction Project Plan an. Endlich etwas, das ich kannte und verstand. Pläne, Struktur, Reporting, Governance – das war zu Hause in Deutschland mein täglich' Brot gewesen. Die Phase der Machbarkeitsstudie war nahezu abgeschlossen. Es gab ein vorläufiges Konzept, eine strategische Ausrichtung, ein definiertes Budget, eine Abschätzung für den Personalbedarf und ein technisches Anforderungsprofil. Mit anderen Worten: eben den ganzen Krempel, den man für ein Projekt dieser Größenordnung brauchte. Es fehlte noch etwas Papierkram zu rechtlichen Dingen, und dann käme die Designphase. Dazu würden wir in den nächsten Monaten in Papaya viel Besuch bekommen. Architekten, Bauingenieure und Experten für Wassertechnik würden ein Paket schnüren, um eine Ausschreibung zu starten. Wenn alles gut lief und ein Lieferant gefunden würde, könnten im Oktober die Bagger anrollen und mit den Bodenarbeiten beginnen.

Anders als gedacht

Ich setzte mich zu Marie, meiner Assistentin für Finanzen und Personalangelegenheiten. Auf ihrem Schreibtisch stapelten sich Notizhefte, lose Zettel flogen umher, Stifte und Büroklammern rollten durcheinander. Wie die meisten kongolesischen Frauen trug sie ein Kleid aus farbenfrohem schwerem Baumwollstoff, der allgemein als *pagne* bezeichnet wurde. Marie liebte es, zu lachen, und wenn sie lachte, tat sie es mit dem ganzen Körper. Ihr Lachen war ansteckender als jede Virusinfektion. Es dauerte meist nicht lange, und Akas, der ihr gegenüber saß, musste mit einstimmen. Die beiden wirkten wie ein altes Ehepaar und waren die Ruhe selbst. Akas war ebenfalls in seinen Vierzigern, hatte eine Glatze, eine breite Nase und ging mir bis zu Schulter.

Auch wenn Maries Schreibtisch einem Schlachtfeld glich, hatte sie ihre Aufgaben gut unter Kontrolle. Zielstrebig lotste sie mich durch die beiden Computerprogramme Unifield und Homere. Daher hieß es für mich wieder mal lernen, lernen, lernen. Welche Konten gab es, wie wurden Positionen gebucht, welche Nachweise mit welchen Unterschriften waren nötig, wie wurde das Ganze abgelegt? Die Fragen nahmen einfach kein Ende. So gingen wir Schritt für Schritt das Buchhaltungssystem von MSF durch. Und das auch noch auf Französisch, ich brach mir mehrere Male dabei die Zunge und musste so manchen Knoten in meinem Gehirn entwirren. Es drängte sich mir die Frage auf, wer hier eigentlich wem helfen sollte. Ohne Marie wäre ich total verloren!

Dann fing sie an über bargeldloses Bezahlen zu sprechen. Hatte ich Marie missverstanden? Wir waren doch hier in Baraka, wo es keine asphaltierten Straßen, kein Stromnetz und keine Kanalisation gab. Wie sollte man denn da bargeldlos zahlen? Marie erklärte mir, dass MSF früher viel Bargeld im Safe aufbewahrt hatte, um Verbindlichkeiten mit Lieferanten zu begleichen. Der Kongo habe allerdings überall Ohren, und so hatte der im dicken Geldschrank versteckte Reichtum Begehrlichkeiten geweckt. Einige bewaffnete Überfälle auf Mango waren die tragische Folge gewesen. Das war nicht nur finanziell gesehen eine Katastrophe, sondern auch für die Mitarbeiter der blanke Horror. Eine geladene Kalaschnikow am Kopf vergisst man nicht so schnell. Daher hatte man auf ein geniales System namens M-Pesa umgestellt, das aus Kenia kam. Das M steht für mobil und *pesa* bedeutet Geld auf Swahili. Marie führte es mir live vor: Sie kramte ein Handy hervor (kein Smartphone, sondern eins dieser alten Teile mit echten Tasten und einer Akkulaufzeit von Jahrzehnten). Sie schickte eine SMS an die M-Pesa-Nummer. In der direkt eintreffenden Antwort-SMS wurde sie aufgefordert, die Telefonnummer zu senden, an die Geld überwiesen werden sollte. Darauf die Nachfrage per SMS nach dem Betrag, und schwupps, war das Geld an das gewünschte Handy gesendet.

»Und wie zahlt man das Geld aus?«, war meine Rückfrage.

»Ach, das ist das geringste Problem. Es gibt in der Stadt zahllose M-Pesa-Agenten, quasi wandelnde Geldautomaten. Gut zu erkennen an den knallroten Sonnenschirmen.«

Ich war sprachlos, damit hatte ich hier überhaupt nicht gerechnet! Somit war das Problem mit gefährlichem Bargeld sofort gelöst. Denn jeder, der in Baraka Geschäfte machen wollte, hatte M-Pesa. Und wem ein Handy zu teuer war, der teilte es sich mit ein paar Verwandten. Somit konnte man in Baraka bequem den Tischler bargeldlos bezahlen, aber in meiner Lieblingsbäckerei in Hamburg musste ich immer noch Scheine und Münzen hervorkramen. Irre! Der Kongo hielt für mich immer wieder neue Überraschungen bereit. Nichts ist so, wie es auf den ersten Blick scheint. Vielleicht war ich ja doch nicht im technologischen Mittelalter gelandet. Ich sollte meine arroganten Vorurteile besser schnell über Bord werfen.

»Auch die *journaliers* zahlen wir via M-Pesa«, fuhr Marie fort.

Schon wieder ließ mich mein Französisch im Stich. Was sollten bitte *journaliers* sein? Nach etlichen Erklärungsversuchen, die so wirkten, als würden wir Tabu spielen, stellte sich heraus, dass damit Tagelöhner gemeint waren. Wenn Manpower gebraucht wurde, um eine Lkw-Lieferung Medikamente ins Lager zu bringen oder um Wassergräben zu ziehen, öffnete man eine ellenlange Excel-Liste mit Namen und Nummern und rief die Leute in alphabetischer Reihenfolge an. Sie standen dann wenig später auf der Matte und wurden pro Stunde bezahlt. Es gab noch so viel zu lernen ...

Ein leerer Werkzeugkasten

Endlich war Wochenende, und ich hatte etwas Zeit, die auf mich einprasselnden Eindrücke sacken zu lassen. Ich lag in Mango in der Skybar auf weichen Kissen und blickte über die staubigen Dächer der Stadt. Die erste Woche in Baraka hatte mein gesamtes Leben komplett auf den Kopf gestellt und jede noch so große bisherige Veränderung wie eine Kleinigkeit aussehen lassen. Der große Unterschied bestand darin, dass einfach ALLES anders war. Nichts war hier wie zu Hause. Nichts war vertraut. Selbst der Gang aufs Klo folgte anderen Regeln. Das benutzte Papier kam nicht etwa in die Schüssel, sondern in einen kleinen Mülleimer daneben. Wenn ich nur einen Fuß auf die Straße setzte, war ich für alle Menschen hier DIE Attraktion. Es verging kaum eine Minute, in der nicht jemand

»*Mzungu*« rief und auf mich zeigte. Kinder rannten sofort zu mir und wollten meine weißen Hände und Arme anfassen, um zu überprüfen, ob die sich auch so komisch anfühlten, wie sie aussahen. Ich war ein Alien! Dabei war es nicht nur die Hautfarbe, sondern auch die Körpergröße. Mit meinen 1,93 Metern hatte sich in Hamburg noch niemand den Hals nach mir verdreht. In Baraka dagegen war ich ein Riese, ein Gigant, ein Außerirdischer. Der längste meiner Kollegen reichte mir gerade mal bis zur Schulter! Unter den 150.000 Einwohnern gab es nur sechs Menschen mit weißer Hautfarbe. Und die arbeiteten alle bei Ärzte ohne Grenzen. Somit konnte man an meiner Hautfarbe erkennen, wo ich arbeite – verrückt! Egal wohin ich ging, egal was ich machte, jeder schaute mich an und rief mir nach. Es wirkte zwar nicht einschüchternd, aber es war unglaublich ungewohnt, so im Fokus zu stehen.

Ich fühlte mich wie ein kleines Baby, das erst einmal lernen musste zu krabbeln, sich aufzusetzen und dann irgendwann auf wackeligen Beinen die ersten Schritte zu wagen. Ich fühlte mich gar nicht mehr wie ich. Ich dachte, ich hätte schon einiges erlebt und könnte mich schnell auf Neues einstellen. Zwischen Schule und Studium war ich als Flugkurier um die Welt geflogen und hatte mich schnell in Ländern wie Mexiko und Trinidad und Tobago zurechtfinden müssen. Auslandssemester in Frankreich und drei Monate Praktikum in Peking, Abenteuerurlaube in Sri Lanka und Benin und eine Fahrradtour von Hamburg über Kaliningrad nach Riga. In meinen ramponierten Reisepass waren schon ein paar Stempel gedruckt worden. Ich dachte, mich könnte nichts so schnell schocken. Flexibel und anpassungsfähig, so schön hieß es ja immer im Lebenslauf. Mit der Zeit hatte ich mir einen Werkzeugkasten angelegt, mit dessen Hilfe man die meisten Situationen gut anpacken konnte. Und wenn mal nicht das rechte Werkzeug zur Hand war, wurde eben ein anderes zweckentfremdet. Hatte bislang immer geklappt.

Und jetzt war ich hier am Ende der Welt, und meine Werkzeuge wollten auf einmal nicht mehr funktionieren. Sie waren total ungeeignet. Konnte ich sonst mit ein paar eloquenten Sätzen den Anschein erwecken, etwas zu verstehen, so stammelte ich nur brutal entstellte französische Teilsätze und wirkte wie der letzte Depp. In der Schule und im Studium war ich mit dem Motto ›Sicheres Auftreten bei völliger Ahnungslosigkeit‹ im Zweifel immer gut durchgekommen. Das wollte hier irgendwie nicht mehr funktionieren. Bislang hatte ich mir eingebildet, gut einschätzen zu können, ob eine Situation gefährlich war und ich handeln musste. Hier war ich verloren, wenn jemand auf der Straße etwas herumbrüllte. Ich würde den unnützen Werkzeugkasten also ausleeren und mühsam wieder neu füllen müssen.

Und irgendwie schien ich der Einzige zu sein, dem es so ging. Alle anderen Expats wirkten ruhig und gelassen. Problemlos liefen sie durch die Straßen, quatschten in tadellosem Französisch mit den Einheimischen, kannten alle Regeln in- und auswendig – nur bei mir war es offensichtlich komplett anders. Meine Welt stand Kopf! Und ich musste mir eingestehen, dass mein Selbstbewusstsein mehr als nur einen Kratzer abbekommen hatte.

Ich versuchte mir etwas Zeit zu geben, was eigentlich nicht meine Art war. Die Dinge mussten sofort funktionieren. Aber ich hatte noch meine Rettungsleine nach Hause. Dank der wirklich ausgezeichneten Internetverbindung konnten Katharina und ich problemlos täglich miteinander telefonieren – sogar mit Video! Was für ein Genuss, inmitten der Andersartigkeit des Kongos eine so bekannte Stimme zu hören und ein vertrautes Gesicht zu sehen.

Um Freunde und Familie an meinem Abenteuer teilhaben zu lassen, erstellte ich noch eine WhatsApp-Gruppe mit dem Titel ›Robert im Kongo‹. Als ich die ersten Bilder von Barakas Strohhütten, den Weiten des Tanganjikasees und meinem winzigen Zimmer in Papaya in die Gruppe schickte, wurde mir seltsamerweise klar, dass ich tatsächlich mit Ärzte ohne Grenzen im Kongo war. Es war kein Traum, keine nebulöse Idee, sondern Realität. Und obwohl ich völlig überfrachtet war von Eindrücken, war ich doch genau dort, wo ich sein wollte.

Am Sonntagabend telefonierte ich noch mit meinem jüngeren Bruder Lukas, der seit einem Jahr im chinesischen Shenzhen lebte. Bei ihm war schon der nächste Tag angebrochen, er lebte also irgendwie in der Zukunft. Die Internetverbindung zwischen den beiden Kontinenten war perfekt. Die Stimme war laut und klar und das Video ruckelfrei, ein kleines Wunder. Aber uns trennten nicht nur 9.600 Kilometer, mehrere Zeitzonen und der indische Ozean, sondern gefühlt auch Jahrhunderte. In Shenzhen fuhren zu diesem Zeitpunkt schon 90 Prozent der Autos rein elektrisch, während es in Baraka keine asphaltierten Straßen gab. In China lag der Rekord für den schnellsten Bau eines 57-stöckigen Wolkenkratzers bei 19 Tagen. In Baraka dagegen hatten weite Teile der Bevölkerung Sorge vor dem nächsten Regenguss, der das selbst gebaute Lehmhaus wegspülen könnte. Während mein Bruder am Wochenende im High-Speed-Train mit 300 Kilometern die Stunde in die nächste Metropole ballerte und dabei ein 4K-Video streamte, zuckelte ich mit 15 km/h nach Kalundja und war froh, wenn wir nicht im Matsch stecken blieben. Er lebte wirklich in der Zukunft.

Dann erzählte er von einem neuartigen Virus, das in Wuhan ausgebrochen war. Die Stadt sei komplett abgeriegelt worden, aber mittlerweile gab es auch die ersten Fälle bei ihm in Shenzhen. Temperaturkontrollen an U-Bahn-Stationen, Maskenpflicht in den Zügen, und die meisten Geschäfte seien bereits geschlossen. Das Land steuerte auf einen Lockdown zu. Sorgen machte Lukas sich nicht, aber er konnte es nicht fassen, wie schnell sich alles in den letzten Wochen entwickelt hatte. Für mich klang das unfassbar weit weg. Immerhin war ich hier im Osten des Kongos, völlig von der Außenwelt isoliert. Ich verbuchte das Ganze unter »irgendein Virus in China« und schenkte dem nicht viel mehr Beachtung als einem umgefallenen Sack Reis.

Flugtag

Hatte ich auch wirklich nichts vergessen? Wieder und wieder ging ich die Checkliste durch. Der knapp 40 Kilogramm schwere rollbare Feuerlöscher war auf Rhinos Ladefläche verstaut, der rot-weiße Windsack lag auf der Rückbank, und das Satellitentelefon war sicher in meinem Rucksack verpackt. Nachdem Filippo wie geplant vor ein paar Tagen den

Heimweg angetreten war, war ich nun allein verantwortlich für die Buschpiste in Malinde und die gesamte Logistik rund um den heutigen Versorgungsflug. Ich hatte nicht schlecht gestaunt, als man mich gefragt hatte, ob ich mir diesen Job zutrauen würde. Einen kleinen Flugplatz im Busch zu managen war zwar überhaupt nicht in meiner *job description* gestanden, aber ich liebte Flugzeuge, und es klang spannend und aufregend. Heute wäre ich also Reiseleitung, Gepäckabfertiger, Fluglotse und technischer Notdienst in einer Person. Fühlte ich mich dazu gut vorbereitet? Nein. War ich aufgeregt? Ja!

Franck, unser Chauffeur, startete den Wagen, und Akas und ich schnallten uns an. Wie im Protokoll vorgesehen, meldete ich dem Radio Room per Funk unsere 35-minütige Fahrt nach Malinde. In spätestens 60 Minuten müsste ich an der Piste sein, um den Wetterbericht durchzugeben und zu überprüfen, ob auf der nicht asphaltierten Piste gelandet werden konnte. Wenn Regenfälle einen Teil der Piste weggeschwemmt hätten, müssten wir noch Ausbesserungen vornehmen. Filippo hatte mir während der Übergabe einige schockierende Bilder von tiefen Furchen in der Landebahn gezeigt. Wir waren noch mitten in der Regenzeit, hoffentlich hatten wir heute Glück mit dem Wetter. Am Vortag hatten wir bereits 20 Tagelöhner kontaktiert, die uns in so einem Fall helfen würden. Wir hatten also keine Zeit zu verlieren.

Gesprächig war ich während der ruckeligen Fahrt nicht. Ein Zeichen dafür, dass ich wirklich aufgeregt war. Genauso wenig nahm ich die atemberaubende hügelige Landschaft wahr: ein unendliches Meer aus unterschiedlichsten Grüntönen, die rostbraune Straße und den tiefblauen Himmel. Stattdessen ging ich im Kopf gebetsmühlenartig den geplanten Ablauf durch und schaute ständig auf die Uhr, um zu sehen, ob wir ja nicht zu spät waren.

Auf einmal wurde das Auto langsamer und kam schließlich hinter einer Schlange von Lkws zum Stehen. Stau im Kongo? Das konnte eigentlich nicht sein, denn dafür gab es schlicht zu wenige Fahrzeuge. Es musste also etwas passiert sein! Ein Unfall, eine Demonstration oder ein Überfall? Per Funk gab ich diese Unregelmäßigkeit direkt weiter und bat um Erlaubnis, unser Fahrzeug verlassen und mehr Informationen einholen zu können. Denn ohne Absprache einen spontanen Spaziergang einzulegen war aufgrund der angespannten Sicherheitslage nicht erlaubt.

Überall wimmelte es von Menschen. Manche witterten bereits eine Geschäftsmöglichkeit und verkauften Zuckerrohr und andere Leckereien an die wartenden Lkw-Fahrer. Ein Trupp der FARDC (Forces Armées de la République Démocratique du Congo, also des kongolesischen Militärs) war ebenfalls da und schien zu patrouillieren. Warum sie dafür nicht nur das standardmäßige AK-47-Maschinengewehr, sondern ein anderthalb Meter langes panzerbrechendes Geschütz brauchten, war mir ein Rätsel. Was war hier nur los?

Zu Fuß gingen Akas und ich die staubige Straße entlang, während mir zahllose Augenpaare folgten. Als einziger Weißer war ich hier mal wieder die Attraktion. Dann sahen wir die Stauursache: Ein heillos überladener Lkw steckte im wahrsten Sinne des Wortes in einer uralten, einspurigen Brücke fest! Der Fahrbahnbelag bestand aus tischgroßen Stahlplatten, von denen einige fehlten. Alle kannten die fehlenden Platten und umfuhren in der Regel geschickt die klaffenden Löcher. Doch dieser Lkw-Fahrer kam wohl nicht aus der Region. Ein Passieren der Brücke war für die nächsten Stunden komplett ausgeschlossen. Panik machte sich in mir breit! In 30 Minuten müsste ich eigentlich an der Piste sein, und eine andere Route gab es nicht. Was tun?

Das erste Mal in Eigenverantwortung den Flugplatz managen – das hätte ja wirklich besser laufen können. Ich telefonierte und funkte hektisch mit dem Flugkoordinator und Walter, dem logistischen Leiter in Bukavu, um zu klären, wie wir die Situation lösen könnten. Denn wenn ich nicht rechtzeitig am Flugplatz wäre, könnte der Flieger nicht landen. Ganz zu schweigen davon, dass es auch wenig Sinn ergäbe, denn wohin sollten dann ankommende Passagiere und Cargo transportiert werden?

Meine beiden kongolesischen Kollegen dagegen waren ruhig und entspannt. Sie hatten bereits Zuckerrohr gekauft, lehnten an der Autotür und aßen genüsslich die süße Mahlzeit. Die Minuten vergingen, und keine Lösung war in Sicht. Akas kommentierte die Situation und mein Verhalten freundlich mit zwei einfachen Wörtern, die sich wie ein roter Faden durch meine Mission ziehen sollten: »Pole pole!« Eine Redewendung auf Swahili für ›Keine Eile, das wird schon‹. Er und Franck hatten diese Einstellung bereits perfektioniert, ich dagegen war meilenweit davon entfernt.

Die Straße glich mittlerweile einem spontanen Basar. Überall waren Menschen, es roch nach gekochtem Essen, alle riefen irgendwas durcheinander, und Motorräder schlängelten sich laut hupend zwischen den rostigen Lkws hindurch. Da tauchte

ein weißer, gepanzerter Hummer H1 der UN auf. Die Blauhelme der MONUSCO (Mission der Vereinten Nationen für
die Stabilisierung in der Demokratischen Republik Kongo)
steuerten zielsicher auf mich zu. Ich kam mir vor wie im Film,
gepanzerte Militärfahrzeuge hatten wenig mit meiner bisherigen Lebensrealität zu tun. Der pakistanische Kommandant erkundigte sich, was hier eigentlich los sei und ob bei uns alles in
Ordnung wäre. Es schien, als wäre meine weiße Hautfarbe ein
Indikator dafür, dass ich wohl Ahnung hätte. Ich war froh, als
die Blauhelme nach ein paar gewechselten Sätzen wieder abzo-
gen. Nicht alle Teile der Bevölkerung waren glücklich über die
Präsenz der UN, zumal sie mit den FARDC kooperierten. Und
um die Unabhängigkeit von MSF zu unterstreichen, wollten
wir nicht den Anschein erwecken, dass wir mit den Vereinten
Nationen unter einer Decke steckten.

Dann schallte mein Name durch das Funkgerät. Nach
einem kurzen Gespräch mit Walter hatten wir eine Lösung
gefunden: Ein weiteres MSF-Fahrzeug aus Kimbi, dem Nachbarprojekt, befand sich auf der anderen Seite der Brücke. Akas
und ich müssten uns also nur einen Weg zu Fuß über die mittlerweile völlig verstopfte Brücke bahnen und anschließend in
das andere Fahrzeug steigen. Franck dagegen würde bei unserem Wagen bleiben und Rückmeldung geben, wenn der Weg
wieder frei wäre. Und man hatte den Flug um zwei Stunden
nach hinten verschoben, um die Situation zu entspannen.

Den schweren Feuerlöscher und den Windsack im
Schlepptau, schoben wir uns quälend langsam durch die Men-
schenmassen. Dann quetschten wir uns zwischen Lkw und
Brückenpfeiler hindurch, wobei der sperrige Feuerlöscher

um ein Haar in die braunen Wassermassen des Mutambala-Flusses gefallen wäre. Erleichtert und schweißgebadet stieg ich in das Fahrzeug auf der anderen Seite der Brücke. Drei Minuten später waren wir schon in Malinde, einem winzigen Dorf, das ausschließlich aus kleinen roten Lehmhütten bestand. Dagegen wirkte Baraka wie eine schillernde Metropole. Kurz bevor wir links zur Piste abbogen, sah ich aus dem Augenwinkel eine weiß verputzte Hütte, die merkwürdig fehl am Platz wirkte. Ich musste zweimal hinschauen, da ich nicht glauben konnte, was ich dort erblickte: Über der Eingangstür stand in großen blauen Buchstaben ›Salon Barça‹ und daneben prangte das Wappen des FC Barcelona, das man bis ins kleinste Detail an die Wand gepinselt hatte. Also hatte es die Globalisierung doch bis Malinde geschafft.

An der Piste angekommen, wurden wir von ein paar blökenden Ziegen begrüßt, die mitten auf der Landebahn standen. Eine von ihnen verrichtete ungeniert ihr Geschäft. Überall sah man Leute, die Körbe und sogar Harken auf dem Kopf balancierten und sich auf den Weg zu den direkt angrenzenden Feldern machten. Ich konnte mir beim besten Willen nicht vorstellen, dass hier zwischen den Plantagen gleich ernsthaft ein Flugzeug landen sollte. Glücklicherweise hatte es in den letzten Tagen nicht geregnet, sodass die Piste in einem annehmbaren Zustand war. Die Sonne stand hoch am Himmel, und die Sicht war ausgezeichnet. Ich telefonierte mit dem Flugkoordinator, der Flieger konnte kommen. Gemeinsam mit Akas stellten wir den Windsack auf und positionierten die 20 Tagelöhner in knallgelben Warnwesten entlang der Piste, um Tiere und auch Kinder vom landenden Flugzeug fernzuhalten.

Parallel dazu hatte sich auch die Situation auf der Brücke entspannt. Es war mir ein Rätsel, wie die Menge es geschafft haben soll, den tonnenschweren Lkw mit vermutlich gebrochener Achse ohne Kran aus dem Loch der Brücke zu wuchten. Aber sie hatten es irgendwie hinbekommen, sodass der Verkehr wieder rollte und der Rückweg von Malinde nach Baraka frei war.

Dann knarzte es auch schon aus dem Funkgerät, der Pilot war im Anflug und fragte nach der Landefreigabe. Ich meldete mich mit »*Malinde Ground Control*«, nannte Windrichtung und -stärke und gab die Landebahn frei. Aus dem Augenwinkel sah ich nun eine Rinderherde parallel zur Piste laufen. Zwei Viehhirten kontrollierten mit langen Holzstöcken, dass keines der Tiere aus der Reihe tanzte. Mein Adrenalinspiegel stieg. Warum konnte diese Herde nicht einfach 30 Minuten später vorbeikommen? Eine Kuh auf der Piste, Minuten vor der Landung, wäre der absolute Super-GAU. Nicht auszudenken, was passierte, wenn das Flugzeug mit einer Kuh kollidierte!

Der Flieger war nun gut zu sehen, und das dröhnende Motorengeräusch breitete sich über der sonst so ruhigen Landschaft aus. Da passierte es. Wie in Zeitlupe verließ ein Jungtier die übrige Herde, schüttelte sich und rannte zielstrebig in Richtung Piste. Die Tagelöhner drehten die Köpfe, sahen die potenzielle Gefahr, fingen an zu schreien und warfen mit Steinen nach dem Tier. Mein Herz fing wie wild an zu schlagen. Sofort griff ich zum Funkgerät und rief hektisch, dass sich Tiere auf der Piste befänden und auf keinen Fall gelandet werden könne. Mit überraschender Lockerheit antwortete der Pilot: »Okay, sieh zu, dass die Tiere verschwinden, und dann kommen wir runter.« Zwei Minuten später war der Spuk vorbei, und die Maschine kam mit einer riesigen Staubwolke sicher auf der Piste zum Stehen. Die Let L-410 mit ihren zwei Turboprop-Triebwerken wirkte wie von einem anderen Stern. Ein schnaufendes Ungetüm, das aus dem Himmel kam.

Abgelenkt von der Kuh-Aktion hatte ich gar nicht mitbekommen, dass sich nun eine Horde von circa 100 Kindern in der Nähe der Piste tummelte. In sicherer Entfernung sprangen sie aufgeregt umher und verdrehten sich die Hälse nach dem Flieger. Viele haben vermutlich noch nie in einem Auto gesessen, was für ein Abenteuer musste da ein Flugzeug sein?

Per Handschlag begrüßte ich den grinsenden Piloten, einen circa 60-jährigen Südafrikaner, der vom Rauchen stark verfärbte Zähne hatte. Seine weiße Uniform mit den vier Streifen auf den Schulterklappen wollte nicht so recht in die Umgebung passen. Ich entschuldigte mich für das Hin und Her mit den Kühen, aber er zuckte nur mit den Schultern: »Wir sind hier im Kongo, das ist doch ganz normal.«

Dann wurden die ankommenden Kollegen begrüßt, die Kartons mit medizinischen Instrumenten und Ersatzteilen für die Generatoren aus dem Flieger entladen, auf unsere Geländewagen verteilt und die Frachtpapiere unterzeichnet. 15 Minuten später wurden die Triebwerke gestartet, der Flieger beschleunigte unter ohrenbetäubendem Lärm und hob schließlich sanft in den wolkenlosen Himmel ab. Wir hatten es geschafft. Doch bevor es zurück nach Baraka gehen konnte, musste ich mich erst noch aus dem Pulk von Kindern befreien, der mich mittlerweile belagert hatte. Sie lachten und grinsten, wollten meine albern aussehende weiße Haut anfassen und fragten nach Keksen und anderen Süßigkeiten.

Auf dem Heimweg bewunderte ich den fantastischen Blick auf den azurblauen Tanganjikasee, die riesigen, schattenspendenden Mangobäume und lachte mit Akas und Franck über diesen wilden Tag. Am Ende hatte alles geklappt, nur komplett anders als geplant. *Pole pole!*

Ein (fast) perfekter Sonntag

Auf dem Vorbereitungskurs in Bonn hatte man mir in schillernden Farben vorgeschwärmt: Sonntage in Baraka seien paradiesisch! In den letzten Wochen hatte man mich stets vertröstet: Das Wetter spiele nicht mit, es sei einfach zu windig. Heute dagegen stand die Äquatorsonne senkrecht am Himmel, knallte auf uns herab, und nicht das kleinste schattenspendende Wölkchen war zu sehen. Und viel wichtiger: Nicht der leiseste Windhauch war zu spüren, stattdessen schwitzen wir wie unter einer riesigen Käseglocke. Heute gab es keine Ausreden! Wir würden zum Baden auf den See hinausfahren! Endlich würde sich zeigen, ob an dem Gerücht tatsächlich etwas dran war. Voller Vorfreude stopfte ich Handtuch, Badehose, Sonnencreme und Wasserflasche in meinen Rucksack. Es war mir unbegreiflich, warum Alessandro lieber zu Hause in Papaya bleiben wollte.

Gut gelaunt stand ich mit Kappe und Sonnenbrille am Tor und wollte los. Der See ruft! Doch Silvie meinte nur, dass ich so nicht rauskönne. Hä? Ich hatte das Funkgerät doch dabei, was hatte ich jetzt schon wieder vergessen? Silvie zeigte auf meine kurze Hose. Als Mann trage man im Kongo lange Hosen, die mindestens über das Knie gehen. Nur beim Sport könne man eine Ausnahme machen. Also wieder zurück ins Zimmer und bei 37 Grad in die lange Hose.

Am Strand angekommen, wurden wir wie üblich von den Kindermassen umzingelt. Was die *Mzungus* wohl wieder vorhatten? Strand war allerdings kaum das richtige Wort. Überall waren vom Sonnenlicht verblichene Plastikteile zu sehen, zerrissene Taue lagen wie tote Schlangen umher, und einige Männer wuschen ihre Mopeds. Die Kids turnten um uns herum, planschten im Wasser und hatten einen Heidenspaß.

Von dem Wasser in Ufernähe sollten wir uns besser fernhalten, hatte uns Clare, unsere Ärztin, beim medizinischen Briefing vor ein paar Wochen ermahnt. Denn mit Bilharziose war nicht zu spaßen. Der winzige Parasit kann sich in den Fuß bohren und von dort genüsslich durch den menschlichen Körper graben, Leber und Venen befallen und Eier ablegen. Juckreiz, Fieber, Durchfall waren da noch die angenehmeren Folgen. Von den jährlich 250 Millionen Infizierten sterben 200.000 Menschen, und es gibt keinen Impfstoff.

Dann kam das MSF-Boot und fuhr nah an den Strand heran. ›Amani‹ war in dicken Buchstaben an die Bordwand geschrieben. Na klar, wenn Autos und selbst Generatoren einen Namen hatten, durfte ein Boot natürlich nicht namenlos bleiben. Es war das gleiche Boot, mit dem ich im Januar von Uvira nach Baraka gedüst war. Nun standen wir vor einer schwierigen Aufgabe. Wie sollten wir ohne Kontakt mit dem teuflischen Wasser auf *Amani* gelangen? Es gab keinen Steg oder gar eine Kaimauer. Ein größerer Stein würde uns als Brücke dienen müssen. Es sah irgendwie bescheuert aus, wie wir vorsichtig balancierend vom Strand auf den Stein sprangen, um dann mit einem beherzten Schritt ins Boot zu gelangen. Und um uns herum tobten die Kids ausgelassen durchs Wasser. Clare versuchte vergebens, mit den Frauen zu sprechen, die dabei waren, das Seewasser in die gelben Kanister zu füllen.

Dann gab Guillaume, unser Kapitän, Gas, und das Schnellboot hievte sich aus der trüben Brühe, nahm Fahrt auf und kam ins Gleiten. Der Fahrtwind blies uns allen kräftig um die Nase, und die Beschleunigung drückte uns sanft in die Sitze. Ich schaute zu Rosy und Noor, die auch mit dabei waren. Sie bekamen das Grinsen einfach nicht aus dem Gesicht. Mit jedem Meter weg von der dreckigen Küste wurden sowohl Baraka als auch die Arbeit und die Probleme kleiner, bis sie nur noch eine kleine Randnotiz waren, die aus der Ferne nicht zu entziffern und nicht mehr greifbar war. Nach zehn Minuten rasanter Fahrt stellte Guillaume den Motor ab, und es war sofort atemberaubend still. Die Farbe des Wassers war azurblau, der Unterschied zum Himmel kaum auszumachen. Die Oberfläche glich einem Spiegel, es gab überhaupt keine Wellen. Stille Wasser gründen tief, sehr tief in diesem Fall. Unser kleines Boot schwamm mitten auf dem tiefsten See Afrikas und dem zweittiefsten See der Welt. 1.470 Meter waren es bis zum Grund. Irre! Die *Presqu'île*, eine Halbinsel, war nur noch wenige Kilometer entfernt und lockte mit ihren paradiesischen Sandstränden.

Wie kleine Kinder konnten wir es nicht erwarten, in das Wasser zu springen. Der fiese Parasit sollte hier draußen eigentlich kein Problem sein, oder doch? Das blaue Nass war zu verführerisch! Beherzt sprang ich von Bord und hinein ins Glück. Die Sonnenstrahlen tanzten unter Wasser wild durcheinander, und aller Staub war weggewaschen. Wir planschten, lachten und schwammen in der riesigen Badewanne um die Wette. Hier draußen waren wir frei! Nach der ersten Baderunde wurden Bücher hervorgekramt, Proviant geplündert und das ein oder andere Bier getrunken. Aus der Bluetooth-Box klang die entspannte Stimme von Jack Johnson. Urlaub pur!

Aber was bedeutet eigentlich der Name *Amani?* Guillaume klärte uns auf. Es war das swahilische Wort für Friede. Das passte wie die Faust aufs Auge. In Papaya war ich umgeben von dicken Mauern und Stacheldraht. Und draußen folgten mir zu jedem Zeitpunkt unzählige Augenpaare, und Kinderarme zerrten an mir. Ruhe war nirgends zu finden. Aber hier draußen auf dem See, da war Friede pur. Man konnte die Seele baumeln lassen. Die Gerüchte waren also wirklich wahr. Die Sonntage in Baraka waren paradiesisch.

Und dennoch blieb ein fader Beigeschmack. Denn während ich auf das ferne Baraka blickte, wurde mir einmal mehr klar, dass wir hier in einer Blase lebten. Man musste sich nichts vormachen, wir waren privilegiert. Extrem privilegiert. Wir konnten uns auch den Luxus leisten und nur so zum Spaß auf den See fahren. Hatten wir ein schlechtes Gewissen? Wäre es besser, nicht auf den See zu fahren? Die Kontraste waren allgegenwärtig. Und damit mussten wir uns abfinden und zurechtkommen. Man ist nur in der Lage zu helfen, wenn man selbst physisch und mental fit ist.

Nach diesem Urlaubsnachmittag ging es weiter nach Mango. Es war ein festes Ritual, dass sich alle internationalen Mitarbeiter Sonntagabend gemeinsam zum Kochen trafen. Heute würde es Fisch geben. Und was für einen Brummer Gianina besorgt hatte! Das Monster war knapp einen halben Meter lang und stammte natürlich aus dem See, in dem wir vorhin noch geplanscht hatten. Aus der Musikbox erklang Gute-Laune-Musik, Mamadou legte eine kleine Tanzeinlage ein, und Noor, Rosy und ich schnitten Zwiebeln, Auberginen und Zucchini. Ohne dass einer einen festen Plan vorgab, packten alle mit an und suchten selbst nach Aufgaben. So wurde draußen unter dem großen Sonnensegel der lange Tisch gedeckt und eine Lichterkette gespannt. Es wirkte alles so festlich, dabei war es nur ein normaler Sonntag. Vielleicht lag genau darin das Geheimnis, dass man sich selbst den Alltag versüßt.

Dann saßen wir gemeinsam mit den 14 Expats um die gedeckte Tafel, und Gianina trug den dampfenden und köstlich duftenden Fisch heraus. Ich kam mir vor wie im Film: Ich saß in Flipflops im Kongo in einer MSF-Base und stieß mit Kollegen an, die irgendwie eher Freunde waren. Dann machte auf einmal mein Funkgerät einen langen, durchdringenden Piepton. Wie aus einem Munde riefen Noor und Rosy »*Drink!*« und fingen an zu lachen! Ich verstand mal wieder gar nichts. Was hatte ich jetzt verpasst?

Noor klärte mich auf. In ihrer vorherigen Mission hatten sie ein Trinkspiel gespielt, bei dem man immer trinken musste, wenn das Funkgerät piept, weil die Batterie leer wurde. Genau mein Humor. Wir würden noch viel Spaß haben. Und während über vergangene Missionen gesprochen wurde, sagte Rosy: »Es sind die Begegnungen mit den Menschen, die deine Mission ausmachen werden.«

Dann zerfetzte auf einmal ein ratterndes Geräusch das Lachen und Geschichtenerzählen. Wir schauten uns besorgt an. Was war das? Diejenigen, die vorher auf Missionen im Jemen, in Afghanistan und Irak waren, kannten die Geräusche nur zu gut. Eine Maschinengewehrsalve. Der Lautstärke nach zu urteilen, waren die Schüsse nur wenige Hundert Meter entfernt. Als Vorsichtsmaßnahme gingen wir sofort in das Haus. Mein Herz schlug schnell, wohingegen der Rest sehr entspannt wirkte und sich nicht allzu große Sorgen zu machen schien. Der Sicherheitsverantwortliche sprach mit unseren Wärtern, die immer jemanden kannten, der wiederum jemanden kannte, der Bescheid wusste. Die modernen Buschtrommeln waren schnell, nach ein paar Minuten hatten wir Klarheit: Kriminelle hatten einen M-Pesa-Mitarbeiter unter seinem roten Sonnenschirm mit den Schüssen einschüchtern wollen, um so Geld zu erpressen.

Als sich alles beruhigt hatte und ich später am Abend sicher in Papaya ankam, sprach ich mit den Wärtern über die Situation. Dobis meinte nur: »*C'est le Congo. C'est compliqué.* Solche Dinge passieren hier. Das ist traurig, aber eine Realität.« Ob ich mich an solch eine Realität gewöhnen könnte? Vielleicht war es doch nur ein Gerücht, dass die Sonntage in Baraka paradiesisch waren.

Fußballspielen

In jedem Projekt ist Kommunikation, intern wie extern, ein zentrales Element. Die Liste von Großprojekten ist lang, bei denen sich Anwohner, Umweltschützer und Skeptiker nicht integriert fühlten und sich daher an Bäume ketteten, Rechtsmittel einlegten oder anderweitig den Erfolg eines Projekts gefährdeten. Um solche Desaster bei unserem Krankenhausbau zu vermeiden, wollten wir schon in dieser frühen Phase in Kontakt mit der Bevölkerung treten, ihre Bedenken verstehen und sie über das aktuelle Projektgeschehen informieren. Die Kongolesen lieben Fußball, was lag also näher, als ein Fußballspiel zu organisieren, ein MSF-Team gegen die lokale Bevölkerung antreten zu lassen und anschließend in einem entspannten Rahmen zusammenzukommen? Ein ausgezeichnetes Verhältnis zur Bevölkerung war sowieso genau das, was uns hier Sicherheit gab. Warum sollte jemand MSF überfallen, wenn klar war, welchen Mehrwert wir der Gesellschaft bieten?

Also ruckelten wir samstags mit fünf vollgepackten Geländewagen die paar Kilometer nach Kalundja. Ich freute mich riesig auf diesen Tag! Im Herzen Afrikas für eine gute Sache Fußball spielen, was könnte es Besseres geben? Meinem deutschen Naturell entsprechend, blickte ich häufig zur Uhr und stellte fest, dass wir 20 Minuten nach der eigentlich geplanten Anpfiffzeit ankommen würden. Ganz schön unangenehm, wenn man bedachte, dass wir ja die Ausrichter des Spiels waren und das Vertrauen der Bevölkerung gewinnen wollten.

Als wir schließlich am Fußballplatz ankamen, war weit und breit keine Menschenseele zu sehen. Hatten wir uns im Datum geirrt? Oder waren die Menschen schon wieder zu Hause, enttäuscht darüber, dass MSF viel zu spät war? Auf der großen Wiese grasten Ziegen, und an den Rändern standen wacklige Holzpfosten, die wohl Tore darstellen sollten. Die Höhe des Rasens war extrem uneinheitlich, teilweise sah man nur die rote Erde, und an anderer Stelle musste man sich seinen Weg durch schienbeinhohes Gras bahnen. Dann erblickten einige Kinder aufgeregt unsere Autokolonne, und es dauerte nur wenige Minuten, bis sich das halbe Dorf um den Fußballplatz scharte. Ich war wohl der Einzige, der sich an der Verspätung gestört hatte!

Die Stimmung glich sofort einem Volksfest: Aus der mitgebrachten Musikbox dröhnte laute kongolesische Tanzmusik, das große MSF-Banner wurde aufgehängt, und mehr als 100 Zuschauer machten ordentlich Lärm!

Clovis aus dem Supply-Department würde unser Trainer sein und besprach mit uns die Aufstellung und die Taktik. Es gab sogar richtige Trikots! Ich streifte das knallorange Shirt mit der Nummer 9 über. Ich würde im Sturm spielen. Aufwärmen musste man sich an diesem Tag nicht. Es waren knapp 38 Grad im Schatten, und die Äquatorsonne brannte unerbittlich und wie immer nahezu senkrecht auf uns herab. Auch ohne Bewegung schwitzte ich aus allen Poren. Ich blickte auf unser Team aus kongolesischen und internationalen Mitarbeitern, das sich in erster Linie dadurch auszeichnete, dass sich das Trikot über einige stattliche Bäuche spannte. Ganz im Gegensatz zum gegnerischen Team: Die Jungs aus Kalundja wirkten zäh, und unter den grünen Trikots sah man von der schweren körperlichen Arbeit gestählte Armmuskeln. Sie waren uns körperlich weit überlegen. Aber gut, in erster Linie ging es hier ja auch nicht ums Gewinnen, sondern vielmehr darum, sich kennenzulernen und gemeinsam Spaß zu haben.

Dann pfiff jemand im schwarzen Dress in eine Trillerpfeife und machte uns klar, dass die beiden Teams sich zum Einlaufen bereitmachen sollten. Ich staunte nicht schlecht, es gab sogar einen Schiedsrichter! Dann gingen wir 22 Spieler in die hinterste Ecke des Feldes, um in ordentlichen Zweierreihen auf die grölenden Zuschauer zuzulaufen und uns in Reih und Glied aufzustellen. Aus der Musikbox drang laut die Stimme von Enouce, einer kongolesischen Krankenschwester, die mit markigen Worten das Geschehen kommentierte. Es fühlte sich an, als würden wir in der Champions League vor Zehntausenden begeisterten Fans einlaufen und nicht etwa auf einem afrikanischen Acker, an dessen Rand Ziegen im Schatten lagen. Ein erneuter Pfiff ertönte, und das Spiel ging los.

Die Grünen rannten sofort wie ein aufgeschreckter Hornissenschwarm los, spielten sich geschickt den Ball zu und dribbelten unsere behäbigen Verteidiger schwindelig. Es wurde gegrätscht, gezogen und gerempelt. Dann spielte der Mittelfeldregisseur aus Kalundja einen cleveren Doppelpass, ließ einen Verteidiger aussteigen und legte den Ball zu seinem Stürmer quer, der mühelos zum 0 : 1 einschieben konnte. Die Menge jubelte. Ich war schweißgebadet, und das, obwohl wir erst seit zehn Minuten spielten. Ich zerfloss förmlich unter dem orangen Plastikshirt und versuchte einfach nur zu überleben und keine dummen Fehler zu machen. Aus der völlig übersteuerten Musikbox krächzte »Allez MSF« und »Oh, les verts sont forts!«. Enouce gab alles und verwandelte das Spielgeschehen mit ihren Kommentaren in ein echtes Spektakel.

Dann wurde das Spiel auf einmal sehr schnell. Nach einer gegnerischen Ecke konnte unser Torwart den Ball fangen und schleuderte ihn mir im hohen Bogen entgegen. Überraschend geschickt nahm ich den Ball an, während der hartnäckige Verteidiger mir seinen Unterarm in meinen Rücken bohrte und versuchte mich wegzuschieben. Ich drehte mich und legte mir den Ball ein gutes Stück vor, um dann hinterher zu sprinten – ein uralter Trick. Der Verteidiger wusste allerdings nicht, dass ich früher ein recht erfolgreicher Sprinter auf der Kurzstrecke war, und war dementsprechend überrascht, wie schnell der weiße Mann rennen kann. Die Menge schrie und brüllte, als ich nur noch den Torwart vor mir hatte. Doch ich hatte das hohe Gras vergessen, durch das ich mich noch kämpfen musste, und wurde wieder etwas langsamer. Die Zuschauer waren mittlerweile in absoluter Ekstase, und ich setzte zum Schuss an. Da tauchte der abgehängt geglaubte Verteidiger schnaufend wie eine Dampfeisenbahn hinter mir auf, zog die Notbremse und säbelte mir das Standbein weg. Ich überschlug mich mehrfach und blieb schließlich neben etwas Ziegenmist liegen. Der stämmige Verteidiger streckte mir eine Hand entgegen und murmelte kleinlaut »désolé«. Glücklicherweise war nichts Ernstes passiert, aber beeindruckend, wie ernst das Spiel genommen wurde!

Nach weiteren schweißtreibenden 20 Minuten rettete ich mich am Rande eines Hitzekollers in die ersehnte Halbzeitpause. Zur Erfrischung gab es gekühltes Wasser aus – Plastiktütchen! Ich konnte meinen Augen nicht trauen. Verdattert schaute ich mir bei meinen Mitspielern an, wie man aus Tüten trinkt: Man biss eine Ecke der Tüte ab und nuckelte anschließend an dem kleinen Loch. Wieder etwas gelernt. Für die zweite Spielhälfte gab ich meinen Kollegen den Vorzug und machte es mir am schattigen Spielfeldrand gemütlich. Gespannt folgte ich dem Spiel, und am Ende ging es nach einem harten Kampf 1 : 1 aus.

Nach dem Abpfiff und dem freundschaftlichen Abklatschen setzten sich alle in Bewegung, und in einer großen Prozession pilgerten wir wenige Gehminuten zur nächsten Schule. Ich hatte ein paar Reden erwartet, in denen Alessandro erklären würde, was wir als MSF vorhätten. Doch als ich mich als einer der letzten in den Klassensaal quetschte, hörte ich lauten Gesang und rhythmisches Klatschen. Clovis stand vor der uralten Schiefertafel und sang mit klarer und sonorer Stimme eine eingängige Melodie. Wie selbstverständlich stimmten alle in die Klänge ein, sangen gemeinsam und klatschten in die Hände. Alle schienen die Musik zu kennen, niemand fragte nach Noten oder Text. Es war spontan, ungezwungen und total natürlich. Mit jedem gesungenen Ton spannte sich ein starkes, unsichtbares Band, das alle Anwesenden miteinander verbrüderte und zu einer Einheit werden ließ. Ich hatte jedes Zeitgefühl verloren und lebte einfach in diesem himmlischen Moment.

Dann irgendwann wurde die Musik leiser und Alessandro begann in kongolesischer Manier seine Rede mit den Worten: »*Merci pour la parole.*« Vielen Dank, dass ich das Wort erhalte. Unter begeistertem Applaus berichtete er, wie es mit dem Krankenhausbau weitergehen würde. »MSF möchte den Menschen helfen und eine Perspektive geben. Jeder Mensch hat das Recht auf eine angemessene Gesundheitsversorgung.«

Dann folgte der Dorfälteste, ein runzeliger älterer Mann, und betonte, wie wichtig doch die Arbeit von MSF für die Menschen hier sei und dass man froh über das partnerschaftliche Verhältnis war. Die Hoffnung auf ein besseres Leben in naher Zukunft war zum Greifen nahe, und die Männer und Frauen sprühten nur so vor Energie.

Die Veranstaltung war ein voller Erfolg, und als ich im Geländewagen auf dem Rückweg nach Papaya saß, musste ich mit einem Schmunzeln im Gesicht daran denken, wie anders eine solche Veranstaltung in Deutschland abgelaufen wäre. Gesungen hätte man dabei sicherlich nicht ...

Alltag

Die ersten Wochen vergingen wie im Fluge. Schuld daran waren wohl die neuen Eindrücke, die jeden Tag aufs Neue auf mich einprasselten. Jeden Tag gab es Neues zu lernen, und je mehr Antworten ich bekam, desto mehr Fragen taten sich auf. Das stete Gefühl der Überforderung war zwar immer noch präsent, aber so langsam kam ich an, und es hatten sich ein paar Routinen eingespielt.

Heute war es etwas kühler als sonst, also frühstückte ich mein Avocado-Toastbrot nicht in kurzer Hose und T-Shirt, sondern in langer Hose und T-Shirt. Die Wetter-App auf meinem iPhone zeigte 20 Grad statt der zu dieser Zeit üblichen 25–27 Grad an. Wobei ich mich immer fragte, wie verlässlich diese Daten überhaupt waren. Eine Wetterstation gab es in Baraka mit Sicherheit nicht.

Etoile und Josephine waren wie immer seit 7 Uhr morgens in Papaya und wischten singend den Boden und räumten auf. Wie jeden Morgen wurde ich mit einem fröhlichen »*Jambo kaka*« begrüßt. Nach anfänglichen Irritationen hatte sich herausgestellt, dass »*kaka*« Bruder bedeutet und nicht etwa das, was ich zunächst gedacht hatte. Daraufhin antwortete ich mit »*Jambo dada*«, hallo Schwester. Sie versuchten mir ein paar Brocken Swahili beizubringen, und wir mussten über meine missglückten Versuche lachen, die fremden Wörter halbwegs korrekt auszusprechen. Heute brachten sie mir bei zu fragen, wie es jemandem geht: »*Habari gani?*« Darauf gab es eine ganze Latte an Antwortmöglichkeiten, wie zum Beispiel »*mzuri*« (gut).

Bevor ich dann in den Arbeitstag startete, ging ich noch zu den Wärtern für einen kleinen Plausch und probierte das neu gelernte Vokabular aus. Heute war Silvie in eine dicke Winterjacke gehüllt. Klar, bei nur 20 Grad musste man sich natürlich gut einpacken. Dann ging ich ins Büro, schaltete den Laptop an und besprach mit Akas und Marie die anstehenden Aufgaben. Aus dem Radio dudelte kongolesische Musik, und häufig stimmten die beiden lautstark mit ein und sangen in voller Lautstärke.

Ich war gerade dabei, den Stapel an Papier durchzugehen, der sich vor mir auf dem Schreibtisch türmte, als Cedric ins Büro kam. Ich hatte den Eindruck, dass ein großer Teil meiner Aufgabe darin bestand, Dinge zu unterschreiben und freizugeben. Urlaubsanfragen, Rechnungen, Kontoauszüge, Angebote – die Papierflut nahm kein Ende. Aber so konnten wir lückenlos dokumentierten, wofür die Spendengelder ausgegeben wurden, und vermeiden, dass jemand Geld abzwackte. Cedric war einer der vier Fahrer und nur ein halbes Jahr älter als ich. Er hatte nun zwei Wochen Urlaub und wollte fragen, ob er in dieser Zeit nicht in der Garage in Mango aushelfen könne, um mehr über Autos und Generatoren zu verstehen. Ich musste noch mal nachfragen, ob ich ihn richtig verstanden hatte. Wollte er wirklich seinen Urlaub opfern, um zu arbeiten?

Das wollte er wirklich. Er war hochmotiviert, wollte so viel Wissen wie möglich in sich aufsaugen, weiterkommen im Leben und sich und seiner Familie eine Perspektive ermöglichen. Ich war begeistert von so viel Schwung und Zuversicht. Aber wie ich gelernt hatte, gab es auch im Kongo ein Arbeitsschutzgesetz, das wir als Arbeitgeber respektieren mussten. Sonst würde irgendeine Behörde auf der Matte stehen und Strafzahlungen ansetzen. Ich konnte ihn also schlecht in seinem Erholungsurlaub voll arbeiten lassen. Aber bremsen wollte ich ihn natürlich auch nicht. Wir vereinbarten, dass er nach seinem Urlaub auf freiwilliger Basis ein paar Stunden pro Woche in der Werkstatt in Mango arbeiten und lernen könnte.

Nachmittags ging ich kurz in die Küche, um zu schauen, was Clementine für das Abendessen vorbereitete. Das war eine ideale Gelegenheit, um eine Kleinigkeit zu naschen. Auf halbem Weg im Wohnzimmer stellte ich fest, dass es hier merkwürdigerweise nach Zimt und Nelken roch. Ein bisschen wie auf dem Weihnachtsmarkt. Dann sah ich, wie Clementine vor dem Herd stand und eine dampfende rote Flüssigkeit umrührte. Weil es so kalt sei, habe sie für uns Glühwein gemacht. Es war nicht zu fassen. Glühwein im Kongo! Clementine war einfach ein Goldstück und versuchte, Alessandro und mir das Leben mit gutem Essen und kleinen Überraschungen zu versüßen. Schon vor Jahren hatte ihr ein Expat das Rezept beigebracht, und sie wusste, dass sie uns damit mit Sicherheit eine Freude machen konnte. Der Glühwein schmeckte trotz der tropischen Temperaturen fantastisch, und gedanklich war ich zurück auf dem Hamburger Weihnachtsmarkt. Es war inspirierend zu sehen, mit welchem Elan Clementine ihren Job machte. Ständig war sie auf der Suche nach neuen Rezepten, fragte nach Feedback und war besorgt, wenn wir zu viele Reste übrigließen. Sie war eine geborene Köchin!

Wenn nichts Besonderes anstand, war gegen 17 Uhr Feierabend in Papaya. Marie und Akas deckten die Bildschirme ab, um sie vor Staub zu schützen, und machten sich auf den Heimweg zu ihren Familien. Ich blieb noch etwas länger, um mich möglichst schnell in die Tausenden Prozesse und Tools einzuarbeiten, aber spätestens um 18 Uhr schaltete ich auch den Laptop aus. Dann hatte ich wirklich Feierabend, und es war irre, wie viel Zeit dann noch blieb. Denn mir wurden einfach alle Arbeiten abgenommen. Der Kühlschrank war gut gefüllt, und das Abendessen stand fertig auf dem Tisch. Die Wäsche lag ordentlich im Schrank, die Mülleimer waren geleert, und alles war sauber und ordentlich. Die Zeit zum Pendeln war auch erträglich, innerhalb von 30 Sekunden war ich vom Büro auf meiner Terrasse. Behördengänge oder ähnliche Zeitfresser gab es nicht. Hier in Papaya konnte ich mich voll auf die Arbeit konzentrieren und hatte abends immer noch unfassbar viel Freizeit! Dagegen war mein Feierabend in Hamburg immer vollgestopft gewesen mit Terminen und Verpflichtungen. Was für ein Kontrast.

Und doch war es sehr ungewohnt und fühlte sich komisch an, Menschen um sich zu haben, die dafür bezahlt wurden, einem diese Arbeiten abzunehmen. Ich lebte in einer Umgebung, wo die Menschen von der Hand in den Mund lebten, und wohnte in einer Base mit Strom und fließend Wasser, hatte einen vollen Kühlschrank und Angestellte, die für mich kochten, wuschen und mich bei Bedarf durch die Gegend kutschierten. Ich muss zugeben, dass ich es extrem genoss. Kochen gehört nicht zu meinen Lieblingsbeschäftigungen, und Einkaufen war für mich schon immer eine nervige Angelegenheit gewesen. Und jetzt konnte ich mich voll und ganz auf die Arbeit konzentrieren. War das abgehoben?

Alessandro war ein netter Kerl, und wir kamen gut miteinander aus. Aber er war auch gerne für sich und zog sich nach Feierabend meistens in sein Zimmer zurück. Auch anderen Veranstaltungen wie den Trips auf den See oder dem gemeinsamen Kochen mit Mango blieb er häufig fern. Das war natürlich sein gutes Recht, aber mein Leben wurde dadurch nicht gerade spannender. Umso mehr war ich gespannt, wen die Personallotterie als nächstes vorbeischicken würde. Denn kommende Woche sollte ein kanadischer Bauingenieur eintreffen, der Alessandro ersetzen würde. Bis dahin hatte ich abends viel Zeit, um zu lesen, mein Französisch zu verbessern und mit Katharina zu telefonieren. Und die Kollegen in Mango konnte ich auch jederzeit besuchen.

Aber heute würde ich mich etwas Neuem widmen: meiner Ukulele! Zum Geburtstag hatte ich von Schwiegermama dieses mir noch fremde und so unfassbar kleine Instrument geschenkt bekommen. Außer ein paar selbst beigebrachten

Akkorden auf der Gitarre hatte ich ansonsten keinerlei Vor-
kenntnisse. Als einzige Hilfe lag in der Tasche eine Tabelle mit
den Griffen. Vorsichtig platzierte ich meine Finger auf dem
lächerlich winzigen Griffbrett und versuchte die Saiten anzu-
schlagen. Statt des erhofften wohligen Klangs, hörte es sich an
wie eine sterbende Katze. Meinen Fingern war es einfach zu
kompliziert! Ich versuchte es wieder und wieder. Und dann
sollte man noch in einem anderen Rhythmus singen, als man
mit der rechten Hand die Saiten anschlägt. Für mein Gehirn
eine nahezu unlösbare Aufgabe.

Das Spielen hatte jedoch noch einen ganz anderen Effekt.
Es machte meinen Kopf seltsam leer und räumte auf. Nach
langen Tagen voller Input war es eine mehr als willkommene Ablenkung, etwas – okay, das klingt nun sehr hoch ge-
griffen – Künstlerisches zu tun. Die Konzentration, die ich
brauchte, um die Finger auf die rechten Saiten zu drücken,
den passenden Rhythmus zu schlagen und dann dazu noch
eine annehmbare Melodie zu singen, wischte alle Gedanken
des Tages einfach beiseite. Die Ukulele würde mir noch gute
Dienste erweisen, und vielleicht könnte ich eines Tages mal
an einem Lagerfeuer sitzen und ein paar Lieder trällern.
Aber bis dahin war es noch ein weiter Weg! Vielleicht wäre
die Ukulele das erste, zugegebenermaßen etwas ungewöhnliche Werkzeug für den leeren Werkzeugkasten. Ein Werkzeug, mit dem man schnell abschalten konnte und den Kopf
frei bekam.

Neuer Schwung

Als Ben Anfang Februar in Papaya ankam, trug er einen lässigen braunen Hut, ein kariertes Hemd, und an dem breiten Gürtel waren Taschenmesser und andere Werkzeuge befestigt. Ein kanadischer Bauingenieur wie aus dem Bilderbuch. Er begrüßte mich freudig und mit einem breiten Lachen. Eine seiner ersten Fragen war, wo er eigentlich seine Hängematte aufhängen könne und wo denn der Fitnessraum sei. Wir waren uns sofort sympathisch! Ben war Mitte dreißig, kam aus der Nähe von Montreal und brachte viel Erfahrung aus vorherigen Projekten in der Zentralafrikanischen Republik, Syrien und Nord-Kivu mit. Er sprühte vor Tatendrang, und schon am ersten Abend saßen wir zusammen auf der Terrasse, ich spielte Ukulele, und er versuchte sich mit der Mundharmonika. Es klang schief, der Rhythmus passte nicht, aber das war vollkommen egal, denn es machte Spaß, gemeinsam zu musizieren. In den nächsten Monaten würde mehr gelacht werden in Papaya – das war klar.

Nachdem Alessandro die letzten Monate darum gekämpft hatte, unterschiedlichste Genehmigungen einzuholen und die strategische Ausrichtung des Projekts zu definieren, würde es mit Ben nun konkreter werden. Wir waren am Ende der Machbarkeitsstudie und würden zeitnah in die Designphase übergehen. Sprich, wie sähe die Aufteilung des Krankenhauses aus, wo wäre die Pädiatrie, und wie viele Toiletten würden benötigt und wo die Wasserrohre und elektrischen Leitungen verlegt? Alles wurde anhand des MSF-Leitfadens systematisch angegangen und abgearbeitet.

Es würde eine Ausschreibungsphase folgen, um einen oder mehrere Lieferanten zu finden, die das ausgearbeitete Design umsetzen. Die Lieferanten würden vermutlich aus Ruanda oder Tansania kommen. Ortsansässige Firmen, die zu solch einem Projekt in der Lage wären, gab es schlicht nicht. Wenn alles nach Plan lief, so würde ich mitbekommen, wie gegen September, Oktober dieses Jahrs die ersten Bagger anrollen und die Fundamentarbeiten beginnen. Aber bis dahin war es noch ein weiter Weg. Streng genommen war mein Job, die Base am Laufen zu halten, doch es war absehbar, dass ich, wenn ich mich erst mal eingearbeitet hätte, noch Kapazitäten hätte, um Ben zu unterstützen. Zudem war geplant, dass nach und nach weitere Kollegen das Team vergrößerten: erfahrene Bauleiter, Architekten, Geologen etc.

Ein großes Thema für Ben war Nachhaltigkeit und ein sinnvoller Ressourceneinsatz. Das Krankenhaus würde natürlich kein sechsstöckiger, eleganter Glaskasten werden, sondern eher eine durchdachte Ansammlung von circa 25 ebenerdigen Gebäuden. Damit wäre es das mit Abstand größte Infrastrukturprojekt in der Region. Und hier begannen die Probleme. Wir würden unfassbar viele Baumaterialien wie zum Beispiel Zement benötigen und damit die Kapazitäten des lokalen Markts komplett überfordern. Wenn wir aus dem Nichts mit solch einer Nachfrage aufkreuzen würden, würden die Preise durch die Decke gehen. Das wäre für die Zementlieferanten ein gefundenes Fressen. Aber für den mittellosen kleinen Mann um die Ecke, der seine vom starken Regen zerstörten Hauswände ausbessern musste, wäre eine Preissteigerung eine existenzbedrohende Katastrophe. Dinge, über die ich so irgendwie nie nachgedacht hatte. Mit Fingerspitzenge-fühl musste man aufpassen, dass das fragile wirtschaftliche Gleichgewicht nicht unsanft durcheinandergewirbelt wurde. Denn so gut unsere Motive auch waren, so waren wir doch eine künstliche Kraft von außen. Um schädliche Nebeneffekte zu vermeiden, sollte in den kommenden Wochen eine detail-lierte Marktanalyse gemacht werden.

Unser Fokus lag darauf, möglichst auf verfügbare Roh-stoffe in der Region zurückzugreifen. Ben war total begeistert von der sogenannten *rammed-earth*-Technik, auf Deutsch »Stampflehm«. Dabei handelte es sich um ein uraltes Ver-fahren, bei dem ein Gemisch aus Wasser, Sand und Lehm schichtweise in eine Schalung gegeben wird. Jede Schicht wird zunächst verdichtet, bevor man die nächste Schicht in die Schalung einfüllt und erneut verdichtet. Dieser Prozess wird so lange wiederholt, bis beispielsweise eine Mauer die gewünschte Höhe erreicht. Die Liste an Vorteilen war lang: Da wäre die gute Wärmedämmung, die an den heißen Tagen (und es war immer heiß), den Patienten Linderung verschaf-fen würde. Außerdem würde es einfach schick aussehen, da sich die erdigen Außenmauern perfekt in das Landschaftsbild einfügen würden. Das Beste war allerdings, dass die nötigen Materialien alle in unmittelbarer Nähe des neuen Kranken-hauses zu finden waren und somit die Transportkosten stark minimiert werden könnten. Vom Bürgermeister hatten wir bereits die Genehmigung, Sand sowie Laterit (eine Lehm-Kies-Mischung) kostenfrei zu nutzen! Problematisch wäre allerdings die Wasserlöslichkeit des Baustoffs, gerade hier, wo es immer wieder zu monsunartigen Niederschlägen kommt.

Wir würden also eine kleine Testreihe starten und mit dem Mischungsverhältnis sowie dem Zumischen von Zement experimentieren. Spannende Tage standen uns bevor, und ich freute mich auf die nächsten Schritte.

Urlaubsplanung

›Wollen Sie die Buchung wirklich abschließen?‹

Ja. Nach einem Klick war alles unter Dach und Fach: Katharina und ich würden Mitte März einen dreiwöchigen Roadtrip durch Südafrika machen. Wir würden uns in Johannisburg treffen und dann mit einem Mietwagen zu den Nationalparks düsen. Katharina träumte schon lange von einer echten Safari: Elefanten, Giraffen und vielleicht sogar Löwen in freier Wildbahn zu begegnen, das wäre traumhaft! Eine Übernachtung in einer Luxus-Lodge war als Überraschung auch schon geplant. Man gönnt sich ja sonst nichts ... Und auch wenn es den ganzen Tag nur regnen und wir in irgendeiner Bude sitzen würden, egal. Wir hätten uns und damit mehr als genug! Es war eine Grundbedingung für mein Jahr im Kongo gewesen, dass wir uns immerhin alle drei Monate sehen würden und Zeit für uns hätten. In 24 Tagen würden wir uns wieder in die Arme schließen. In 24 Tagen wären wir nicht mehr durch einen nervigen Bildschirm voneinander getrennt! Begeistert berichtete ich meinem Bruder von unseren Reiseplänen und dass ich es kaum erwarten könne, Katharina in Südafrika zu treffen.

»Sorry, Robi, wenn ich deine Begeisterung jetzt dämpfe, aber ich glaube nicht, dass das mit dem Urlaub klappen wird.

Wegen Corona sind wir hier mitten im Lockdown. Alle Geschäfte sind zu, Essen gibt es nur zum Mitnehmen, und es sind keine Menschen mehr auf der Straße. Shenzhen ist komplett leer – es ist unfassbar!«

Ich konnte mir das beim besten Willen nicht vorstellen. Im letzten Herbst hatte ich ihn noch in China besucht, und da war die Stadt vor Menschenmassen noch aus allen Nähten geplatzt.

»Die Welle schwappt jetzt nach Europa, und in ein paar Wochen wird dort auch alles runtergefahren. Und dann ist es nur noch eine Frage der Zeit, bis auch in Afrika die Grenzen geschlossen werden und der Flugverkehr eingestellt wird.«

Was er beschrieb, klang wie in einem Endzeitfilm, aber nicht nach meiner Realität. So weit würde es schon nicht kommen. »Warten wir es mal ab, wir sind hier so weit ab vom Schuss. Ich glaube nicht, dass Corona mich in Afrika und im Kongo auch nur ansatzweise betreffen wird«, meinte ich nur.

Wie falsch ich mit dieser Aussage doch lag ...

Ein Bier bitte

Mein erster Abend in einer kongolesischen Bar! Bars haben Charme, entweder weil sie runtergekommen sind und Kultstatus haben oder weil sie besonders schick sind. Alles dazwischen wirkt langweilig und ordinär. Chez Patrick war in meinen Augen total heruntergekommen, genoss in Baraka aber den Status einer schickeren Bar, denn immerhin gab es kalte Getränke und zwei Stockwerke! Die Fassade war in knalligen gelben und grünen Farben bemalt, wenngleich die Farbe an vielen Stellen abbröckelte und einen Flickenteppich zurückließ. Ben, Alessandro und ich kletterten mutig die nicht unbedingt vertrauenerweckende Treppe nach oben, um auf eine Art Terrasse zu gelangen. Die schweren Holzbohlen wankten bedrohlich unter unseren Füßen. Hoffentlich würden sie noch für ein paar Stündchen halten und uns nicht auf den Boden der Tatsachen zurückführen.

In Baraka wurden hauptsächlich drei Biersorten verkauft: Primus, Amstel und Mützig (ja, richtig gelesen – mit ü!). Über Geschmack lässt sich ja bekanntlich herrlich streiten. Primus war in meinen Augen ungenießbar und sollte gesetzlich verboten werden. Amstel würde ich nur in großer Not trinken. Aber auch nur dann, wenn es wirklich eiskalt serviert wird. Mützig dagegen ist tatsächlich trinkbar, und ich würde es sogar als lecker beschreiben. Für mich als Norddeutschen ungewöhnlich: Alle drei Sorten wurden standardmäßig in riesigen 0,65-Liter-Flaschen verkauft. Der häufig unüberlegt gesprochene Satz »Ach, ein Bier geht noch« hatte hier wesentlich drastischere Konsequenzen.

Wir machten es uns auf den einladenden Plastikstühlen bequem, in deren Rückenlehne ein galantes ›Dieu est tout‹ eingraviert war, und winkten dem Kellner zu. Es kam, wie es kommen musste: Mützig war ausverkauft und Amstel nicht kalt! Und mit Primus wollte ich mir nicht den Magen verderben. Der Kellner wies mich aber darauf hin, dass man auch Heineken führte, was ich umgehend bestellte. Serviert bekam ich dann allerdings zwei 0,33-Liter-Heineken-Flaschen. Ich schaute den Kellner überrascht an. Auf die Frage, warum ich denn zwei Flaschen bekommen habe, erhielt ich die Antwort, dass ich doch ein Heineken bestellt hätte und somit alles in Ordnung wäre.

Verwirrung pur! Konnte ich jetzt nicht einmal mehr ein Bier in einer Bar bestellen? Es musste wohl an meinen durchwachsenen Französischkenntnissen liegen. Ben und Alessandro konnten nicht mehr vor Lachen. Dann wurde mir die Situation erklärt: Wenn man ein Bier bestellt, hat man natürlich Anspruch auf 0,65 Liter Bier. Und wenn Heineken nur diese winzigen Fläschchen herstellt, bekommt man logischerweise direkt zwei davon. Ich fragte den Kellner unter Gelächter meiner Mitstreiter, was ich bestellen müsste, damit ich nur eine Flasche bekäme. »Ganz einfach: ein halbes Bier«, war seine Antwort. Er grinste breit, und ich fiel vor Lachen fast vom klapprigen Plastikstuhl. Prost!

Es fühlte sich gut an, die Seele etwas baumeln zu lassen und ganz normale Dinge zu tun, wie einen Abend in einer Bar zu verbringen. Mittlerweile war es dunkel geworden, und die wenigen Funzeln tauchten die Bar in einen heimeligen Schein. Musik wummerte aus den Nebenstraßen, und in langer Hose, T-Shirt und Flipflops waren die Temperaturen nun gut auszuhalten.

Wir sprachen über die unglaubliche Geschichte des Kongos. Ich hatte in einem dicken Wälzer gelesen, dass im späten 19. Jahrhundert der König von Belgien, Leopold II., gleichzeitig auch Privatbesitzer des Kongos war! Es war schier unbegreiflich, was dieses Land erlebt hatte. Während der Kolonialzeit wurde das Land brutal ausgepresst. Hunderte Tonnen Elfenbein wurden jährlich nach Europa geschickt, um dort zu Klaviertasten und Billardkugeln verarbeitet zu werden. Als die Elefanten fast ausgestorben waren, fand man die nächste Goldgrube: Kautschuk. Die weltweite Nachfrage war wegen des Bedarfs an Autoreifen stark gestiegen, und wenn die Einheimischen die festgelegten Quoten nicht erfüllten, wurden ihnen die Hände abgehackt oder sie wurden direkt umgebracht. Daher auch der Begriff ›roter Kautschuk‹. Aber auch nach der Kolonialzeit dauert die Ausbeutung bis zum heutigen Tage an. Der Kongo ist gemessen an seinen Bodenschätzen wie Gold, Diamanten und Coltan wohl das reichste Land der Erde. Gemessen am Bruttoinlandsprodukt pro Kopf liegt er aber auf den letzten Rängen, noch hinter Ländern wie Tadschikistan und dem Jemen.

Nach einigen halben Bieren musste ich auf die Toilette, und der freundliche Kellner zeigte auf eine kleine Holztür am Treppenrand. Die Suche nach einem Lichtschalter blieb erfolglos, aber auch ohne Lichtquelle signalisierte mir meine Nase zuverlässig und unmissverständlich, dass sich hier wohl eine Toilette befinden müsste. Ich kramte in meiner Hosentasche nach meinem Handy, schaltete das Licht ein und sah – nichts. Kein Pissoir, keine Toilette, kein Waschbecken. Nur ein minimal abfallender Betonboden, in dem ein Loch von der Größe einer 2-Euro-Münze zu sehen war. Leider war das Loch nicht an der tiefsten Stelle, wie eine kleine Pfütze einer nicht zu definierenden Flüssigkeit eindrücklich demonstrierte. Doch der Druck in meiner Blase war stärker als das aufkommende Ekelgefühl und der Wunsch nach einem Mindestmaß an Hygiene. Krampfhaft versuchte ich mich so vorsichtig zu bewegen, dass meine nackten Füße in den Flipflops unter keinen Umständen nass wurden.

Zurück am Tisch zeigte ein Blick auf die Uhr, dass wir uns gleich auf den Heimweg machen mussten, die MSF-Sperrstunde nahte. Um 22:30 Uhr musste sich jeder internationale Mitarbeiter in der Base befinden. Punkt. Andernfalls würde man eine Sicherheitsregel missachten. Und wenn so etwas häufiger geschah, saß man schnell im Flieger nach Hause. So einfach war das. Die 170 Meter nach Hause konnten wir aber leider nicht schnell zu Fuß zurücklegen. Auch das wäre eine Verletzung der Sicherheitsregeln, da man von sechs Uhr abends bis sechs Uhr morgens (also in der Dunkelheit) nicht zu Fuß unterwegs sein durfte. Also griff ich zum Funkgerät, sprach kurz mit dem Wärter Mattathias und bat ihn, den Wagen vorbeizuschicken. Ich stellte mir vor, wie er nun Cedric, unseren Fahrer, bitten würde uns abzuholen. Dann würde das Tor geöffnet, die Fahrt beim Radio Room angemeldet, und Rhino wäre 40 Sekunden später bei uns an der Bar. Natürlich ergaben die Regeln Sinn und minderten das Risiko eines Überfalls, aber in solchen Situationen fühlte es sich einfach nur komisch an. Man war wie ein kleines Kind, das von Papa oder Mama abgeholt werden musste. Aber gut, Regeln sind eben Regeln.

Immer was Neues in Malinde

Ein neuer Flugtag brach an. Was wohl heute passieren würde? Die Tage in Malinde waren immer verrückt, denn es gab jedes Mal etwas, das man vorher nicht auf dem Schirm hatte. Zwar hatte ich mittlerweile etwas Erfahrung gesammelt, aber die

Anspannung war immer noch groß. Wenn hier etwas schiefgeht, dann geht es richtig schief. Und ein Flugzeugunglück war so ziemlich das Letzte, was ich gebrauchen konnte.

Vor der heutigen Landung hatte ich zusätzliche Instandhaltungsarbeiten geplant. Daher waren wir schon deutlich früher als sonst aufgebrochen. Rechts und links der Piste sollte eigentlich ein zehn Meter breiter, ordentlich gestutzter Grasstreifen verlaufen. Somit hätte man eine gute Sicht auf die Piste, und die Kühe und Ziegen könnten sich nicht im Dickicht direkt an der Piste verstecken, um sich dann in einem Überraschungsmoment vor den Flieger zu werfen. Aber der Boden war extrem fruchtbar, und Büsche und Gräser schossen wie Pilze aus dem Boden. Wir hatten Harken, Sensen, die *coupcoups* genannt wurden, und vor allem Macheten dabei, mit denen die *journaliers* den dschungelähnlichen Grünstreifen wieder zurechtstutzen würden.

Gerade kamen wir an der Piste an, und unser Fahrer, Papa Amuri, stellte den Motor ab. Per Funk hatte ich dem Radio Room schon mitgeteilt, dass alles in Ordnung sei. Ich stieg aus dem Auto und wollte gerade zur Ladefläche gehen, als ich merkte, wie Akas und die Tagelöhner ihre Hälse drehten, aufgeregt in eine Richtung zeigten und anfingen, irgendetwas in einer fremden Sprache zu rufen. Was war denn jetzt schon wieder los? Ich starrte ebenfalls in die Richtung, konnte aber nur die Hügelkette und die hohen Büsche und Gräser sehen. Es sah alles aus wie immer. Das Stimmengewirr wurde immer lauter, und einige Männer rannten bereits aufgeregt in die Richtung, wo eben alle hingezeigt hatten. Kein gutes Gefühl, wenn man bedachte, dass Rebellen im Busch ihr Unwesen trieben und es immer wieder zu Gewaltausbrüchen in der Region kam. Sollte ich sicherheitshalber schon mal den Radio Room kontaktieren, dass doch nicht alles in Ordnung sei? Selbst Akas war sich nicht sicher, was los war.

Nach einer gefühlten Ewigkeit klärte sich die Situation: Jemand hatte ein »wildes Tier« gesehen, was auch immer das bedeuten sollte. Ein Gepard vielleicht? Oder eine Hyäne? Dann sah ich das Tier! Eine junge Antilope hüpfte pfeilschnell und anmutig durch das hohe Gras! Sofort begannen die Männer sich zu positionieren und versuchten, die Antilope einzukreisen. Selbst wenn das Tier noch jung war, so wäre es doch wesentlich schneller und deutlich ausdauernder als ein Mensch! Es schien mir absolut unrealistisch, dass man ohne mechanische Hilfsmittel eine Antilope fangen könnte. Zu meiner Überraschung stellte ich fest, dass sie die Antilope tatsächlich umzingelt hatten. Nur an einer Seite wirkte der Kreis offen und genau dahin rannte das Tier nun um sein Leben. Wie aus dem Nichts tauchte ein junger Mann auf, in der Hand eine lange, scharfe Machete, und setzte entschlossen zum Hechtsprung an. Er streckte sich, soweit es ging, und noch in der Luft schlug er mit der Machete zu und traf das Tier tödlich am Hals. Die Antilope überschlug sich mehrfach und blieb schließlich regungslos am Boden liegen. Das Gejohle war enorm! Sie hatten eine Antilope erlegt und somit Aussicht auf ein leckeres Abendessen. Als ich nach einem Foto fragte, stellten sich sofort alle voller Stolz hin und präsentierten die erlegte Beute.

Nach weiteren fünf Minuten kamen vier Männer hinzu und beschwerten sich lautstark. Sie trugen abgewetzte Kleidung, und einer hatte einen Speer in der Hand. Ich konnte meinen Augen nicht trauen. Es wurde wild gestikuliert und gehandelt. Wie sich herausstellte, handelte es sich bei besagten Männern um Jäger. Und da in deren Revier gejagt worden war, mussten nun Steuern gezahlt werden. Schließlich einigte man sich darauf, dass das rechte Vorderbein der Antilope eine angemessene Steuer darstellte. Mit beherzten Schlägen mit der Machete wurde die Steuer rechtmäßig abgeführt.

Der Flugtag selbst verlief überraschend unkompliziert. Saubere Landung, gelungener Start, weder Tiere noch Kinder auf der Piste. So musste das sein! Allerdings war nur knapp die Hälfte der angekündigten Güter eingetroffen. Alles konnte man eben nicht haben.

Auf dem Rückweg plauderten wir wie immer ungezwungen. Ich fragte meine beiden Begleiter, welche wilden Tiere hier sonst anzutreffen waren. Papa Amuri und Akas waren sich nicht ganz sicher. Aber Giraffen und Elefanten gab es hier in Süd-Kivu auf keinen Fall. Dafür aber Nilpferde, die man in Uvira und am südlichen Teil der Presqu'île sehen konnte. Die waren auch nicht ganz ungefährlich. In Kazima, einer Stadt weiter südlich am Tanganjikasee, soll ein Nilpferd schon mehrere Menschenleben auf dem Gewissen haben. Da hatten wir mit der Antilope ja Glück gehabt!

»Hat das ›Papa‹ vor Amuri eigentlich eine spezielle Bedeutung?«, wollte ich weiter wissen.

Akas musste schmunzeln und klopfte seinem älteren Kollegen von hinten auf die Schulter. »Papa ist wie eine Art Ehrentitel. Amuri hier ist schon über 60 Jahre alt, hat mehr als zehn Kinder und unzählige Enkelkinder. Er ist einfach eine Respektsperson. Ein echter Papa!«

Als wir in Baraka ankamen, sahen wir in der Nähe des Malaria-Camps Cent Lits eine riesige Menschentraube. Wohin man blickte, überall waren Männer und Frauen in grünen Klamotten. Das mussten die Anhänger der Troisième Église sein, die mir Filippo nach dem Besuch des Krankenhauses gezeigt hatte. Was die wohl alle hier wollten? Akas war wie immer bestens informiert: Das Oberhaupt der Troisième Église sei verstorben. Gott war also tot! Es wimmelte in Baraka nun von Menschen in grünen Kostümen, die ihrem Gott die letzte Ehre erweisen wollten. Sie kamen aus den umliegenden Dörfern, teilweise sogar aus dem benachbarten Burundi. Die Anteilnahme war gigantisch, und die Menschen waren in tiefer Trauer. Nachher erfuhr ich, dass MSF sogar gefragt worden war, ob man nicht mit unseren Geländewagen den Leichnam Gottes transportieren könne. Das war aber höflich abgelehnt worden, man wollte die Neutralität wahren und keine Religion bevorteilen. Ich sah schon eine potenzielle *Bild*-Überschrift: »Ärzte ohne Grenzen verweigert den Transport Gottes!«

Gym

Es war wieder Wochenende, und händeringend suchten Ben und ich nach Möglichkeiten, um die Routine zu durchbrechen und neue Beschäftigungen zu finden. Viele Freizeitmöglichkeiten gab es in Baraka nicht gerade. Und wie Ben schon bei seiner Ankunft bemerkt hatte, musste Papaya dringend um ein Fitnessstudio erweitert werden. Nicht dass wir beide die großen Pumper wären, aber Bewegung musste sein. Wir einigten uns darauf, dass wir zunächst mit Freihanteln anfangen würden. Doch der lokale Markt gab so etwas nicht her, und extra Gewichte mit dem Flieger aus Bukavu kommen zu lassen schien uns höchst unsinnig. Also mussten wir selbst Hand anlegen und machten uns auf die Suche nach verwertbaren Materialien.

Die Grundidee war simpel: Wir würden Gefäße mit Beton füllen und mit einer Stange oder einem stabilen Stück Holz verbinden. Im alten Krankenhaus fanden wir unzählige leere Dosen, die zuvor mit Milchpulver zum Aufpäppeln von unterernährten Kindern gefüllt gewesen waren. Perfekt! In Mango wühlten wir uns durch die Werkstatt und fanden alte Rohre und Hölzer, die wir gut als Stange würden nutzen können. Dann zeigte mir Ben, wie man Beton anmischt. Das hatte ich in Deutschland noch nie gemacht: Zement, Kies, Sand und Wasser im richtigen Verhältnis miteinander vermischen, in die Dosen füllen, mit kleinen Armierungsstäben versehen, Hantelgriff dazugeben, fixieren, warten. Währenddessen kamen immer wieder unsere Wärter Dobis und Mattathias vorbei. Sie waren neugierig, was wir da gerade so anstellten, und sowieso immer hilfsbereit und wollten mit anpacken. Für sie war das eine willkommene Abwechslung während ihrer Zwölf-Stunden-Schichten.

In Deutschland hätte man einfach im Internet neue Gewichte bestellt oder wäre in den Laden um die Ecke gegangen. Hier dagegen war einfach alles knapp. Man musste mit den wenigen Ressourcen, die man hatte, erfinderisch sein und herumexperimentieren. Für die Menschen in Baraka war das völlig normal. Es wurde auch nichts weggeschmissen, alles konnte man doch noch für etwas anderes verwenden. Mir machte das in erster Linie richtig Spaß! Am Ende hatten wir drei Hantelsets in unterschiedlichen Gewichtsklassen gebastelt. Wenn der Beton trocken wäre, könnten wir eine kleine Eröffnungsparty für unser Fitnessstudio geben. Zusammen mit der Yogamatte und einer Bank könnte man schon ein kleines Zirkeltraining organisieren. Man musste sich nur zu helfen wissen.

Dann machten wir uns frisch und fuhren abends rüber nach Mango, um mit ein paar Expats den Samstagabend zu verbringen. Wir saßen zusammen in der Expat-Paillote, einer Strohhütte, die als Aufenthaltsraum diente, auf Bänken und durchgesessenen Sesseln und unterhielten uns. Rosy war Kanadierin mit taiwanesischen Wurzeln, hatte lange schwarze Haare und war wie ich noch keine 30 Jahre alt. Sie war für die Finanzen und Personalangelegenheiten in Mango zuständig. Noor kam ebenfalls aus Kanada und hatte indische Eltern. Ihr Lachen war rau und durchdringend. Sie war Supply Log, was bedeutet, dass sie für alle Warenlieferungen sowie die Lagerhäuser zuständig war.

Rosy fragte, ob wir das Spiel »Sababa, but ...« kannten. Ich hatte nie davon gehört, und auch Ben, Noor und die anderen hatten nur Fragezeichen im Gesicht. »Also, Sababa ist der absolute Traummann oder die perfekte Traumfrau. Er oder sie ist in jeder Hinsicht makellos, umwerfend und der absolute Wahnsinn. Es gibt nur eine Eigenschaft, die einen Schatten auf die perfekte Person wirft. Wenn man mit der Eigenschaft leben kann, streckt man den Daumen nach oben, wenn die Eigenschaft aber ein Tabu und Trennungsgrund ist, geht der Daumen nach unten. Die Minderheit muss trinken.«

Ich war begeistert, das klang ganz nach meinem Geschmack! Noor fing an, überlegte kurz und sagte dann: »*Sababa, but he or she doesn't want to have kids.*« Jeder hielt den Daumen quer, also weder nach oben, noch nach unten, dann wurde laut runtergezählt. »*3, 2, 1, go!*« Mein Daumen ging nach unten. Mit jemandem zusammen sein, der zwar perfekt war, aber keine Kinder wollte, konnte ich mir nicht vorstellen. Kinder wollte ich auf jeden Fall haben. Hier war ich allerdings in der Minderheit und musste trinken – Prost!

Dann ging es weiter. »*Sababa, but he/she killed someone.*« »*Sababa, but he/she is seriously ill and has only 3 years to live.*« »*Sababa, but he/she is a drug addict.*« Es war ein herrlicher Abend, und er hätte so auch genauso gut in der Q-Bar in Hamburg oder sonst wo auf der Welt stattfinden können. Wir waren einfach ein bunter Haufen, der einen netten Abend verbringen wollte. Und irgendwie brach das Spiel das Eis, und man lernte die anderen besser kennen.

Ein Schlag ins Gesicht

Schon wieder schwirrte mir der Kopf. Hinter mir lagen dreieinhalb Stunden Einstellungsgespräche. Marie, meine Assistentin für Finanzen und Personalangelegenheiten, hatte sich erfolgreich auf einen Job in der Coordination in Bukavu beworben, und daher musste ihre Stelle nachbesetzt werden. Für sie war es ein guter Schritt, ihre Familie wohnte in Bukavu, und das Leben dort war wesentlich angenehmer. Für mich persönlich war es ein Jammer: Sie machte einen super Job in Papaya, kannte alles und jeden und verbreitete zudem mit ihrer ansteckenden Lache bei allen gute Laune. Nun müsste jemand Neues eingearbeitet werden, dabei verstand ich selbst noch längst nicht alles.

Die Flut an Bewerbungen hatte ich zuvor durchgekämmt und die passenden Kandidaten zu einem schriftlichen Test eingeladen. Die besten wurden dann zur nächsten Runde, einem Gespräch eingeladen. Alles wurde bepunktet, sodass wir einen transparenten und nachvollziehbaren Bewerbungsprozess hatten. Es machte Spaß, auf der anderen Seite des Einstellungsgesprächs zu sitzen, und ich hatte bereits einen Favoriten: Nelson. Er wohnte in Baraka, hatte reichlich Erfahrung in einer vergleichbaren Tätigkeit, aber hatte noch nie für MSF gearbeitet. Für mich war das Wichtigste, dass meine Mitarbeiter motiviert und lernbegierig waren. Den Rest würde man ihnen beibringen können. Ein Satz von Nelson war mir hängen geblieben: »Ich bin zwar kein Arzt, möchte aber meine Fähigkeiten auch einsetzen, um helfen zu können.« Nahezu den gleichen Satz hatte ich bei meiner Bewerbung ebenfalls gesagt – und natürlich auch so gemeint!

Ich machte mir gerade ein paar letzte Notizen zu den verschiedenen Kandidaten, da kam Alessandro in mein Büro und bat mich kurz angebunden, alle Kollegen für ein kurzes Meeting in fünf Minuten zusammenzutrommeln. Das war ungewöhnlich, so etwas hatten wir noch nie gemacht. Was es jetzt wohl für Neuigkeiten gab? Ich konnte mir nicht vorstellen, was an einem Freitagnachmittag so wichtig wäre.

»Ich muss euch leider mitteilen, dass kongolesische Kollegen aus Mango heute Nachmittag auf der Rückfahrt nach Baraka entführt worden sind«, erzählte Alessandro knapp. »Ein Krisenteam ist bereits im Einsatz und setzt alles daran, unsere Freunde wieder nach Hause zu holen.«

Bitte was? Entführung? Das musste doch ein schlechter Scherz sein, doch Alessandro lachte nicht. Es folgten weitere Infos, wie man sich zu verhalten hätte und welche Schritte MSF nun unternehmen würde. Die Information kam zwar in meinem Kopf an, aber diese Situation war mir so fremd, dass ich sie gar nicht einordnen, geschweige denn die Konsequenzen nachvollziehen konnte. Wie verhält man sich nun? Arbeitet man weiter, als wäre nichts gewesen? Oder gibt man allen den restlichen Tag frei? Ich entschloss mich, mit allen erst mal eine längere Kaffeepause zu machen und mich über das eben Gehörte auszutauschen. Unter den Entführten war auch Enouce, die beim Fußballspiel in Kalundja als Kommentatorin die Menge unterhalten hatte. Jetzt war sie irgendwo da draußen im Busch.

In den Vorbereitungskursen war das Thema Sicherheit zentraler Bestandteil gewesen, und wir hatten unterschiedliche Szenarien durchgesprochen und teilweise auch durchgespielt. Als mir das erste Mal die Mission im Kongo angeboten worden war, war das Thema Kidnapping als ein theoretisch existierendes Risiko dargestellt worden. Auch das Auswärtige Amt hatte davor gewarnt, wie Sebastian eindrücklich bei der Abschiedsparty vorgelesen hatte. Es wirkte dennoch extrem weit weg. Entführungen kannte ich nur aus Büchern, vielleicht mal aus der Zeitung. Aber doch nicht aus meinem persönlichen Leben! Eine unwirkliche Situation. Es gab zudem rein gar nichts, was man unternehmen könnte, um zu helfen oder zu unterstützen.

Wie im Protokoll vorgesehen, wurden entsprechende Notfallteams eingeschaltet, hier im Kongo wie auch in der Zentrale in Amsterdam. Sie würden die Entführung managen und alles daran setzen, unsere Kollegen wieder sicher nach Hause zu bringen. Was für einen unglaublichen Job sie jetzt zu erledigen hatten. Eine Entführung, es klang wie in einem Film. Doch auf einmal war es Realität. Besonders bitter war es für einen neuen Kollegen: Abu war erst vor wenigen Tagen in Baraka angekommen und hatte in Mango die Rolle als Projektkoordinator (kurz PC) übernommen. Ein Sprung ins kalte Wasser, denn als Sicherheitsverantwortlicher war er vor Ort zuständig für kritische Sicherheitsvorfälle wie Entführungen. Was für ein Start ...

Abends telefonierte ich mit Katharina. Sollte ich ihr von den krassen Neuigkeiten berichten? Eigentlich hatten wir uns gegenseitig versprochen, dass wir alles miteinander teilen und nichts aussparen. Wir wollten verhindern, dass unausgesprochene Dinge zwischen uns standen und wir eine große Kluft zu überwinden hätten, wenn wir uns wiedersehen. Auf der anderen Seite war sie nun im absoluten Lernstress für ihr Medizinstudium. Die Prüfungen für das Physikum standen bevor. Die Nachricht würde sie nur verunsichern und ablenken. Wäre es da nicht besser, nichts zu erzählen?

In jedem Fall war ausgeschlossen, dass ich meiner Familie davon erzählen würde. Sie würden vor Sorge nicht mehr schlafen können. Niemand im Freundes- oder Verwandtenkreis war bislang mit einer Nichtregierungsorganisation im Ausland gewesen. Für sie war das alles ebenfalls neu und ungewöhnlich. Und eine bedrohliche Situation wirkt aus der

Ferne noch mal gefährlicher, da die fehlenden Informationen ein Vakuum hinterlassen, das mit eigenen Theorien und Schreckensszenarien in schillernden Farben aufgefüllt wird. Am Ende entschloss ich mich dazu, Katharina wahrhcitsgetreu zu berichten, was geschehen war. Sie konnte am Geschehen zwar nichts ändern, aber immerhin konnten wir darüber reden. Ich glaube, dass es eine gute Entscheidung war. Ehrlich währt am längsten.

Samstagabend kamen wir im Kreis der Expats zusammen. Es gab erste Zeichen der Entspannung, und möglicherweise würden unsere Kollegen in den kommenden Tagen freigelassen. Ansonsten versuchten wir, so gut es ging, Normalität zu wahren.

Sonntagabend war es endlich so weit: Das Haupttor in Mango öffnete sich, und mehrere Geländewagen kamen auf dem großen Platz zum Stehen. Unsere Kollegen waren wieder zurück! Sie wurden stürmisch und mit unfassbarer Dankbarkeit von Kollegen und der Familie empfangen. Eine Frau brach vor Tränen fast zusammen, und auf Abus Gesicht war eine Mischung aus Müdigkeit und Erleichterung zu sehen. Wir umarmten uns und hatten Tränen in den Augen. Alle waren äußerlich unversehrt zurück. Aber wie ging es den Kollegen wirklich? Waren sie traumatisiert? Würde Enouce wieder so unbefangen wie damals in Kalundja ein Fußballspiel kommentieren können? Ich konnte es nur sehr hoffen.

Es war für alle deutlich mehr als nur ein Denkzettel. Es war ein brutales Reingrätschen in unsere Aktivitäten und ein Schlag ins Gesicht. Wir lebten wirklich in einer absoluten

Konfliktregion, das Auswärtige Amt hatte recht behalten mit seiner Reisewarnung. Die MSF-Zentrale in Amsterdam würde nun die Geschehnisse untersuchen, Sicherheitsmaßnahmen verschärfen und entsprechend die Strategie vor Ort anpassen. Zudem hatten alle Mitarbeiter die Möglichkeit, vom psychologischen Support Gebrauch zu machen. Aber eine Frage blieb im Raum stehen und ließ mir keine Ruhe: Hätte es genauso gut auch mich treffen können?

Weltfrauentag

In Deutschland war der Weltfrauentag bislang nur eine kleine Überschrift in den Medien. Gefeiert wird er nicht wirklich, so habe ich es zumindest wahrgenommen bzw. nicht wahrgenommen. In Baraka dagegen glich der 8. März einem riesigen Volksfest! Eine lange Prozession, bestehend aus Hunderten, vielleicht sogar Tausenden Mädchen und Frauen in knallbunten Kleidern, bahnte sich lautstark den Weg durch die Stadt. Man konnte sich dem Weltfrauentag nicht entziehen! Immer wieder sah man kleine Grüppchen, die mit Trommeln und anderen Instrumenten Musik machten und dazu ausgelassen tanzten. Alessandro war vergangene Woche abgereist, und nun beobachtete ich mit Ben das Treiben aus nächster Nähe. Er zeigte verblüfft auf zwei Frauen: Die eine balancierte eine Autobatterie auf dem Kopf, die zweite daneben eine dazugehörige riesige Musikbox, aus der kongolesischer Rumba dröhnte.

Unter den üblichen *Mzungu*-Rufen folgten wir dem Marsch bis zum großen Fußballfeld, wo die Veranstaltung am späten Nachmittag ihren Höhepunkt finden sollte. Natürlich wurde auch dieses Großereignis fachmännisch und angemessen von den FARDC, den Soldaten des kongolesischen Militärs, gesichert. Gelangweilt lehnten die Männer in der grünen Tarnuniform und den schwarzen Stiefeln an einer Hauswand und teilten sich gemeinschaftlich eine Zigarette. Die AK-47-Maschinengewehre baumelten an Gurten um die schwarzen Hälse, und die Gewehrmündungen zielten nach dem Zufallsprinzip mal auf die spielenden Kinder und mal auf Ben und mich. Ein besonders gelangweilter Soldat missbrauchte seine Panzerfaust als Stützvorrichtung für sein Kinn. Wozu bei solch einem Ereignis mal wieder eine ausgewachsene Panzerfaust gebraucht wurde, konnte ich mir beim besten Willen nicht vorstellen. Noch dazu stellten wir uns die Frage, ob die in die Jahre gekommene Waffe überhaupt noch funktionstüchtig wäre. Glücklicherweise blieb diese Frage unbeantwortet.

Lange konnten wir nicht bleiben, denn für uns ging es weiter nach Kalundja. Wieder einmal stand ein Fußballspiel auf dem Plan. Doch ich würde nur Zuschauer sein, denn heute waren die Frauen dran! Es war deutlich voller als noch beim Spiel vor ein paar Wochen. Und während ich dem Spiel folgte und unser Team anfeuerte, war ich doch erstaunt, dass es im Kongo einen so groß angelegten Tag für die Rechte der Frauen gab. Bislang hatte ich das Rollenverständnis der kongolesischen Frau als sehr, na ja, sagen wir mal: traditionell wahrgenommen. An Barakas Brunnen hatte ich noch keinen einzigen Mann gesehen, der Tag um Tag die tägliche Ration Wasser geholt hätte. Die schweißtreibende, körperlich anstrengende und zeitintensive Aufgabe war Frauensache. Auch waren es immer die Mütter, die ihre winzigen Kinder in einem Tuch auf den Rücken gebunden hatten, nie Väter. Kindererziehung schien ausschließlich Frauensache zu sein. Die Männer dagegen waren Mototaxifahrer, Schreiner, Soldaten, Fischer und natürlich auch gerne in Bars anzutreffen.

Und wie war es bei uns in Papaya? Josephine und Etoile putzten, und Clementine kochte. Die technischen Jobs wurden allesamt von Männern gemacht, und unter den sieben Wärtern war Silvie die einzige Frau. Tabita war als Assistentin die Ausnahme, sie hatte die ranghöchste Stelle und verdiente am meisten Geld. Ich musste an die Nachbesetzung von Maries Posten denken. Liebend gerne hätte ich eine Frau eingestellt, um Papaya etwas diverser aufzustellen. Aber unter der Flut an Bewerbern hatte es nur eine Handvoll Frauen gegeben, und davon hatte kaum eine nennenswerte Erfahrung mit einem Computer. Nicht ideal für eine Tätigkeit, die zu 80 Prozent am Rechner stattfand. Dennoch hatte ich zwei Frauen zum schriftlichen Test eingeladen. Leider konnte ich auch mit zwei zugedrückten Augen nicht rechtfertigen, dass sie eine Runde weiterkamen, sie hatten am schlechtesten abgeschnitten. Wo sollte die Zeit für Bildung auch herkommen, wenn man den ganzen Tag mit Wasserholen und dem Großziehen der Kinder beschäftigt ist?

Ich musste an die vielen Mädchen denken, die ich vorhin in den Straßen Barakas gesehen hatte. Wie viele von ihnen würden studieren und einen Job ergreifen? Die Wahrscheinlichkeit war groß, dass auch sie schon in jungen Jahren schwanger würden und in den darauffolgenden Jahren zahllose Kinder auf die Welt brachten. Hier im ländlichen Teil des Kongos waren die Frauen regelrechte Geburtsmaschinen. Und es war völlig normal, dass man jede Frau Mama nannte. Beim Joggen hatte Kongwa die Frauen immer freundlich mit »*Jambo Mama*« gegrüßt, und auch mir waren Clementine, Etoile und Josephine ganz selbstverständlich als »*les mamas*« vorgestellt worden. Ich erlebte das zwar als wertschätzende Bezeichnung, aber schwang da nicht auch mit, dass jede Frau eine Mutter sein musste? Ich hatte den aberwitzigen Gedanken, dass man doch mal die Partner und Kinder meiner kongolesischen Kollegen zu einem kleinen Fest nach Papaya einladen könnte. Hätte ich das gemacht, so wären wir 133 Leute geworden – und das bei 18 Mitarbeitern! Alle hatten Kinder, es gab nicht eine Ausnahme.

Hier und da wurden Frauenrechte dann aber doch eingefordert. Vor ein paar Wochen hatte ich ein kleines Power-Point-Training angeboten. Alle hatten sich darauf gestürzt und waren begeistert, wie man Bilder und Texte auf eine Folie zaubern konnte. Bei der Abschlusspräsentation stellte Silvie das Thema Frauenrechte vor und schloss mit den Worten, die in fetter Schrift auf der Folie standen: ›Eine Frau kann alles, was ein Mann kann!‹ Aber sie war eine Ausnahme. Als ich Tage zuvor einen benutzen Teller in die Küche bringen wollte, kam mir Clementine zuvor und meinte nur: »Das ist mein Job als Frau, meine Bestimmung.« Und das sagte sie ganz ohne ironischen oder deprimierten Unterton.

Es wäre wohl mehr als vermessen, wenn ich als deutscher Mann behaupten würde, die Situation der kongolesischen Frauen auch nur ansatzweise zu verstehen. Ich sah nur einen winzigen Ausschnitt, nur einen Bruchteil ihrer täglichen Realität. Ich hatte keine Ahnung, wie es bei meinen Kolleginnen zu Hause zuging. Ich wusste nicht, welchem Druck sie ausgesetzt waren, welche Anforderungen an sie gestellt wurden und welche Ängste und Hoffnungen sie hatten. Und ich wusste auch nicht, wie groß die Sorge vor sexueller Gewalt war. Gerade in Süd-Kivu wurde und wird Vergewaltigung als Kriegswaffe eingesetzt. Ein unfassbar brutaler Akt, der nicht nur physisch das Opfer zerstört, sondern die ganze Gemeinschaft in Angst und Schrecken hinterlässt. Jede einzelne Woche gab es neue Berichte über Vergewaltigungen von Frauen im Umland. Die Dunkelziffer war riesig, und belastbare Zahlen waren kaum zu finden. Der leitende Chirurg am Panzi Hôpital in Bukavu, Denis Mukwege, hatte 2018 den Friedensnobelpreis erhalten für sein Engagement, Frauen, die vergewaltigt worden waren, nicht nur medizinisch zu helfen. Er ging einen Schritt weiter und engagierte sich politisch dafür, dass systematische Kriegsvergewaltigungen juristisch verfolgt und sozial geächtet werden. Alles, was ich mitbekommen hatte, deutete darauf hin, dass es verdammt hart war, als Frau in diesem Teil des Kongos zu leben.

Ein lauter Jubelschrei riss mich aus meinen Gedanken. Das 1 : 0 für MSF war gefallen, und die Menge tobte. Wenn Hunderte Menschen in Kalundja einem Frauenfußballspiel zusahen, gab es immerhin etwas Hoffnung!

Kamikazekakerlaken

Gegen 17 Uhr war Feierabend in Papaya. Die Mamas, Akas, Nelson und Francois machten sich fertig, verabschiedeten sich lautstark und gingen nach Hause. Zwei Wärter und ein Fahrer blieben, um die Nachtschicht zu übernehmen. Es war ein guter Arbeitstag gewesen. Nelson machte sich sehr gut in der neuen Rolle, lernte schnell und war motiviert dabei. Heute waren wir das Protokoll für den Monatsabschluss durchgegangen. MSF war es extrem wichtig, dass lückenlos dokumentiert wurde, für was Geld ausgegeben wurde. Und mit Akas hatte ich die nächsten Arbeiten in Kalundja geplant. Wir wollten ein kleines Betonfundament bauen, um darauf mittels der Stampflehmtechnik eine Versuchsreihe zu starten. Also ein paar Angebote einholen, vergleichen, nachverhandeln und jemanden auswählen. Mittlerweile hatte ich gelernt, was ein Sack Zement kostet, was der Unterschied zwischen einem *madrier* (Kantholz) und einer *planche* (Brett) ist, und konnte erkennen, ob ein Angebot überteuert war oder nicht.

Nach Feierabend stand heute wieder ein Work-out auf dem Programm, die selbst gemachten Betonhanteln wollten bewegt werden. Und so standen Ben und ich in Sportsachen auf der Terrasse, die Musik dröhnte, und wir schwitzten uns die Seele aus dem Leib. Herrlich! Nach einer erfrischenden Dusche machten wir uns über das Abendessen her, das Clementine für uns vorbereitet hatte. Es gab gebratene Auberginen und Bohnen, Spaghetti, gefüllte Teigtaschen und ein Stück gutes Fleisch. Mir lief das Wasser im Munde zusammen.

Vollgegessen saßen wir anschließend auf der Terrasse. Um 18 Uhr war die Sonne untergegangen, sodass es um 18:30 Uhr bereits stockdunkel war. Wie jeden Tag. Aber das bedeutete nicht, dass es weniger warm gewesen wäre. Es herrschten immer noch Temperaturen oberhalb der 30-Grad-Marke, und daher trugen wir kurze Hose, T-Shirt und Flipflops – innerhalb unserer Mauern war das kleidungstechnisch in Ordnung. »*Do you wanna partager a beer?*«, fragte ich Ben.

Er musste schmunzeln, denn das Frenglisch war uns ins Blut übergegangen, der tägliche Irrsinn, im Sekundentakt zwischen den beiden Sprachen hin und her zu springen. Irgendwie sagte hier niemand mehr »*share a beer*«, sondern nur noch »*partager a beer*«. Das eiskalte Mützig schmeckte auf jeden Fall herrlich. Doch mit der Dunkelheit machten sich auch die Mücken bereit für ihren Arbeitstag, und das ständige Surren begann. Es wurde also Zeit, eine dicke Schicht Mückenspray aufzutragen, das sich immer in Reichweite befand, immerhin befanden wir uns hier in einem der schlimmsten Malariagebiete der Welt. Bislang war alles gut gegangen, und die Prophylaxe schützte mich zuverlässig. Hoffentlich blieb das auch so. Ben erzählte begeistert von seinen Plänen, die kleine Hütte auf seinem Grundstück außerhalb Montreals zu renovieren und hübsch zu machen. Wälder, kleine Seen, im Winter ordentlich Schnee – es musste dort wirklich paradiesisch sein.

Auf einmal hörte ich ein leises Brummen, und etwas prallte dumpf gegen mein T-Shirt. Sofort sprang ich auf und schlug wie wild mit den Händen um mich. Was war das? Auf keinen Fall eine Mücke, von der Größe her eher ein kleiner Vogel. Mein Blick wanderte auf den Boden. Ich musste fast kotzen. Dort krabbelte eine riesige Kakerlake. Und unter ihrem ekligen Körper lugten dünne Flügelpaare hervor. Ich hasste diese Dinger. Und jetzt musste ich feststellen, dass sie auch noch fliegen können?! Da brummte es schon wieder, und ein weiterer Chitinpanzer krachte gegen meine Brust. Und erneut führte ich einen Affentanz auf und schlug mit den Händen um mich. Fliegende Kakerlaken – die Welt ist aus den Angeln.

Ben dagegen lachte sich schlapp, während ich krampfhaft versuchte, das Kreuzfeuer aus Kamikazekakerlaken zu überleben. Es war Zeit zum Gegenangriff! Ich riss mir einen Flipflop vom Fuß und hämmerte den Schlappen auf die umher rasenden Insekten. Bei dieser Größe musste man schon ordentlich zulangen, denn die Dinger hatten bestimmt schon atomare Angriffe überlebt. Zwei konnte ich erlegen, der Rest flüchtete sich in schmale Ritzen und dunkle Ecken. Die Schlacht war geschlagen, aber der Krieg war noch nicht vorbei. Sollte man es nicht vermeiden, Kakerlaken mit den Schuhen zu erlegen, da sich Eier daran festsetzen können? Ob die Eier jetzt an meinen Schlappen oder unter der Hauswand waren, machte auch keinen großen Unterschied mehr. So nett es auf der Terrasse auch war, ich würde das Kriegsgeschehen verlassen und in meinem Zimmer Schutz suchen. Ich verkroch mich unter das Moskitonetz, hier sollte ich in Sicherheit sein. Hoffentlich ...

Haltung bewahren

Ben und ich waren auf dem Rückweg von Kalundja und holperten die RN5 Richtung Baraka entlang. Wir hatten dort mit einem Kleinunternehmer das Betonfundament gebaut, das ich ein paar Tage zuvor in Auftrag geben hatte. In einem nächsten Schritt würden wir eine Testreihe mit der Stampflehmtechnik durchführen und geologische sowie statische Kenngrößen ermitteln. Die Ergebnisse würden dann in das Design einfließen. Es ging vorwärts im Projekt.

Ben meinte, ihm sei aufgefallen, dass die Menschen in Baraka eine sehr aufrechte Haltung hatten. Ich wusste erst nicht so recht, was er damit meinte. Aber ein Blick aus dem staubigen Fenster gab ihm recht: Die Leute liefen wirklich kerzengerade. Niemand schlurfte mit krummem Rücken umher. Das war mir noch nie aufgefallen. Ob es wohl daran lag, dass die Menschen keine acht Stunden pro Tag vor dem Computer oder Fernsehen saßen? Als wir an einem Brunnen vorbeifuhren, sah ich, wie sich eine ältere Frau mit einem tiefgrünen Kleid einen gefüllten Zehn-Liter-Kanister auf den Kopf setzte und wie selbstverständlich nach Hause lief. Kerzengerade. Wenn man so schwer trägt, ist man dazu gezwungen, Haltung zu bewahren! Mit einem krummen Rücken lässt sich der Wasserkanister nicht auf dem Kopf balancieren. Diese Einstellung schien mir symptomatisch für die ganze Region zu sein.

Die nicht enden wollenden Kriegswirren hatten unglaubliches Leid über die Menschen gebracht. Und dennoch bewahrten sie Haltung. Schon beim Versuch herauszufinden, wie viele Menschen während des Ersten und Zweiten Kongokriegs ums Leben gekommen waren, hatte ich aufgeben müssen. Nicht etwa, weil das Internet nicht funktionierte, sondern weil schlicht keine ansatzweise verlässlichen Zahlen existierten. Für den Zweiten Kongokrieg, der von 1998 bis 2003 andauerte, gab es Schätzungen, die bei rund drei Millionen Kriegsopfern lagen. Diese Zahlen wurden später revidiert und auf 5,4 Millionen angepasst. Aber auch das waren Schätzungen.

Ein Krieg, der unfassbar viele Menschenleben gekostet hatte, direkt und indirekt. Und ich hatte vorher noch nicht einmal davon gehört. Noch immer lief die alte Frau im grünen Kleid aufrecht. Aber wie viele Menschen bekamen einen krummen Rücken und kamen nicht klar? Wie viele waren unter dem Leid zerbrochen? Diese Menschen sah ich nicht.

Ich musste an einen besonders heißen Tag in Malinde zurückdenken. Wir hatten mithilfe von Schaufeln und Harken die Grasnarbe der Piste abtragen müssen. Bei 37 Grad im Schatten eine körperlich durchaus anstrengende Aufgabe! Und auf der Piste hatte es nur pralle Sonne und nicht ein winziges Stückchen Schatten gegeben. Akas wies die Tagelöhner ein, als mir einer der Männer ins Auge fiel. Er hatte ledrige Haut, einen starken Blick, unzählige Falten im Gesicht und vor allem nur ein Bein! Wie wollte er mit der Schaufel hantieren und den anstrengenden Tag durchstehen? Dann machten sich alle an die Arbeit, und elegant schwang sich der Mann mit seiner Krücke an die ihm zugewiesene Stelle. Geschickt legte er seinen Beinstumpf auf der Krücke ab, hielt perfekt das Gleichgewicht, griff nach der Schaufel und entfernte zielsicher die Grasbüschel. Er war genauso schnell und effektiv wie seine zweibeinigen Kollegen! Ich war sprachlos. Da die meisten Menschen in Malinde kein Französisch sprachen, konnte ich mich leider nicht direkt mit ihm unterhalten. Doch Akas übersetzte meine Anerkennung und meine Fragen. Der Einbeinige meinte nur: »Ich bin doch noch fit! Also nutze ich meine Energie, um meine Familie zu unterstützen.« Und das ohne einen Hauch von Bitterkeit in der Stimme. Was für ein Ehrenmann!

Dartscheibe im Kongo

Es war wirklich immer etwas los in Papaya! Gerade in den letzten Wochen hatten wir häufiger Besuch von Kollegen aus Bukavu oder aus Amsterdam sowie von Kollegen, die auf der Durchreise zum Nachbarprojekt in Kimbi waren. Das sorgte für frischen Wind und lustige Gespräche. So saß ich mit Walter aus Österreich auf meiner Terrasse, und wir unterhielten uns auf Deutsch! Was für eine Wohltat, nachdem man sonst immer entweder Englisch oder Französisch sprach. Er war ein alter Hase und schon seit mehr als zehn Jahren für MSF unterwegs. Es schien kein Krisen- oder Kriegsgebiet zu geben, in dem er noch nicht gearbeitet hatte. Wir diskutierten über die Rolle von MSF hier in Baraka und im Allgemeinen. Für ihn hatte MSF zwei entscheidende Vorteile gegenüber anderen NGOs: unabhängige Spender und unabhängige Mitarbeiter.

Ich erinnerte mich an ein Essay, das ich im Rahmen eines Online-Wahlpflichtkurses in Internationaler Politik gelesen hatte: Entwicklungshilfe und humanitäre Hilfe richte sich eher an den Interessen der Geberländer aus als an den Bedürfnissen der Menschen vor Ort. Zu Recht werde daher manchen Hilfsorganisationen vorgeworfen, dass sie einfach nur der verlängerte Arm des Außenministeriums seien. Es sei daher immer interessant zu schauen, wer der eigentliche Geldgeber sei. Sei es beispielsweise eine Regierung, so lasse sich kaum von einer unabhängigen Hilfsorganisation sprechen. Wenn Projekte unterstützt werden, die mit den Interessen des Geberlandes nicht deckungsgleich seien, werde schnell mal der Geldhahn zugedreht. Im jährlich erscheinenden Finanzbericht von

MSF ist eindrucksvoll dargelegt, dass mehr als 95 Prozent der Einnahmen von privaten Spendern kommen[1]. Dies ist der Grund, weshalb MSF unabhängig gestalten kann und nicht im Fahrwasser einer Regierung operieren muss. Und dies war genau der Grund, weshalb MSF seit 2016 keine Gelder der EU mehr annimmt. Man war in Bezug auf die europäische Flüchtlingspolitik grundverschiedener Auffassung und wollte diesen Weg nicht mitgehen. Um es mit Walters Worten zu sagen: Mit unabhängigen Spenden lässt sich unabhängig handeln!

Der nächste Punkt war die Unabhängigkeit der Mitarbeiter. Schon während der Bewerbungsphase sah ich auf der Website von MSF Deutschland mein zu erwartendes Gehalt: 1.621 Euro brutto. Das war nur ein Bruchteil von dem, was ich bei Airbus monatlich auf das Konto bekam. Katharina und ich hatten noch darüber diskutiert, ob wir uns das leisten konnten. Sie war Studentin, und das Medizinstudium war nicht gerade prädestiniert dafür, um nebenher noch arbeiten zu gehen. Aber das MSF-Gehalt würde ausreichen, um die Mietkosten zu Hause sowie Ausgaben für Katharinas täglichen Bedarf zu decken. Reich würde man aber nicht werden. Und genau hier lag der Punkt. MSF wollte gar nicht als finanziell attraktiver Arbeitgeber erscheinen. Stattdessen wurden Leute gesucht, die den Job aus Überzeugung machten und nicht aufgrund von monetären Anreizen. Die Auswirkungen dieser Strategie spürte ich in meinem Alltag: Es gab keine Bremser und Nörgler, die alles schlecht sahen. Die

---

1 www.msf.org/reports-and-finances

Kollegen zogen an einem Strang. Ich erinnerte mich, wie eine Kollegin aus der Coordination in Bukavu begeistert von einer dreiwöchigen Mission im Norden des Kongos berichtet hatte: »Wir waren den ganzen Tag mit Motorrädern in dieser unfassbar schönen Natur unterwegs, in der es nicht einmal Straßen gab. Vollgepackt mit Medikamenten, Vorräten und sogar einem mobilen Labor. Nur so konnten wir den Menschen fernab der Zivilisation helfen. Und MSF wollte mich dafür auch noch bezahlen. Ich hätte das auch einfach so getan. Es war unfassbar bereichernd!« Irgendwie war ich auch einer von diesen Überzeugungstätern. Und das fühlte sich gut an!

Später sprachen wir über das neue Krankenhaus, und ich merkte an Walters Reaktion, dass er nicht so Feuer und Flamme war wie ich. »Du, Robert, ich sag dir, wie es ist. Du kannst eine Dartscheibe nehmen und pinnst eine Landkarte vom Kongo drauf. Und dann stellst du dich hin und wirfst den Dart. Und genau da, wo das Ding einschlägt, kannst du genauso gut ein Krankenhaus hinbauen. Die Not ist überall. Warum also hier?«

Es klang in meinen Ohren so, als könne man es auch direkt lassen. Nur ein Tropfen auf dem heißen Stein. Aber war das nun ein Grund, das Krankenhaus in Kalundja nicht zu bauen? Für die Menschen in der Region wäre es ein Grundpfeiler für eine vernünftige Gesundheitsversorgung. Trotzdem konnte ich Walter verstehen, denn die eigentliche Frage war, wie priorisiert man am sinnvollsten die Ressourcen.

Friseursalon

»Jung, wie lange willst du dir eigentlich noch die Haare wachsen lassen? Du siehst ja aus wie ein Zottelbär!« Oma kommentierte ein per WhatsApp geschicktes Bild wie immer sehr direkt und treffend. Sie hatte recht, meine Haare waren viel zu lang. Ein Gang zum Friseur war längst überfällig. In Baraka gab es einige wenige Friseurläden, von denen manche sogar mittels kleiner Generatoren betriebene elektrische Haarschneidemaschinen verwendeten. *Très chic!* Aber ich vermutete, dass der Friseur mit meinen komischen blonden Haaren doch etwas überfordert wäre. Um auf Nummer sicher zu gehen, mussten wir selbst Hand anlegen. Spiegel, Kamm, eine handelsübliche Büroschere und Bens Haarschneidegerät verwandelten meine Terrasse in einen nahezu professionellen Friseursalon. Fehlte nur noch jemand, der mit den Werkzeugen auch umgehen konnte.

Noor erklärte sich bereit und überzeugte mit dem Argument, dass sie zwar noch nie in ihrem Leben jemandem die Haare geschnitten hatte, aber sie irgendwie Lust hätte, das mal auszuprobieren. In Ermangelung an Alternativen bekam sie den Zuschlag. Ich verordnete ihr ein kurzes Tutorial auf YouTube, und dann machte sie sich auch schon ans Werk. Ich musste feststellen, dass sich eine Büroschere und eine Haarschneideschere in einigen Aspekten dramatisch unterscheiden. Nach einigen »ups« und »oh, das war wohl zu viel« begutachtete Noor zufrieden ihr Werk. Die Seiten waren zwar militärisch-raspelkurz getrimmt, aber es hätte auch deutlich schlimmer sein können. In jedem Fall war ich nun kein Zottelbär mehr. Oma würde sich freuen!

Als ich abends mit Katharina telefonierte, war am anderen Ende der Leitung eine völlig aufgelöste Person, die sich kaum beruhigen ließ. Katharina war am Ende ihrer Kräfte. Seit Wochen lernte sie von früh bis spät und gefühlt ohne Pause für die große Prüfung ›Normalfunktion‹, die im Hamburger Medizinstudium ein riesiger Meilenstein war. Kommilitonen bekamen Haarausfall, tranken literweise Energydrinks und warfen Koffein- und teilweise noch abenteuerlichere Tabletten ein, um leistungsfähiger zu sein. Nächste Woche sollte die Prüfung endlich stattfinden. Doch heute kam die große Schocknachricht: Die Prüfung werde bis auf Weiteres wegen Corona ausfallen und irgendwann später nachgeholt. Die ganze Lernerei, der ganze Stress, total umsonst! Und ich war Tausende Kilometer von meiner völlig aufgelösten Frau entfernt und konnte nicht mehr tun, als ihr zuzuhören, mich mit ihr aufregen, ihr gut zuzureden und zu versuchen, dabei nicht selbst in die Schusslinie zu geraten. Es brach mir das Herz, sie nicht in den Arm nehmen zu können und ihr auch sonst kaum helfen zu können. In der Ferne ist man so machtlos.

Mein Bruder hatte mit seiner Ankündigung recht gehabt, dass sich das Virus weiter in Europa ausbreiten und das bekannte Leben ordentlich auf den Kopf stellen würde. Mittlerweile gab es auch den ersten laborbestätigten Fall im Kongo. Allerdings in der Hauptstadt Kinshasa, die Luftlinie 1.500 Kilometer entfernt war. Bei den wenigen Inlandsflügen und dem desolaten Straßennetz waren das Lichtjahre. Wir hätten noch Zeit, dachte ich mir. Ganz bald würden Katharina und ich uns endlich in Südafrika wiedersehen.

Notizbuch

Die brütende Hitze des Tages war längst vorbei, aber es war noch angenehm warm. Ich konnte hören, dass es schon spät war. Denn der Generator war bereits ausgeschaltet, und das unterschwellige Brummen war endlich verschwunden. Jetzt war nur noch ein leises Zirpen und das leichte Rascheln des Windes in den Blättern zu hören, ansonsten war es vollkommen still. Ich saß auf der Terrasse und schrieb in mein schwarzes Notizbuch. Es war viel passiert in den letzten Wochen. Völlig grün hinter den Ohren war ich Anfang Januar in diesem Paralleluniversum gestrandet – erschlagen und überfordert. Ich hatte mit den Jungs aus Kalundja Fußball gespielt, war im tiefsten See Afrikas geschwommen und hatte Woche für Woche in Malinde die Versorgungsflüge koordiniert. Die Entführung hatte mir einen ordentlichen Schreck eingejagt. Und doch wurde Papaya so etwas wie ein Zuhause für mich. Ich hatte das Gefühl, wieder mehr ich zu sein. Im Werkzeugkasten lagen jetzt ein paar Tools, mit denen ich den Alltag bewältigen konnte. Aber dennoch gab es immer noch unfassbar viel zu lernen.

Nur noch zweimal schlafen, dann würde ich Baraka in Richtung Südafrika verlassen. Endlich würde ich Katharina wieder in die Arme schließen können. Drei Wochen Urlaub, nur wir beide. Kein Funkgerät, keine permanente Überwachung, keine Sicherheitsmeetings, hoffentlich weniger *Mzungu*-Rufe – einfach nur Freiheit. In meinen Gedanken war ich bereits im Nationalpark, sah Giraffen, Löwen und das strahlende Lachen meiner Frau. Mit diesen Gedanken schlief ich ein.

· 2 ·

MITTE MÄRZ BIS ENDE MAI 2020

LOVE IT

Frust

›Der südafrikanische Präsident hat die Grenzen für alle Touristen aus Risikoländern wegen der Corona-Pandemie geschlossen.‹ Ich starrte auf mein Handydisplay und wollte meinen Augen nicht trauen. Ich lag noch verschlafen im Bett und wollte eigentlich gleich mit Kongwa und Ben joggen gehen. Das konnte einfach nicht wahr sein. Ich stürzte zu meinem Schreibtisch, klappte den Laptop auf und suchte wie ein Wilder nach neuen Informationen. Doch auch auf offiziellen Seiten wurde die Grenzschließung bestätigt. Südafrika ließ die Schlagbäume für Deutsche und andere Nationen auf unbestimmte Zeit herunter. Die Grenze war dicht und versperrte mir den Weg, meine Frau wiederzusehen. Das konnte doch nicht wahr sein! Dienstag, also morgen, sollte meine Reise starten. Alle Flüge waren gebucht, der Mietwagen reserviert, und die ersten Unterkünfte schon angezahlt.

Ich schrieb Ben, dass ich heute nicht laufen gehen würde. Mir war nicht nach Gesellschaft. Ich fühlte mich einfach nur leer, antriebslos und brüskiert. Wie recht mein Bruder doch gehabt hatte ... Meine Laune war an diesem Montag auf dem Tiefpunkt. Das fröhliche »*Jambo kaka*« von Josephine wurde von mir nur mit einem kurzen Nicken beantwortet. Mit hängendem Kopf schleppte ich mich irgendwie durch den Tag, ich war kurz angebunden und wollte einfach nur meine Ruhe.

Abends telefonierten Katharina und ich. Aber die Verbindung war nicht stabil, der Ton kam verzögert, war teilweise abgehackt und klang blechern. Heute hatte sich alles gegen uns verschworen. Aber es gab sowieso nichts zu sagen. Ein stilles Gespräch ohne Worte. Wie hätten wir uns gegenseitig aufmuntern sollen? Wir waren beide die Leidtragenden. Man konnte sich die Situation nicht schönreden. Das Schlimmste war, dass wir keine Perspektive hatten. Seit wir uns an der S-Bahn-Station in Hamburg mit nassen Augen voneinander verabschiedet hatten, hatten wir auf ein Datum hingefiebert, an dem wir uns wiedersehen würden. Es war wie ein Ziel am Horizont gewesen, nach dem man sich ausrichten konnte. Dieses Datum war nun brutal aus dem Kalender gerissen worden, und es blieb nur ein hässliches Loch zurück. Wann würden wir uns wiedersehen? Im Sommer? Im Herbst? An Weihnachten? Das war auch keine Option. Wie man es auch drehte und wendete, es war einfach nur Scheiße. Irgendwann legten wir auf. Und wieder lag ich im Bett und starrte auf das Moskitonetz, das mich irgendwie einengte.

Es war schon paradox: Da war ich ins ferne Afrika gegangen, um Menschen in Not zu helfen, und jetzt musste ich aus der Ferne dabei zuschauen, wie zu Hause das Chaos ausbrach. Klopapier und Mehl waren in den Geschäften ausverkauft, und der Lockdown stand kurz bevor. Eine Pandemie! Und hier im Kongo merkte man von alldem überhaupt nichts. Dann vibrierte mein Handy, eine Eilmeldung: Die EU machte ihrerseits die Außengrenzen dicht. Könnte ich jetzt im Ernstfall überhaupt noch nach Hause? Was war nur mit der Welt los.

Am nächsten Morgen klingelte früh der Wecker. Ich musste mich dringend bewegen. Den Kopf freikriegen und einfach laufen – so schnell ich kann, bis ich nicht mehr kann. Ein Schritt nach dem anderen. Rechts, links, rechts, links. Ganz einfach. Also kämpfte ich mich raus dem Bett und rein in die Laufsachen. Die ersten Meter waren immer die schlimmsten, der Körper wollte eigentlich noch weiterschlafen statt Sport zu treiben.

Alles war wie immer. Kleine Feuer züngelten am Straßenrand, der Plastikmüll wurde entsorgt. Frauen und Kinder saßen am Brunnen und warteten darauf, die Wasserkanister für den Tag füllen zu können. Die Moto-Fahrer wetteiferten im Anwerben potenzieller Kunden. Und wie immer folgten mir lachende Kinder.

Doch heute war etwas Neues dabei. Ein kleines Detail störte die Idylle. Statt des vertrauten *Mzungu*-Rufs zeigten einige Kinder mit den kurzen Fingern auf mich und riefen nun »Corona, Corona«. Das fühlte sich nicht gut an. Es wirkte zwar nicht böse gemeint, eher wie nachgeplappert. Trotzdem war ich beunruhigt. Wilde Zeiten standen uns bevor.

Nach Yoga, Dusche und Frühstück checkte ich im Büro wie jeden Morgen meine Mails. Ich sah eine Nachricht mit einem ungewöhnlichen Absender, nämlich der Deutschen Botschaft in Kinshasa:

›Liebe deutsche Staatsangehörige in der Demokratischen Republik Kongo, seit heute sind alle regulären Linienflüge Richtung Europa vorerst ausgesetzt. Zum aktuellen Zeitpunkt ist KEIN Rückholprogramm aus der Demokratischen Republik Kongo geplant.‹

Anfang des Jahres hatte ich mich standardmäßig in der elektronischen Deutschenliste des Auswärtigen Amts registriert. Nun war ich tatsächlich angeschrieben worden! Ein komisches Gefühl war das schon, deutsche Staatsbürger wurden aus der ganzen Welt zurück nach Deutschland gebracht. Freunde und Bekannte in Indonesien, Frankreich, England, USA – alle traten den Heimweg nach Deutschland an. Nur mein Bruder und ich verharrten im Ausland. Er in China, ich im Kongo. War das clever? Und warum gab es kein Rückholprogramm aus dem Kongo? Sollte ich auch nach Hause?

Unsicherheit

Ein paar Tage später ließ der Präsident der Demokratischen Republik Kongo verlauten, dass ab sofort Versammlungen von über 20 Personen verboten seien; Landesgrenzen wurden geschlossen, ebenso wie Schulen, Kirchen, Bars und Restaurants. Und soweit ich das erkennen konnte, wurden die Maßnahmen auch weitestgehend umgesetzt. Die Schule nebenan, in der zuverlässig ab 7 Uhr morgens laut gesungen wurde, blieb nun ruhig. Und auch die Bar Chez Patrick schloss fürs Erste ihre Türen.

Man muss sich klarmachen, wie sich das für die lokale Bevölkerung anfühlen musste: Im Kongo waren 2019 mehr als 6.000 Kinder an den Masern gestorben, einer Krankheit, die bestens bekannt ist, für die zuverlässige Impfstoffe existieren und die somit absolut vermeidbar ist. Als Konsequenz darauf hatte sich aber nicht etwa die Weltgemeinschaft eingeschaltet, um dieses Problem energisch zu lösen. Bis auf ein paar NGOs hatte es niemanden interessiert. Die Liste an tödlichen Krankheiten wurde ergänzt durch Cholera und Malaria. Zudem hatten die Menschen den schweren Ebola-Ausbruch 2018 in den Provinzen Nord-Kivu und Ituri mitbekommen. Über 2.000 Menschen waren an dem Virus gestorben. Und nun poppte Corona auf, und überall wurden mit aller Kraft konkrete und sehr einschneidende Maßnahmen getroffen. Dabei war zu diesem Zeitpunkt erst eine Person im Kongo nachweislich an den Folgen von Covid-19 gestorben. Die Menschen auf der Straße verstanden das nicht. Folglich musste Corona wohl die Hölle auf Erden bedeuten, eine Art Super-Ebola. Und was würde das alles für unsere Arbeit vor Ort bedeuten?

Abends kamen wir im Kreis der Expats zusammen, um die aktuelle, sich ständig ändernde Situation zu besprechen. Mittlerweile stieg bei allen die Anspannung, da niemand so genau wusste, wie sich die Pandemie im Kongo ausbreiten würde und welche Konsequenzen die drastischen Maßnahmen wie Grenzschließung und die Einschränkung der Reisefreiheit haben würden. Würde die Bevölkerung glauben, dass die Weißen die Krankheit in den Kongo eingeschleppt haben? Würde die Grenzschließung den Nahrungsmittelhandel einschränken, sodass Lebensmittelpreise nach oben schießen und es zu Unruhen kommen wird? War unsere Evakuierung, wie ursprünglich zugesichert, nach wie vor jederzeit möglich? Und natürlich eine der dringendsten Fragen: Wie stark würde das Virus einschlagen, und wie viele Opfer würde es fordern? In Baraka gab es keine Stromversorgung, niemand hatte einen Kühlschrank zu Hause. Häusliche Quarantäne war de facto nicht möglich! In Europa wurde alles getan, um das Gesundheitssystem nicht zu überlasten. Das hiesige Gesundheitssystem war bereits seit

Jahrzehnten überlastet und vollkommen überfordert. Was sollte man da noch Sinnvolles tun?

Ben und Abu verbrachten nahezu jede freie Minute damit, mit der Coordination in Bukavu zu planen und abzustimmen, wie wir durch diese Pandemie gehen sollten und wollten. Alles schien sich so schnell zu ändern. Aber einen konkreten Plan oder Antworten gab es noch keine. Die Unsicherheit wuchs und wuchs.

Bisher hatte der Standardsonntag aus einem ausgedehnten Frühstück bestanden, aus dem Rausfahren auf den See und dem gemeinsamen Abendessen in Mango. Doch ›dank‹ Corona gab es nun ein weiteres spannendes Element: Quiznight! Da alle Freunde in der Heimat im Lockdown waren, traf man sich Sonntagabends zur virtuellen Quiznight. Und daran konnte ich genauso gut teilnehmen wie meine Freunde in Hamburg. Auf einmal spielte es keine Rolle, ob man in Hamburg-Eimsbüttel, Hamburg-Eppendorf und eben in Hamburg-Süd aka Baraka war. Virtuell gesehen waren wir alle gleich weit entfernt. Es tat so gut, alle zu sehen und ganz unkompliziert Zeit miteinander zu verbringen!

Ein Jahr nach dem Unfall

Verschlafen schaute ich auf mein Handy, 06:15 Uhr am 23. März 2020. Das Datum kam mir vage bekannt vor. Langsam dämmerte es mir. Vor genau einem Jahr hatte ich den Unfall gehabt, der erst alles gestoppt und dann ins Rollen gebracht hatte. Der Schmerz und die Hilflosigkeit waren mir noch unfassbar präsent.

An einem traumhaften, sonnigen Samstag waren Katharina, Brian, ich und noch ein paar weitere Freunden nach Vejers Strand in Dänemark gefahren. Wir wollten einen herrlichen Tag am Strand verbringen, lange Spaziergänge unternehmen und vielleicht im Meer baden gehen. Und ich wollte fliegen! Der Wind blies an jenem Tag im perfekten Winkel auf die Düne, sodass man stundenlang in geringer Höhe mit dem Gleitschirm fliegen konnte. Es wehte wirklich kräftig, aber mein Kumpel Hans und ich hatten schon einige Erfahrung mit dem Fliegen an der Düne. Wird schon passen, dachten wir uns, und los ging's. Wie immer war es ein atemberaubendes Gefühl, wenn der Wind einen sanft vom Boden hob, die Füße keinen Kontakt mehr hatten und man wie ein Vogel über den Dünenkamm flog. Auch wenn man nicht über den Wolken ist, die Freiheit ist grenzenlos.

Ich winkte Katharina und Brian am Boden zu und genoss den Blick auf das blaue Meer und die hellweißen, anmutig geschwungenen Sanddünen. Nach ein paar engen Kurven merkte ich, dass die Windböen es schon in sich hatten. Lange fliegen würde ich heute wohl nicht, dachte ich noch. Da spürte ich, wie ein Windstoß mich nach hinten versetzte. Ich war kurz verunsichert, denn man sollte es unbedingt vermeiden, in den Lee-Bereich der Düne zu fliegen, da dort die Luftströmung sehr turbulent werden kann. In diesem Moment machte ich ein falsches Manöver, vergrößerte die projizierte Fläche des Schirms und beschleunigte dadurch zusätzlich. Ich starrte auf die Düne, auf die ich mit viel zu viel Geschwindigkeit zuschoss. Die Steuerleinen hatten keine Funktion mehr, der Wind hatte die Kontrolle übernommen. Mein Gehirn registrierte, dass es zu spät war, um auszuweichen. Es würde zum Aufschlag kommen. Alles lief in Zeitlupe. Die Dünenkante kam näher und näher, aber ich war zur Untätigkeit verdammt und konnte nicht eingreifen.

Der Aufprall fühlte sich an, als würde ich von einem 40-Tonner platt gefahren. Mir blieb alle Luft weg, die Welt explodierte, zerbarst in tausend kleine Teile, und der Schmerz schoss durch jede Faser. Die Düne war nicht aus Sand, sondern aus Stahl. Ich überschlug mich, und der Schirm zog mich mit aller Gewalt noch einige Meter durch den Sand, bis er verknotet zu Boden fiel. Wie ein Käfer lag ich auf dem Rücken und hatte panische Angst, dass ich meine Beine nicht mehr bewegen könnte. Alles war unfassbar anstrengend, ich konnte kaum die Augen offen halten, die Düne war so unglaublich grell. Ich tastete erst mit den Fingern und löste unter größter Anstrengung die Karabinerhaken, mit denen ich noch mit dem Schirm verknüpft war. Dann widmete ich mich meinen Beinen. Und tatsächlich, ich konnte sie vorsichtig bewegen. Es schien mir ein absolutes Wunder zu sein. Erst dann bemerkte ich, dass ich kaum Luft bekam, der 40-Tonner musste noch auf meiner Brust parken. Krampfhaft tastete ich nach meinem Handy, aber es rutschte mir immer wieder aus den Händen und fiel in den Sand. Irgendwann hatte ich es geschafft, mit zitternden Fingern und zusammengepetzten Augen Katharinas Nummer zu wählen. Ich brachte kaum ein Wort heraus, reden war viel zu anstrengend. Dann kamen die anderen angerannt. Gestützt konnte ich langsam gehen, aber es wirkte, als hätte man mir Blei an den Körper gehängt. Jeder Atemzug fühlte sich an wie Messerstiche in der Brust. Ich war käsig weiß und musste sofort ins Krankenhaus.

Nach einer katastrophalen Fahrt kam ich in der Notaufnahme an. Die Schmerzen waren mittlerweile unerträglich. Aus allen Ecken kamen Ärzte und Pfleger angerannt. Es ging zu wie bei einem Reifenwechsel in der Formel 1: ein wildes Durcheinander, aber jeder schien genau zu wissen, was zu tun ist. Mein T-Shirt wurde durchgeschnitten und irgendwelche Schläuche in mich hineingeschoben. Auf einmal waren alle Schmerzen wie weggeblasen. Ich dachte, oh, das ging ja schnell, dann kann ich jetzt ja nach Hause. Man hatte mir Morphium gegeben, und ich war im absoluten Delirium. Dann wurde alles ruhiger, der OP leerte sich, und man sagte mir, dass jetzt alles gut sei.

Nach der Not-OP im Krankenhaus in Esbjerg kam der behandelnde Chirurg an mein Bett. Seine Worte werde ich nie vergessen, sie haben sich tief in mein Gehirn eingebrannt: »Herr Kösch, das war eine lebensbedrohliche Situation. Sie hatten einen heftigen traumatischen Pneumothorax gehabt, ihr linker Lungenflügel war komplett kollabiert. Sie hätten tot sein können.« Ich war noch zu vollgepumpt mit Morphium, als dass mir die Tragweite seiner Worte direkt bewusst war.

Nach einer Woche Krankenhaus und drei Wochen Schongang ging es mir körperlich schon wieder überraschend gut. Bleibende Schäden würde ich vom Unfall glücklicherweise nicht davontragen. Nur eine kleine Narbe am Brustkorb, wo man mir die Drainage gelegt hatte, würde als Andenken zurückbleiben. Aber die Worte des Chirurgen hallten mit aller Kraft und dröhnender Lautstärke in meinem Kopf wider: »Sie hätten tot sein können!« Ich war doch erst 26 Jahre alt und hatte gefühlt das ganze Leben noch vor mir. Ich wollte doch noch die Welt bereisen, mit Katharina eine Familie gründen und 1.000 weitere Dinge erleben. Das Leben hatte doch erst Fahrt aufgenommen. Und jetzt sagte man mir, es hätte schon vorbei sein können. Hatte ich die letzten 26 Jahre einigermaßen sinnvoll genutzt?

Ich hatte schon immer diese grobe Idee, die mir durch den Kopf spukte: mal etwas in Richtung humanitärer Hilfe oder Entwicklungsarbeit zu machen. Für die »gute Sache« kämpfen und so richtig zu brennen. Einen Unterschied machen und etwas verändern. Gestalten statt zu verwalten. Aber es wurde nie konkreter. Es blieb ein nebulöser Gedanke, der keine Form annehmen wollte. Es gab immer etwas anderes, was scheinbar wichtiger war. Da war die Arbeit, das Studium, Freunde, Sport und natürlich die Familie. Und schwupps, vergeht ein Jahr nach dem anderen. »Das kann ich irgendwann mal machen, das läuft ja nicht weg«, hatte ich mir immer gesagt. Es war nicht so, dass ich todunglücklich mit meinem Leben war.

Ich musste an eine Rede von Steve Jobs denken, die er 2005 dem Abschlussjahrgang der Standford University hielt. Er erzählte, dass er sich beim morgendlichen Blick in den Spiegel immer die Frage stellte: »Wenn heute der letzte Tag in meinem Leben wäre, würde ich das tun, was ich mir vorgenommen habe zu tun?« Diese Frage war gewissermaßen sein Kompass, der sicherstellte, ob er die richtigen Prioritäten gesetzt hatte und seinem Herzen folgte. Das Bewusstsein der eigenen Vergänglichkeit war der Motor für Veränderung. Man hat nicht ewig Zeit!

Handlung braucht immer einen Auslöser, einen Tropfen, der das berühmte Fass zum Überlaufen bringt. Das kann der morgendliche Blick in den Spiegel sein, der Tritt in den Allerwertesten von einem guten Freund oder wie in meinem Fall die schockierende Analyse des Chirurgen, der mir einen Schlauch in den Oberkörper geschoben hatte.

Also durchforstete ich das Internet nach Möglichkeiten und stolperte irgendwann über die Werbung zu einem Infoabend von Ärzte ohne Grenzen in Hamburg. Überraschenderweise wurden nicht nur Ärzte gesucht, sondern auch Allrounder, die was von Projektmanagement verstanden. Wäre das nicht vielleicht etwas? Katharina war sofort begeistert. Es war ein Traum von ihr, eines Tages als Ärztin mit der Organisation ins Ausland zu gehen. Also gingen wir gemeinsam zu diesem Infoabend. Ich saugte jedes Wort ein und war fasziniert von der Arbeit und der Andersartigkeit. Sollte ich mich da wirklich bewerben? Wäre es nicht egoistisch, so ein großes Abenteuer allein anzugehen? Denn zusammen könnten wir uns nicht bewerben. Katharina müsste erst ihr Medizinstudium beenden. Aber sie meinte nur: »Bewirb dich doch einfach, und dann schauen wir weiter.« Irgendwie kannte sie mich besser, als ich mich selbst.

Nach diversen Bewerbungsrunden, langen Gesprächen mit meiner Frau und meinem Arbeitgeber war dann acht Monate nach dem Unfall klar, dass ich in den Kongo gehen würde. Natürlich hatte ich auch Zweifel und Bedenken, aber Katharina hatte es auf den Punkt gebracht: »Wenn du es jetzt nicht machst, machst du es nie.« Es ist eine Sache, sich zu entscheiden, aber eine ganz andere, die Entscheidung dann auch in die Tat umzusetzen.

Ohne es selbst zu merken, hatte ich mir vor dem Unfall selbst gedankliche Grenzen aufgelegt und manche Optionen gar nicht näher betrachtet. Und wenn ich ehrlich bin, wäre ich ohne den Gleitschirmunfall heute nicht im Kongo. Vielleicht hätte ich mich später im Leben doch noch beworben oder vielleicht auch nie. Die ganz unerwartete Konfrontation mit dem Tod hatte bei mir einen Wandel ausgelöst. Mein Leben ist dadurch direkter und ehrlicher geworden. Es gibt keinen Grund, nicht seinem Herzen zu folgen. Alles andere sind nur gut verpackte Ausreden.

Dass man sein Leben selbst in die Hand nehmen muss und die Dinge besser heute als morgen angeht, war dennoch nicht die wichtigste Lektion, die ich vor genau einem Jahr gelernt hatte. Wenn ich an den Unfall zurückdenke, erinnere ich mich weniger an die Schmerzen, sondern vielmehr an die Liebe und Zuneigung, mit denen Freunde und Familie mich eingehüllt haben. Wie eine warme Decke, in die man sich an eisigen Tagen kuscheln kann und die vor aller Kälte zuverlässig schützt. Und auf diese wärmende Decke konnte ich mich uneingeschränkt verlassen.

Nachdem ich selbst vor zwölf Monaten auf professionelle medizinische Hilfe angewiesen war, wirkte ich nun mitten im Kongo am Aufbau einer stabilen Gesundheitsversorgung für die lokale Bevölkerung mit. Unglaublich, was innerhalb eines einzigen Jahres passieren kann, wenn man seinem Herzen folgt.

Kein Krankenhaus im Kongo

»Robert, hast du heute Nachmittag Zeit? Wir müssen mal reden, es gibt Neuigkeiten ...!« Ben hatte das ganze Wochenende durchgearbeitet und mit den Kollegen in Bukavu an einer Strategie getüftelt, wie wir vor Ort mit Corona umgehen würden. »Ich muss dir leider mitteilen, dass sich dein Job in den nächsten Tagen und Wochen stark verändern wird. Die Zentrale hat entschieden, den Neubau des Krankenhauses vorübergehend zu stoppen und stattdessen vor Ort das Virus zu bekämpfen.«

Ungläubig starrte ich Ben mit offenem Mund an. Eigentlich sollte doch morgen die Testreihe mit der Stampflehmtechnik losgehen. Alles war bereits vorbereitet. Das Fundament war gegossen, die Verschalung war gebaut, Sand und Lehm waren angeliefert. Wir hatten endlich Fahrt aufgenommen, und jetzt sollten wir die Handbremse ziehen und alles stoppen? Einfach so?

Meine Gedanken gingen zu den Menschen in Kalundja, die teils ihr Grundstück für das Krankenhaus gegeben hatten. Familien hatten neu Hoffnung geschöpft, dass ihre Kinder eines Tages medizinisch besser versorgt werden können. »MSF möchte den Menschen helfen und eine langfristige Perspektive schaffen.« Ich erinnerte mich genau an Alessandros Worte, die in der alten Schule in Kalundja Begeisterungsstürme hervorgerufen hatten. Und jetzt würden wir pausieren?

Zu häufig waren die Menschen im Osten des Kongos mit wilden Versprechen gelockt und immer bitterlich enttäuscht worden. Papa Amuri, unser ältester Fahrer, hatte mir von den Politikern erzählt, die lautstark versprochen hatten, die Straße nach Uvira zu asphaltieren und ein großes Fußballstadion in Baraka zu bauen. Sogar ein internationaler Flughafen war im Gespräch gewesen. »Nichts, aber auch gar nichts haben wir bekommen«, meinte er nur. Alles nur leere Versprechen. Das Vertrauen in die Regierung war erschöpft. Im Kongo müsse man für sich selbst sorgen, sonst mache es keiner. Würde das Vertrauen in uns auch bald erschöpft sein?

Aber es war ja nicht so, dass MSF keine Lust mehr hatte und sich die Entscheidung leicht gemacht hätte. Die Grenzen des Kongos waren dicht, und die Reisefreiheit war stark eingeschränkt. Unter solchen Umständen konnte man kaum eine Ausschreibung vorbereiten und mit Lieferanten verhandeln. Die ganze Welt befand sich mitten in einer Pandemie, im absoluten Ausnahmezustand. MSF war auf Spenden zwingend angewiesen. Würden diese Gelder wegbrechen? Denn wer würde noch spenden, wenn er in Kurzarbeit war oder seinen Job verloren hatte. Wie in jedem Unternehmen mussten manche Investitionen aufgeschoben werden. Die Unsicherheit war einfach zu groß.

Zudem ist MSF nun einmal eine Organisation, die sich auf medizinische Notfallhilfe spezialisiert hat. Und nun erreichte eine weltweite Pandemie den afrikanischen Kontinent. Es war offensichtlich, dass wir als MSF die Schwachen und Hilfsbedürftigen vor dem Coronavirus schützen wollten und auch mussten. Keiner konnte voraussagen, wie schlimm die Lage im Kongo wirklich werden würde. Die Meinungen und Szenarien klafften weit auseinander. Manche Stimmen waren der Ansicht, dass das geringe Durchschnittsalter der Bevölkerung (72 Prozent der Menschen sind unter 30 Jahre alt!), das heiße Klima und die Abgeschiedenheit des Kongos allesamt Gründe waren, dass man von Corona kaum etwas merken würde. Andere Prognosen zeichneten ein komplett gegensätzliches Bild. Das Gesundheitssystem war ohnehin schon völlig überfordert, Testmöglichkeiten gab es kaum, und viele Menschen waren so sehr geschwächt, dass das Virus leichtes Spiel hätte und sich schon bald die Leichen in den Straßen türmen würden. Niemand konnte sagen, was uns erwarten würde.

Und doch war ich enttäuscht. Dieses Projekt war der Hauptgrund gewesen, weshalb ich hierher in den Kongo gekommen war. Ich war von der Notwendigkeit eines neuen Krankenhauses überzeugt und extrem motiviert, dieses Thema voranzutreiben, um den Menschen vor Ort eine langfristige, stabile Gesundheitsversorgung zu ermöglichen. Es war nicht das erste Mal und sicherlich nicht das letzte Mal, dass das Projekt pausiert wurde. In einer politisch instabilen Gegend wie Süd-Kivu solch ein gigantisches Projekt durchzuziehen erfordert einen langen Atem und eine entschlossene Organisation, die im Hintergrund für das Projekt kämpft. Sollten wir einfach so unsere Strategie ändern? Wenn man immer nur einen Brand nach dem anderen löscht, ist man nicht in der Lage, ein Brandschutzkonzept zu erstellen. Doch was ist die Aufgabe von MSF? Brände löschen oder Brände verhindern?

Meine romantische Vorstellung, in den Kongo zu spazieren und die Bagger auf die Baustelle zu schicken, wurde jäh begraben. Keine Ahnung, wie lange das Projekt pausieren würde. Keine Ahnung, wie schlimm die Pandemie in Baraka wüten würde. Keine Ahnung, wie es hier weitergehen sollte.

Corona-Strategie

Ben versammelte uns zum ersten Treffen der Corona Task Force. Zu siebt saßen wir im Besprechungsraum in Papaya, der eigentlich für das Team des Krankenhausbaus gedacht war. Clare und David für das Medizinische, Sinai und Tabita für die Kommunikation, Jackson für Wasser und Hygiene, ich für Logistik, Personal und Finanzen und Ben als Projektleiter. Es sollte darum gehen, die grobe Strategie vorzustellen. Der Beamer projizierte ein schiefes Bild auf die raue Wand. Dort waren drei Hauptpunkte zu sehen:

1. bestehende Gesundheitseinrichtungen schützen
2. Isolierungs- und Behandlungszentrum aufbauen
3. Bevölkerung informieren und aufklären

Bevor wir ins Detail gehen konnten, stellten wir fest, dass wir im wahrsten Sinne des Wortes keine gemeinsame Sprache sprachen. Tabita, Bens kongolesische Assistentin, sprach Französisch und Swahili, dafür aber kein Englisch. Der Kenianer Jackson sprach fließend Englisch und Swahili, dafür aber kein Französisch. Und der Rest sprach Französisch und Englisch, dafür aber kein Swahili. Mit einer gemeinsamen Sprache wäre es ja auch irgendwie zu einfach gewesen, sagten wir uns und mussten lachen. Lachen funktionierte immerhin auch ohne Übersetzung!

Das oberste Ziel war es, die bisherigen Gesundheitseinrichtungen wie Krankenhaus und Centre de Santé coronafrei zu halten. Die Patienten dort waren ohnehin schon sehr angeschlagen, und wir hatten große Sorge, dass das Virus voll einschlagen würde. Um das zu verhindern, würden wir eine sogenannte Triage errichten. Bei dem Begriff Triage stutzte ich kurz, da ich damit die Priorisierung von lebensnotwendiger medizinischer Hilfeleistung verband. Gemeint war aber nur, die Menschen mit einer potenziellen Covid-19-Erkrankungen schon vor dem Betreten einer Gesundheitseinrichtung herauszufischen. Dazu würden wir mit kontaktlosen Fieberthermometern (wenn wir denn welche bekommen würden) jeden überprüfen, der in das Krankenhaus oder in das Centre de Santé wollte, und zudem ein paar Fragen zu Symptomen und Aufenthalten in Risikogebieten stellen.

Das Herzstück der Strategie würde ein Isolierungs- und Behandlungszentrum sein, das eine Kapazität bis zu 80 Betten haben sollte. Das alte Krankenhaus platzte sowieso schon aus allen Nähten, da konnte man schlecht noch zusätzliche Betten reinquetschen. Mal eben ein Corona-Zentrum aus dem Boden zu stampfen war allerdings leichter gesagt als getan. Wir waren hier nicht in China, wo man in einer knappen Woche ein Krankenhaus aus dem Hut zauberte. Wir waren in Baraka, wo es keinen Strom und kein fließendes Wasser gab. Stromkabel, Steckdosen, Beatmungsgeräte und medizinische Schutzausrüstung würde man aus Bukavu einfliegen müssen oder hoffen, dass ein gecharterter Lkw auch tatsächlich ankam. Und wir würden viel zusätzliches Personal benötigen: Ärzte, Pfleger, Wärter und Logistiker. Und gerade das medizinische Personal müsste ordentlich geschult, Behandlungsleitfäden erstellt werden etc. Das würde ein langer Weg werden.

Ach, und vernünftig kommunizieren sollten wir unser Vorhaben auch. In einem Land, in dem der Bildungsstand ebenso niedrig war wie das Vertrauen in staatliche Institutionen, gab es den idealen Nährboden für haarsträubende Gerüchte und abenteuerliche Theorien.

Ich blickte auf meine Notizen, und die To-do Liste wurde länger und länger. Auch die Fragezeichen wurden größer und größer. Wir hatten eine Mammutaufgabe vor uns. Wie Ben schon angedeutet hatte, mein Job würde sich deutlich ändern. Und die kommenden Wochen würden wild werden. Es war irre: Da hatte ich mich gerade gut eingelebt, verstand die Prozesse und fühlte mich nicht mehr komplett überfordert, und auf einmal änderte sich alles.

Es wirkte wie ein Notfall in Zeitlupe. Denn noch war alles ruhig und die Inzidenzzahlen extrem niedrig. In ganz Süd-Kivu gab es insgesamt zwei laborbestätigte Fälle. Die Sorge vor der Dunkelziffer würde größer, denn verlässliche Testmöglichkeiten waren nahezu nicht vorhanden. Die Welle schien sich aufzutürmen und kräftiger zu werden. Wir taten wohl gut daran, uns vorzubereiten, damit wir nicht weggespült würden.

Bizarre Sicherheitsupdates

Wo waren meine Schuhe hin? Es war Dienstagmorgen, und es stand das wöchentliche Meeting mit der gesamten Papaya-Crew an. Ich suchte in jeder Ecke meines Zimmers nach meinen blauen Nikes, aber sie waren wie vom Erdboden verschluckt. Auch auf der Terrasse waren sie nicht zu sehen. Da fragte ich Josephine, ob sie meine Schuhe gesehen hatte. Sie musste lachen und zeigte auf blitzende Sneakers, die in der Sonne trockneten. »*Kaka,* deine Schuhe waren so dreckig. So können wir dich doch nicht vor die Tür lassen. Ich musste sie einfach waschen.« Ich stimmte in ihr Lachen ein und musste ihr recht geben, meine Schuhe hatten wirklich schlimm ausgesehen.

Der Rest der Mannschaft saß schon auf den Plastikstühlen unter der großen Palme. Ben hatte einen Termin mit Dr. Albert, dem Chef des lokalen Gesundheitswesens, also würde ich die morgendliche Runde übernehmen. Schnell holte ich noch in Flipflops den von Ben vorbereiteten Notizzettel mit den neuesten Infos zu Corona und der allgemeinen Sicherheitslage von meinem Schreibtisch. Normalerweise las ich mir den Text vorher kurz durch, um zu schauen, ob ich die französischen Sätze auch verstand, aber dazu blieb mir nun keine Zeit.

Nach einem fröhlichen »*Jambo*« begann ich wie immer damit, die Sicherheitsvorfälle der vergangenen Woche in und um Baraka vorzulesen. Es hatte einen Überfall mit Macheten auf ein Haus am Südende Barakas gegeben, und es gab Gerüchte über zwei Vergewaltigungen am Rande der Hauts Plateaux. Dann las ich weiter vor: »Am vergangenen Samstag wurde in Kifuta zwischen Baraka und Uvira eine Hexe von den Einwohnern getötet.« Die Einwohner hatten was getan? Ich stockte und las den Satz für mich noch mal leise und Wort für Wort. Eigentlich war ich mir sicher, dass *sorcière* Hexe bedeutete, aber der Satz ergab für mich keinen Sinn. Viele meiner Kollegen schauten zu Boden, es war irgendwie ein heikles Thema. Etwas, über das man nicht sprach. Ich war viel zu überrumpelt, um auch nur etwas dazu zu sagen. Hexen im Kongo? Dann wechselten wir das Thema und sprachen über Corona, die aktuellen Zahlen und neue Maßnahmen.

Nachdem ich mit Akas, Nelson und Francois die Planung für die nächsten Tage durchgegangen war – der Generator musste dringend gewartet werden –, unterschrieb ich noch Etoiles Antrag auf Mutterschutz. Sie erwartete Kind Nummer sieben! Dann ging ich mit meinen blitzblanken Schuhen rüber zu Mango. Mit der Coordination wollten wir abstimmen, wie wir mit der Urlaubsproblematik der Expats umgehen wollten.

Im Kongo durften wir uns nicht auf eigene Faust bewegen, dafür war es schlicht und einfach zu gefährlich. Also konnte man hier auch keinen Urlaub machen. Wegen der Grenzschließung konnten wir das Land aber auch nicht verlassen. Im Notfall würden wir zwar irgendwie rauskommen, aber nicht mehr rein. Und gar keinen Urlaub zu machen war natürlich auch keine Option. Viele internationale Kollegen arbeiteten schon seit Wochen an der Belastungsgrenze und brauchten dringend Erholung und die Möglichkeit, mal den Kopf freizubekommen.

Mein Vorschlag, das kleine Hotel mit dem weißen Strand auf der Presqu'île zu mieten, wurde geflissentlich überhört. Verständlich, aber dennoch ein Jammer. Stattdessen kam die Idee auf, Papaya als Erholungsoase zu nutzen. Die Kollegen aus Kimbi und Mango könnten für ein paar Tage vorbeikommen, ihre Laptops und Funkgeräte bei den Wärtern abgeben und die Seele baumeln lassen. Genügend freie Zimmer hatten wir, und unser Team war so freundlich und zuvorkommend, dass es glatt als Fünf-Sterne-Personal durchgehen würde. Im ersten Moment klang das für mich nur nach zusätzlichem Aufwand, und so richtig vom intensiven Projektalltag abschalten würde man doch eh nicht können. Dann aber sah ich vor meinem geistigen Auge schon einen potenziellen Eintrag bei TripAdvisor:

›Das Fünf-Sterne-Hotel befindet sich in einer ruhigen Ne-
benstraße im Herzen Barakas. Der pulsierende Markt und
hippe Szenebars sind nur wenige Gehminuten entfernt. Die
großzügigen Zimmer sind geschmackvoll eingerichtet, ver-
fügen über ein privates Bad und ein Kingsize-Bett mit Moskitonetz. Damit Sie sich wohlfühlen, wird ihr Zimmer vom
freundlichen Personal täglich gereinigt. Unsere über die
Stadtgrenzen bekannte Köchin Clementine freut sich darauf,
ihren Gästen mit einer ausgezeichneten Auswahl an lokalen
und internationalen Gerichten ein Lächeln auf das Gesicht
zu zaubern. Genießen Sie ein gutes Buch in der Hängematte, oder tun Sie Ihrem Körper im Fitnessbereich etwas Gutes.
Wer noch etwas mehr Bewegung braucht, meldet sich einfach
zu geführten Lauftouren durch den ländlichen Teil Barakas
an. Ausflüge auf den tiefsten See Afrikas, der nur einen Steinwurf entfernt ist, organisieren wir gerne auf Anfrage.‹

Irgendwie klang das nach Spaß und etwas Abwechslung.
Ich hätte also wieder einmal einen neuen Job, demnächst wäre
ich auch Hotelmanager!

Nach Feierabend saß ich auf der Terrasse und telefonierte
mit Katharina. Der Lynchmord an der Frau, die der Hexerei
bezichtigt worden war, ließ mir keine Ruhe, und ich musste
ihr unbedingt davon erzählen. Es fühlte sich an, als wäre ich
per Zeitreise mehrere Jahrhunderte zurückkatapultiert worden. Hexenverbrennungen kannte ich nur aus Büchern oder
Filmen. Aber nicht aus der heutigen Zeit im 21. Jahrhundert.
Es wirkte so unfassbar fremd und fern. Wie konnten Menschen zu solch einer Handlung fähig sein? Ich hatte tagsüber

versucht, mit ein paar kongolesischen Kollegen Gespräche über dieses Thema zu führen. Aber viele waren der Frage ausgewichen, hatten die Stimme gedämpft und nur knapp geantwortet. Aber als Hirngespinst war die Hexerei von niemandem abgetan worden. Sie sei eine Realität im Kongo.

Da war er wieder, der allgegenwärtige Kontrast. Meine kongolesischen Kollegen waren herzlich und aufrichtig, und außerhalb der Mauern Papayas wurden Menschen mit Macheten angegriffen und angebliche Hexen von einem Mob getötet. Der Kongo blieb mir ein einziges Rätsel, das mehr Fragen aufwarf, je mehr ich mich damit beschäftigte.

Nach dem Essen kamen Rosy und Noor rüber zu uns nach Papaya. Gemeinsam mit Ben hatten wir uns zum Spieleabend verabredet und spielten *Sequence*. Es war das perfekte Spiel für kurzweilige Abende. Um zu gewinnen, brauchte man eine gute Mischung aus Glück und Strategie. Etwas Normalität in diesen turbulenten Tagen.

Besichtigung einer Schule

Also statt Krankenhaus nun ein Notfallzentrum. Aber wie baut man eigentlich ein Corona-Zentrum mit 80 Betten? Und vor allem wo? Der Präsident hatte die Schließung aller Schulen angeordnet, und obwohl der staatliche Einfluss in dieser Region überschaubar war, wurde diese Anordnung umgesetzt. Somit stünden uns theoretisch einige Gebäude zur Verfügung, praktisch sah es dagegen ganz anders aus. Ben hatte einige Meetings mit Dr. Albert, um das Thema zu besprechen. Dabei kam die Idee auf, man könnte das Institut Mwenge nutzen, eine Schule in unmittelbarer Nähe des alten Krankenhauses. Ben und ich wollten uns ein Bild davon machen, in welchem Zustand die Schule war und wie viel Zeit und Geld man in den Umbau stecken müsste.

Also trafen wir uns mit Christophe, dem Direktor der Schule, der uns freundlicherweise herumführen würde. Er trug eine dunkle Anzughose mit Bügelfalte, passende Lederschuhe und dazu ein schickes Hemd. Christophe schloss das Tor auf, und wir befanden uns auf einer großen Wiese mit hohem, dichtem Gras. Schon fast idyllisch, und Platz war hier auf jeden Fall genug vorhanden. Es gab zwei große Gebäude, zehnmal 40 Meter lang, mit jeweils fünf Klassenräumen. Als wir den ersten betraten, roch es muffig und leicht abgestanden. Als sich meine Augen an den dunklen Raum gewöhnt hatten, sah ich den Grund für den fauligen Geruch: Eine braune Suppe aus Schlamm stand zentimeterhoch auf dem zerfurchten Boden. Das mit der Kanalisation hatte man sich nicht allzu genau überlegt. Tische und Stühle standen in einem wilden Chaos durcheinander. Sie fielen fast schon vom Anschauen auseinander, so alt und vergammelt waren sie. Die Wände waren dreckig, und Putz bröckelte herab. Hektisches Gezwitscher ließ mich nach oben ins Gebälk blicken. Dort nisteten Vögel, die sich an den Eindringlingen störten und sicherheitshalber auf uns herunterschissen. Steckdosen und Lampen gab es keine. Man könnte meinen, die Schule wäre seit zwei Jahrzehnten verlassen und nicht erst seit zwei Wochen.

Ich versuchte mir vorzustellen, wie Kinder auf ihren Plätzen saßen und einer Lehrerin zuhörten, die Formeln an die

Tafel schrieb. Es wollte mir nicht gelingen. Der Raum erinnerte eher an einen verlassenen Lagerraum als an ein Klassenzimmer. Und hierfür mussten die Eltern der Schüler sogar noch zahlen.

Als nächstes zeigte Christophe uns die sanitären Einrichtungen. Man könnte auch sagen, er zeigte uns drei Löcher. Es stank erbärmlich, und fette Fliegen schwirrten gierig um den gigantischen Festschmaus. Der Holzverschlag wankte bedrohlich, so als würde er jeden Moment umkippen.

»Und wie sieht es mit Frischwasser aus?«, fragte Ben den Direktor. Er zeigte auf ein großes Regenfass, aus dem Wasser tropfte. Ben und ich schauten einander an. Und hier wollten wir ein medizinisches Notfallzentrum bauen? Freundlich bedankten wir uns und gingen zurück nach Papaya.

Wirklich vielversprechend war die Schule nicht, aber es gab auch keine echten Alternativen. Immerhin war das Gelände riesig und in direkter Nähe zum Krankenhaus. Das waren aber auch schon alle Vorteile, die wir finden konnten. Wenn wir ein Mindestmaß an Hygiene und medizinischem Standard bieten wollten (und natürlich wollten wir das), dann müssten wir ordentlich Gas geben. Um das weitere Vorgehen abzustimmen, telefonierten wir mit der Coordination in Bukavu. Wir diskutierten Szenarien und Kostenschätzungen. »Und was machen wir, wenn die Pandemie noch im vollen Gange ist, aber die Schulen wieder öffnen sollen?«, fragte jemand.

Der Regierung war einiges zuzutrauen, aber dieses Vorgehen schien uns doch sehr irrational und unwahrscheinlich. Immerhin hatte die Regierung alle Schulen geschlossen, ohne dass auch nur ein einziger Corona-Fall in Süd-Kivu bekannt war. Sie würden die Schulen wohl kaum öffnen, wenn das Virus vor Ort wäre.

Und so begann die Planung. Woher bekommen wir Strom? Wie viele Meter Kabel brauchen wir? Woher nehmen wir das Wasser? Wie gestalten wir das Wegekonzept? Wo können die Pflegekräfte ihre Schutzkleidung anziehen? Und wie viele Pflegekräfte müssen wir einstellen? Wer erstellt die Trainingsunterlagen? Wie viele Duschen brauchen wir? Wo wird die Wäsche gewaschen? Was sollen die Patienten essen? Und wie viel Budget haben wir überhaupt?

Fragen über Fragen. Zum Glück war Ben da und brachte Erfahrung aus Nord-Kivu mit. Er hatte dort am Bau von Ebola-Zentren mitgearbeitet. Es schien, als habe er auf alle Fragen eine gute Antwort und ein gutes Konzept parat. Während ich noch total im Dunkeln tappte, war für ihn die Lage klar. Und so machten wir uns an die Arbeit.

Cent Lits

Der Wandel geschah schleichend, fast unmerklich. Waren es Anfang des Jahres noch viele Feste gewesen, auf denen getanzt und gelacht wurde, so wurde es immer leiser und gedämpfter. Aus Nachbarprojekten hörte man, dass einige Expats aus privaten Gründen vorzeitig ihre Mission beendet hatten, um nach Hause zurückzukehren. Teils wollten sie bei ihren Familien sein, die zu Hause im Lockdown waren, teils sorgten sie sich um ihre Sicherheit vor Ort. Auch wenn die Grenzen geschlossen waren und der internationale Flugverkehr ausgesetzt war, gab es dennoch Möglichkeiten, Mitarbeiter von Hilfsorganisationen nach Hause zu bringen. In die andere Richtung dagegen war es schwieriger. Somit konnte kein frisches Personal kommen, und gleichzeitig stieg die Arbeitsbelastung. Gearbeitet wurde von früh bis spät, und mittlerweile saß man auch jeden Samstag im Büro. Ben und ich kamen gut klar, aber manchen fiel es schwer, nach Feierabend die Arbeit ruhen zu lassen. Beim Abendessen wurde statt über Urlaubspläne schnell über die anstehende Budgetplanung gesprochen. Ein Teufelskreis. Es wurde Zeit, wieder gemeinsam etwas Neues zu unternehmen, um auf andere Gedanken zu kommen.

Ich hatte mir schon einen kleinen Plan überlegt. Das Malaria-Camp Cent Lits lag fernab vom Trubel am südlichen Stadtrand Barakas, umrahmt von Palmen und einem fantastischen Blick auf die hügeligen Ausläufer der Hauts Plateaux. Auf einer mit Zäunen abgesperrten Fläche von etwa einem halben Fußballfeld befanden sich riesige Zelte, in denen in Summe Platz für hundert Betten war. Daher auch der Name: Cent Lits, hundert Betten.

Mittlerweile neigte sich die Regenzeit ihrem Ende entgegen, und mit ihr ebbte endlich auch die Anzahl der Malaria-Patienten ab. Damit wurden die Pforten von Cent Lits vorübergehend geschlossen, bis es dann nach der Trockenzeit wieder eröffnen würde. Was für ein trauriger Kreislauf, der nicht zu brechen schien. Was lag also näher als einen Abend außerhalb der Base zu verbringen? Die Wärter des Camps waren noch rund um die Uhr vor Ort, und nach einer kurzen Absprache mit Abu gab er grünes Licht.

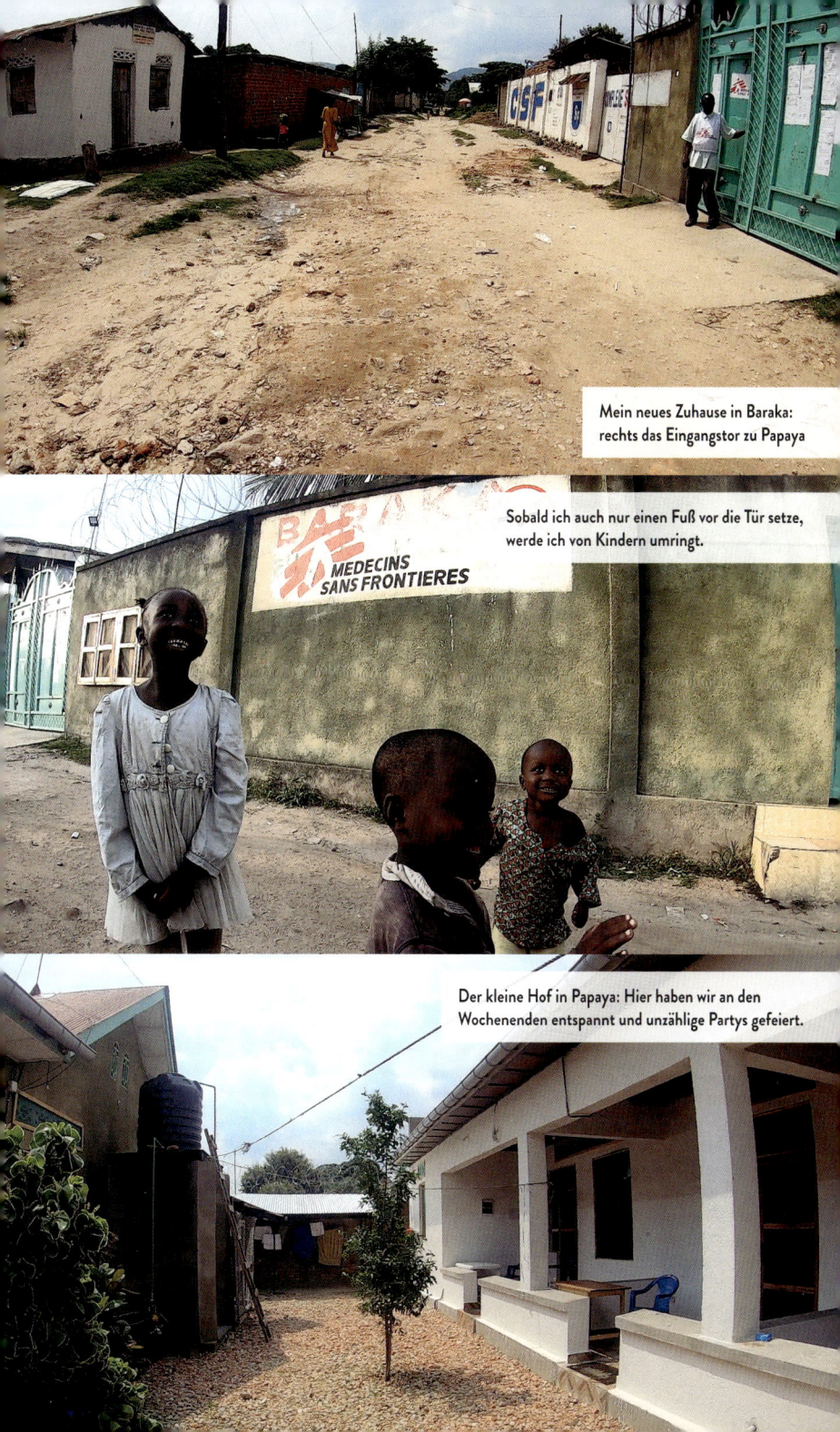

Mein neues Zuhause in Baraka:
rechts das Eingangstor zu Papaya

Sobald ich auch nur einen Fuß vor die Tür setze,
werde ich von Kindern umringt.

MEDECINS
SANS FRONTIERES

Der kleine Hof in Papaya: Hier haben wir an den
Wochenenden entspannt und unzählige Partys gefeiert.

Rhino! Genau das richtige Gefährt für die kongolesischen Straßen

Das alte Krankenhaus von Baraka

Hier in Kalundja soll das neue Krankenhaus entstehen.

Anpfiff zum Fußballspiel. Ich bin kaum zu übersehen ...

Ben und ich testen die selbst gemachten Betonhanteln.

Ein Teil des Markts von Baraka: Hier kauft Clementine frisches Obst und Gemüse.

Weltfrauentag im Kongo: Eine lange Prozession zieht sich durch die ganze Stadt. Man beachte die beiden Frauen mit dem Lautsprecher und der Batterie auf dem Kopf.

Etoile, Josephine, Clementine und Silvie – Frauenpower in Papaya

Planschen im tiefsten See Afrikas: Urlaubsstimmung pur!

Der Friseursalon in Papaya öffnet für Ben seine Pforten.

Malinde Airport: Der Flieger will einfach nicht in die Landschaft passen.

Ben und ich haben eine Bar direkt am Seeufer gefunden. Hier gab es sogar gekühltes Bier.

Wir kämpfen uns durch das hohe Gras, um die Grenzen des Grundstücks für das neue Krankenhaus abzustecken.

Stolz wird die erlegte Antilope präsentiert: In Malinde erlebt man immer etwas ...

In Kalundja entnehmen wir Bodenproben.

Haltung bewahren! Obwohl er nur ein Bein hat, arbeitet dieser Mann weiter als Tagelöhner.

Der Mutambala-Fluss: Hier wird gewaschen und geplanscht.

Unzählige Kinder umringen mich in Malinde und bestehen auf einem Foto.

Auf dem Weg nach Sebele winkt uns ein kleines Kind zu.

Der tiefste See Afrikas!

Ein himmlischer Blick aus dem Malaria-Camp Cent Lits

Akas, Nelson und Francois (von links nach rechts) – auf sie ist immer Verlass!

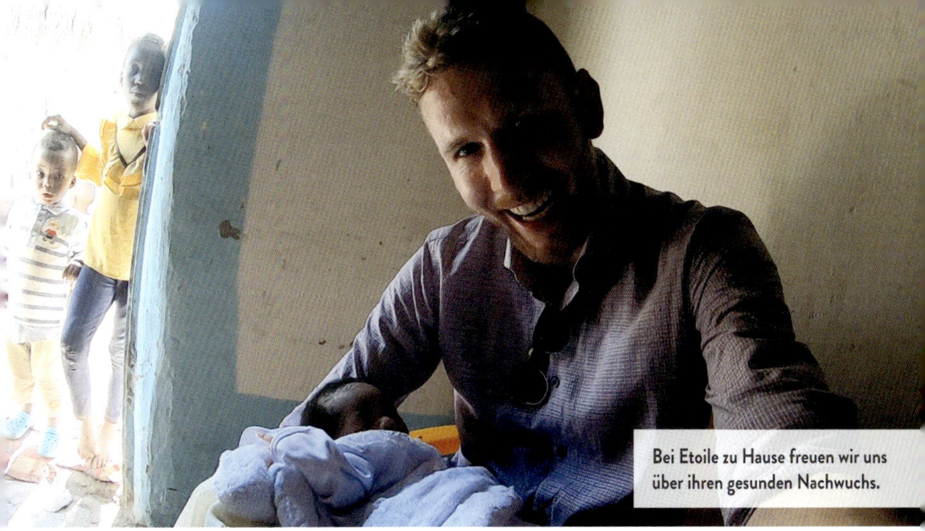

Bei Etoile zu Hause freuen wir uns über ihren gesunden Nachwuchs.

Die Kinder von Malinde verfolgen lachend und winkend unseren Geländewagen.

Salon Barça – die Globalisierung ist bis ins tiefste kongolesische Hinterland vorgedrungen. Der Salon Madrid ist übrigens nicht weit entfernt ...

Wieder einmal geschafft, der Flieger ist sicher gelandet.

Ben und ich joggen früh morgens auf verschlungenen Pfaden durch Baraka. Einige Frauen kommen vom Wasserholen.

Herrliche Idylle am Ufer des Tanganjikasees

Die MSF-Geländewagen sind unverwüstlich und trotzen jedem Terrain.

Umringt von Kindern spielt der *Mzungu* Ukulele.

Der Wasserspiegel des Sees will nach der Regenzeit einfach nicht sinken.

Feierabend in Papaya: Zeit, um mit Familie und Freunden zu telefonieren

Die Ukulele war das perfekte Mittel, um nach der Arbeit abzuschalten.

Ausgelassene Stimmung in Papaya: Tanzen ist Lebensgefühl und Allheilmittel im Kongo.

Öffentlicher Nahverkehr

Abschied in Bukavu am Flughafen – es geht nach Hause!

Mit Katharina auf unserem Balkon in Hamburg: Wir sind wieder vereint!

So saßen wir Samstagabend um ein knisterndes Lagerfeuer und schauten in die tanzenden Flammen. Einige Folienkartoffeln garten in der heißen Glut, und das kühle Mützig schmeckte in dieser Umgebung besonders gut. Ich klimperte auf der Ukulele, und Rosy und Sinai sangen dazu. Es fühlte sich nicht mehr an, als wären wir im Kongo, sondern an einem Ort, an dem es keine Sorgen, kein Corona und keine Probleme gab. Wir waren frei!

Es war ein klassischer Tapetenwechsel. In Cent Lits bestand die Tapete nicht aus den hohen Mauern mit Stacheldraht von Mango und Papaya, sondern aus einem traumhaften Sternenhimmel. Es gab keine Lichtverschmutzung, und als wir die Sicherheitsbeleuchtung ausschalteten, war es einfach perfekt. Über uns zog sich die Milchstraße erhaben quer über den Nachthimmel. So deutlich hatte ich sie noch nie gesehen. Der mondlose Himmel war glasklar und lud dazu ein, sich in seinen unendlichen Weiten zu verlieren.

Ein Sternenhaufen stach besonders aus der Masse hervor. Es sah aus wie ein schiefes Kreuz, das mal geradegerückt werden müsste. Das musste das Kreuz des Südens sein. Der endgültige Beweis, wie unglaublich weit ich doch von zu Hause entfernt war. Denn dieses Sternbild ist von Europa aus nicht zu sehen. Katharina und ich teilten uns also nicht einmal den gleichen Sternenhimmel. Wie ernüchternd. Den Polarstern, der den Weg nach Norden und damit nach Hause zeigte, suchte ich hier natürlich vergebens.

Viel zu früh war es Zeit, aufzubrechen und zurück nach Mango und Papaya zu fahren. Wir löschten das Feuer, packten die Ukulele ein, sammelten die leeren Flaschen auf, sprachen mit den Wärtern und stiegen in den Geländewagen. Ich warf noch einen letzten Blick in den Himmel. Da sah ich eine funkelnde Sternenkonstellation, die mir irgendwie merkwürdig vertraut vorkam. War das nicht etwa eine Deichsel? Ich neigte den Kopf etwas, und da wurde es mir klar, es war der Große Wagen. Mit dem kleinen Unterschied, dass er auf dem Kopf stand. Da hatte ich meinen Wegweiser nach Norden. Wenn man die Achse der rechten Kastensterne folgte, würde irgendwann der Nordstern kommen. Katharina und ich lebten also doch noch auf demselben Planeten.

Steine klopfen

Als ich einige Wochen später am Freitagmorgen mit Nelson den Personalbedarf für das Corona-Zentrum und die Triage durchging, irritierte mich ein lautes, wiederkehrendes Klopfgeräusch. Klack, klack, klack. Es musste ganz aus der Nähe kommen, so durchdringend war der Lärm. Was war nun wieder los? Der Generator konnte es eigentlich nicht sein. Auf dem Weg zu unseren Wärtern sah ich sofort, woher das Geräusch kam, aber es ergab überhaupt keinen Sinn. Ein Mann in einem grauen Shirt und mit lederner Haut saß in der Hocke unter unserer Palme und schlug mit einem Hammer auf den vor ihm liegenden Steinhaufen. Ich konnte meinen Augen nicht trauen. Warum klopft hier jemand in der Base auf Steine, und die Wärter tun so, als wäre es das Normalste auf der Welt? Die Steine waren gestern erst angeliefert worden. Ben hatte für die kongolesischen Kollegen einen Lehrgang zum Thema

Beton initiiert und deshalb Sand und Kies bestellt. Ihm war es wichtig, nicht nur stumpf das Projekt durchzuziehen, sondern die Mitarbeiter zu fördern, zu entwickeln und Wissen zu vermitteln.

Akas sah meinen fragenden Blick und klärte mich auf: Bei der Lieferung war die falsche Körnung zugestellt worden. Die Steine waren viel zu groß und zum Anmischen von Beton absolut ungeeignet. Deshalb hatte der Mann vom Steinbruch jemanden vorbeigeschickt, der aus großen Steinen kleine Steine machen würde. Per Hand! Deshalb saß dort der Mann im zerrissenen Shirt und zerkleinerte Steine. Ohne Handschuhe, ohne Schutzbrille. Es war leider kein Scherz. Ich musste spontan an die Lucky-Luke-Comics aus Kindheitstagen denken: Darin mussten die Daltons in ihren gelb-schwarzen Anzügen als Strafe ebenfalls Steine klopfen. Hier im Osten des Kongos war das Steineklopfen allerdings keine Strafe, sondern ein normaler Berufszweig. Die Straße nach Kalundja war gesäumt von kleineren Steinbrüchen, in denen per Hand Steine zerkleinert wurden. Gab es keine Maschinen, die diesen schweißtreibenden und kräftezehrenden Job ersetzen konnten? Ich war fassungslos, aber Akas versicherte mir, dass das ganz normal sei. Zuverlässige Stromquellen gab es keine, und solche Maschinen seien zu teuer. Also machte man es eben per Hand, und die Menschen verdienten sich etwas Geld. Kopfschüttelnd gab ich dem Mann eine Schutzbrille und ein Paar Handschuhe.

Als ich weiter mit Nelson über der Personalplanung brütete, erinnerte mich jeder dumpfe Schlag daran, wie unfassbar privilegiert mein Leben in Deutschland doch war. Ich schwor mir, dass ich immer, wenn ich mich in Zukunft über einen nervigen Job beschwerte, an diesen Mann denken würde, dessen Aufgabe darin bestand, aus großen Steinen kleine Steine zu machen.

Irgendwann war auch das lange Abstimmungsmeeting mit der Coordination geschafft. Endlich hatten wir Klarheit über die Aufgabenteilung. MSF würde die logistischen Arbeiten übernehmen, und das lokale Gesundheitswesen würde das medizinische Personal für das Corona-Zentrum stellen, das von uns geschult werden würde.

Jetzt freute ich mich auf den letzten Termin vor dem Feierabend und den Start in das Wochenende. Der Tischler würde uns einen Besuch abstatten, und dieses Mal hatte ich einen ganz besonderen Auftrag für ihn. Ben hatte mal wieder eine unfassbar gute Idee gehabt. Wir bräuchten dringend ein paar mehr Aktivitäten für die Zeit nach Feierabend, gerade jetzt, wo alles drunter und drüber ging. Eine Tischtennisplatte musste her! Und da Amazon leider nicht nach Baraka lieferte und es zudem auch keinen Sportladen in der Nähe gab, hatte ich eine kleine Zeichnung angefertigt. Der ältere Herr schaute mich etwas verdutzt an und fragte sich wohl, was der weiße Mann nun wieder ausgebrütet hatte. Von Tischtennis hatte er noch nie etwas gehört, aber die Platte könnte er mir in zwei Tagen bauen. Er machte ein Angebot, wir handelten etwas, und dann waren wir uns einig. Über die Kollegen in Bukavu hatten wir Schläger und Tischtennisbälle bestellt, die dann hoffentlich in den nächsten Wochen bei uns eintrudeln würden.

Wie so häufig kamen Abu, Rosy und Noor nach Feierabend rüber zu uns nach Papaya um *Sequence* zu spielen. Wir waren nicht mehr nur Kollegen, sondern mittlerweile Freunde geworden. Aus »Wollen wir heute Abend was machen?« wurde »Was machen wir heute Abend?«. Und als wir auf der Terrasse um den Plastiktisch saßen, Mützig tranken und *Sequence* spielten, sagte Rosy ganz beiläufig: »Unser Leben hier ist so verrückt, eigentlich müsste man darüber mal eine Serie drehen.« Und mit diesem Satz brach ein wildes Feuerwerk an Ideen und Szenerien los, und wir begannen, die groben Züge eines Drehbuchs zu skizzieren:

Ein groß gewachsener Weißer aus Europa stolpert unbedarft aus dem Flieger in Malinde und wird völlig von der Hitze und der Andersartigkeit des Kongos erschlagen. Er ist hierhergekommen, um die Welt zu retten und Gutes zu tun! Voller Elan stürzt er sich in seine Aufgaben, die ihn aber total überfordern. Es würde Episoden über brutale Nilpferdangriffe geben, geheime Wochenendtrips mit dem Boot auf die Presqu'île, dramatische medizinische Notfälle und Pannen mit dem Geländewagen. Der Titel der Serie war schnell gefunden: *The real Mzungu!*

Man musste unser Leben und die Charaktere kaum überzeichnen, es war ohnehin schon filmreif. Rosy sieht in allem und jedem immer das Positive und sorgt sich um ihre Mitmenschen. Noor hat eine dreckige und extrem ansteckende Lache, leidet unter einer starken Form von FOMO (*fear of missing out*, der Angst, etwas zu verpassen) und liebt sarkastische Kommentare. Abu ist stets auf der Suche nach Kollegen, mit denen er eine Zigarette rauchen kann, liebt gute Serien und achtet als Sicherheitsverantwortlicher genau darauf, dass man sich an die Regeln hält. Ben bastelt immer an irgendwas rum, trägt seinen chilenischen Hut und eine riesige Gürtelschnalle und hat immer eine Lösung parat. Und ich bin überpünktlich, direkt, plane gewissenhaft und will immer alles 120 Prozent genau erledigen. Und während wir quatschten und uns weitere, immer abstrusere Folgen überlegten, merkte ich, wie sehr ich es genoss, mit diesen Menschen Zeit zu verbringen. Wir waren in den unterschiedlichsten Teilen der Erde aufgewachsen, von unterschiedlichen Kulturen geprägt, und doch waren wir nun alle gemeinsam im Kongo, saßen auf einer Terrasse und hatten Spaß. Dann machte mein Funkgerät diesen lauten Piepton, die Batterie war wieder leer. Ich griff zu meinem Bier und wusste, was zu tun war.

Trip nach Sebele

Seit Januar hatte ich die Stadtgrenzen Barakas nur für den wöchentlichen Versorgungsflug in Malinde, gelegentliche Besuche in Kalundja und natürlich den sonntäglichen Trip auf den See verlassen. Ansonsten beschränkte sich mein üblicher Aktionsradius auf nicht einmal drei Kilometer. Kein Vergleich zu meinem sonstigen Leben. Wie häufig war man am Wochenende unterwegs, besuchte Freunde in anderen Städten, fuhr mit dem Auto an die Küste und stieg gelegentlich in den Flieger.

Daher freute ich mich sehr auf den heutigen Tag, denn wir würden mit Teilen der Corona-Truppe einen Tagestrip nach Sebele unternehmen. Gemeinsam mit dem MSF-Outreach-Team, das entlegene Gesundheitseinrichtungen unterstützte, wollten wir uns anschauen, wie wir das dortige Centre de Santé vor der anrollenden Pandemie schützen könnten. Sebele liegt knapp 30 Fahrminuten südlich von Malinde, für mich also unbekanntes Terrain. Endlich etwas Neues sehen, mein Abenteuergeist war wieder geweckt!

So wackelten wir die gewohnt katastrophale Straße entlang, passierten die marode Stahlbrücke über den Mutambala-Fluss, den Salon Barça und ließen schließlich auch die Buschpiste links liegen. Ab hier war alles neu. Der ferne Anblick eines UNHCR-Flüchtlingslagers für 1.700 Menschen aus Burundi unterstrich sehr deutlich, dass wir nicht auf einer Kaffeefahrt waren.

Zwei Kilometer vor unserem eigentlichen Ziel mussten wir die Geländewagen verlassen und zu Fuß weitergehen. Das Fundament einer kleinen Betonbrücke war von den starken Wassermassen unterspült und weggewaschen worden. Es bestand akute Einsturzgefahr! Ein Schild, das darauf hinwies und die Brücke sperrte, suchte man vergebens. Die Brücke war sich selbst überlassen, und noch fuhren vereinzelt wagemutige Moto-Fahrer darüber. Es schien sich niemand verantwortlich zu fühlen, die Brücke zu reparieren. Wir sprachen mit ein paar Männern am Straßenrand, und sie meinten nur achselzuckend: »Ach, irgendeine NGO wird sich schon drum kümmern.«

Fast hätte ich mich an dem Wasser verschluckt, das ich gerade trinken wollte. Ich wusste gar nicht, was ich in diesem Moment schlimmer fand: die fatalistische Haltung der jungen Männer, stumpf auf fremde Hilfe zu setzen, oder die internationalen NGOs, die mit ihren großen Budgets jede Art von

Eigeninitiative der lokalen Bevölkerung im Keim erstickten. Ein Paradebeispiel von verfehlter Entwicklungspolitik.

Das Grölen und Lachen der Kinder riss mich aus meinen Gedanken. Die Schulen waren wegen Corona geschlossen, und was lag da näher, als die freie Zeit am und vor allem im Fluss zu verbringen. Heerscharen nackiger Kinder sprangen vom Ufer in die Fluten, tunkten sich gegenseitig unter und versuchten gegen den Strom zu schwimmen – genau das, was wohl alle Kinder auf der Welt an einem heißen Tag machen würden. Ich schwitzte aus allen Poren, und die Sonne knallte unbarmherzig auf uns herab. Wie gerne wäre ich selbst ins kühle Nass gesprungen, aber wir mussten weiter.

Wir schulterten die Kartons mit Medikamenten und liefen vorbei an einfachen Strohhütten zum Gesundheitszentrum von Sebele. Vor uns lag eine weite Ebene, die von satten Grüntönen nur so strotzte. Am Horizont konnte man die über 2.300 Meter hohe Gebirgskette erahnen. Es war atemberaubend schön! Doch schien es eine traurige Faustregel zu geben: Je weiter man sich von einer größeren Stadt entfernte, desto offensichtlicher war die Armut der Menschen. In Baraka gab es noch Steinhäuser, deren Fassade passabel gestrichen war. Sebele dagegen bestand nur aus einfachen Lehmhütten, aus denen unzählige Kinderaugen auf uns fremde Wesen starrten.

Im Gesundheitszentrum wurden wir bereits erwartet und freundlich vom Leiter willkommen geheißen. Stolz führte er uns durch die Gesundheitseinrichtung mit dem angrenzenden, gut organisierten Cholera-Center. Nach dem kleinen Rundgang setzten wir uns in einen offenen Holzverschlag, sprachen gemeinsam über die Pandemie und wie wir uns am besten vorbereiten könnten. Die zentrale Frage war auch hier, wie der Betrieb des Gesundheitszentrums aufrechterhalten werden konnte, wenn das Virus vor Ort war, und wie man verhinderte, dass Patienten aus Angst vor Corona die Einrichtung meiden würden.

Gegen Mittag stellte ich fest, dass irgendetwas nicht stimmte. Ich konnte den Gesprächen der anderen nur mit Mühe folgen, und meine Augenlider wurden bleischwer. Ich wollte mich einfach nur an Ort und Stelle hinlegen und schlafen. Was war nur los mit mir? Obwohl mir der Schweiß auf der Stirn stand, war mir kalt zugleich. Ich zwang mich, wach zu bleiben. Doch als ich mich leicht gegen die Bretterwand lehnte, nickte ich sofort ein.

Ein heller Schrei riss mich aus dem Schlaf. Irgendjemand schrie wie am Spieß, es ging mir durch Mark und Bein. So hatte ich noch nie jemanden schreien gehört. Mein benebelter und träger Geist versuchte verzweifelt zu analysieren, ob es sich womöglich um eine gefährliche Situation handelte und ein kräftiger Adrenalinschub nötig wäre, um mich in Bewegung zu bringen. Glücklicherweise war er nicht nötig, aber es war dennoch dramatisch. Ein kleiner Junge, vielleicht zehn Jahre alt, wurde von seinem Vater ins Gesundheitszentrum getragen. Sein Bein war komplett offen und ein fahler Knochen gut sichtbar. Das medizinische Personal kümmerte sich sofort um ihn. Wie sich herausstellte, hatte ein traditioneller Heiler versucht, die offene Wunde mit Zigarettenstummeln zu ›behandeln‹, und nun war sie stark entzündet. Über das Heftchen mit der Überschrift ›Behandeln Sie Ihre Krankheiten zu geringen Kosten‹ hatten wir noch schmunzeln müssen, jetzt sahen wir die drastischen Folgen von ›traditioneller Medizin‹. Wir würden den Jungen nach Baraka in das Krankenhaus bringen, in Sebele konnte man ihm nicht ausreichend helfen. Er würde wohl sein Bein verlieren.

Durch die brütende Hitze schleppten wir uns zu Fuß zurück zur baufälligen Brücke. Erschöpft fiel ich auf die Rückbank und bekam gar nicht richtig mit, wie der Junge in den anderen Geländewagen gebracht wurde. Die Rückfahrt war für mich eine einzige Tortur. Mein Kopf wollte explodieren, mein Blickfeld war stark eingeengt, und verzweifelt krallte ich mich an den Haltegriffen fest. Die Straße war unerbittlich und schüttelte uns mit aller Kraft durch. Ich war total geschwächt. Aber wie musste es erst dem Jungen gehen? Diese Holperstrecke mit einem offenen Bein musste die Hölle pur sein. Im Gegensatz zu ihm war ich noch topfit. Ich biss die Zähne zusammen und versuchte, mich nicht so anzustellen. Clare, unserer Ärztin, fiel auf, dass irgendwas nicht mit mir stimmte, aber ich winkte nur ab. Geht schon.

Kurz vor der Stadtgrenze hupte unser Fahrer laut. Müde drehte ich den Kopf. Zwei andere MSF-Fahrzeuge kamen uns entgegen. Abu war mit seinem Team auf dem Weg nach Fizi. Sie würden dort die Nacht verbringen und mit einigen Akteuren in der Umgebung sprechen, um die Interessen von MSF zu vertreten. Morgen wären sie wieder zurück in Baraka. Aber das interessierte mich herzlich wenig. Ich wollte nur nach Hause und in mein Bett.

Nach der endlosen Fahrt in der wackligen Kiste fiel ich zitternd und schwitzend auf meine Matratze und war im gleichen Moment eingeschlafen. Irgendwann wachte ich auf. Meine Uhr verriet mir, dass nur zwei Stunden vergangen waren. Ich kramte das Fieberthermometer aus der Medikamentenbox im Wohnzimmer. Meine Stirn brannte. ›39,2 Grad‹ stand auf dem kleinen Display! Ich konnte mich nicht erinnern, wann ich das letzte Mal überhaupt Fieber gehabt hatte. Zudem rumorte es kräftig in meinem Magen. Auch das noch! Keine Ahnung, was ich mir da eingefangen hatte! Vielleicht Malaria? Ich hatte immer brav die tägliche Malaria-Prophylaxe genommen, aber das musste nichts heißen. Hundertprozentigen Schutz hatte man nie. Und Corona konnte es ja eigentlich auch nicht sein, denn dazu passten die Symptome nicht.

Also blieb mir nichts anderes übrig als Clare, unsere Ärztin, zu bitten, mal nach mir zu schauen. Als ich zum Handy griff, sah ich, dass sie mich schon mehrfach versucht hatte anzurufen. Sie kam direkt mit einem Malaria-Schnelltest vorbei und zapfte mir einen dicken Tropfen Blut ab. Was hatte Katharina mir noch vor der Reise zu Malaria erzählt? Dumpf erinnerte ich mich, dass die Malaria tropica zu unregelmäßigen Fieberschüben und Bewusstseinsstörungen führen kann. Im schlimmsten Fall sogar zu Nierenversagen, Herzinsuffizienz und Lungenödem. Was auch immer sich hinter diesen medizinischen Begriffen verbarg, es klang nicht gut. Dann kam die Erleichterung, der Schnelltest war negativ. Aber was war es sonst? Wir beschlossen, dass ich mich erst mal weiter ausruhen und möglichst viel schlafen sollte. Morgen würden wir dann die Situation erneut bewerten. Vielleicht war es nur ein leichter Infekt mit einem ordentlichen Sonnenstich.

Dann rief ich Katharina an, die alles andere als begeistert war. Ihr Mann lag schwitzend Tausende Kilometer entfernt im Kongo, und man hatte keine Ahnung, was er hatte. Die

Situation könnte besser sein. Genau das war eine ihrer größten Sorgen gewesen, dass ich mir irgendwas Verrücktes einfange. In ihrer Ausbildung zur medizinisch-technischen Assistentin hatte sie jedes Bakterium und jeden Virus mit Vornamen kennengelernt und wusste daher, welche Krankheiten zu meinen Symptomen passen könnten. Sie erinnerte mich daran, dass ich versprochen hatte, gesund und in einem Stück wieder nach Hause zu kommen.

Am späten Abend fiel das Fieber unter 38 Grad. Vielleicht könnte ich ja doch mein Versprechen halten.

Jenseits der Komfortzone

Am nächsten Morgen wachte ich in einem klatschnassen Bett auf. Nein, es hatte nicht reingeregnet, mein Körper musste wirklich auf Hochtouren versucht haben, den unbekannten Eindringling im Keim zu ersticken. Ich fühlte mich aber deutlich besser. Der fiebrige Vorhang vor meinen Augen war weg, und ich hatte das Gefühl, wieder einigermaßen klar denken zu können. Wie von Katharina aufgetragen, machte ich mich direkt ans Fiebermessen. Und wieder war ich von der Anzeige überrascht: 36,5 Grad – alles normal. Ich schickte meiner Frau eine kurze Sprachnachricht, dass es mir schon deutlich besser ging, aber ich mich noch schlapp fühlte und heute wohl keine großen Sprünge mehr machen würde. Das war ja noch mal gut gegangen. Ich informierte mein Team, dass ich erst später am Tag für eine Stunde ins Büro kommen würde, und schlief sofort wieder ein.

Nachmittags schleppte ich mich ins Büro, um noch schnell ein paar Bewerbungen durchzugehen. Ich hatte Tage zuvor das Anforderungsprofil für die Wärter des Corona-Zentrums angepasst, Einstellungskriterien erstellt und ein Punktesystem entwickelt. Jetzt musste die Flut an Bewerbungsmappen (167 Stück!) bewertet werden, um die vielversprechendsten Kandidaten zu identifizieren. Eine zeitintensive Aufgabe, sich durch den riesigen Stapel an braunen Umschlägen zu kämpfen, der einfach nicht kleiner werden wollte. Aber der Job musste gemacht werden, denn morgen sollten die Kandidaten zum Test eingeladen werden. Eine Stunde arbeiten und dann wieder ins Bett. Keine großen Sprünge.

»Robert, ich glaube, ich habe hier was Wichtiges!« Versunken blickte ich Akas an und machte mir eine Notiz zu einem Lebenslauf, in dem unter der Überschrift ›Bildung‹ nichts weiter stand als die Zeit in der Grundschule. Dabei war der Mann 42 Jahre alt. »Ich habe gerade einen Anruf von einem Bekannten bekommen. Er sagte, er habe zwei Fahrzeuge von MSF im Umland gesehen.«

»Und weiter? Wo ist das Problem?«

»Die Autos stehen mitten auf der Straße, mit offenen Türen, offensichtlich verlassen.« Nach einem kurzen Zögern fügte Akas hinzu: »Der linke Rückspiegel des einen Wagens hat ein Einschussloch ...«

Mein Herz rutschte mir in die Hose, und die Gedanken überschlugen sich. Das mussten die Fahrzeuge von Abu und seinem Team sein, die wir gestern noch gesehen hatten. Sie müssten sich auf dem Rückweg nach Baraka befinden. Verdammt, es musste doch eine einfache Erklärung dafür geben, warum die Autos verlassen waren. Vielleicht eine Pinkelpause? Aber eine nagende Stimme in meinem Hinterkopf war der Meinung, dass es nur eine einzige plausible Erklärung für verlassene MSF-Autos im Kongo geben konnte – gerade wenn ein Rückspiegel ein Einschussloch hatte. Sofort griff ich zum Handy und rief Ben an. Bei Abus Abwesenheit war er der Sicherheitsverantwortliche. Knapp berichtete ich, aber Ben wusste bereits Bescheid. Ich tippte mit den Fingerkuppen sinnlos auf die Tischplatte. Die Ungewissheit war unerträglich. Unweigerlich musste ich an die simulierte Entführung im Wald in Bonn zurückdenken. Ich musste mich schütteln. Dann klingelte auf einmal mein Handy. Es war Ben. Er bat mich, umgehend mit Laptop nach Mango in die Skybar zu kommen. Alles Weitere würden wir dort besprechen.

Mit Schweißperlen auf der Stirn saß ich im Auto auf dem Weg nach Mango, und meine Gedanken fuhren Achterbahn. In der Skybar angekommen, erklärte Ben mir, dass aktuell kein Kontakt zum Fahrzeug bestand und nun nach dem Sicherheitsprotokoll vorgegangen wurde. Es musste zu diesem Zeitpunkt von einer Entführung ausgegangen werden. »Ich brauche jemanden, der das Logbuch führt. Also detailliert und lückenlos aufschreibt, was zu welchem Zeitpunkt gemacht und gesagt wurde. Und jemanden, der mitdenkt. Die Kollegen aus der Coordination sind sich sicher, dass du der Richtige dafür wärst. Bist du dabei?«

Natürlich war ich es. Und auf einmal befand ich mich im Krisenteam einer Entführung. Von diesem Moment an schaltete mein Körper in einen anderen Modus. Alle Sinne waren geschärft, das Gehirn arbeitete auf Hochtouren, und die Welt außerhalb der Skybar hörte auf zu existieren. Meine Welt bestand nur noch aus einem riesigen Puzzle, das so schnell wie möglich gelöst werden musste. Die sonst so demokratische Organisation MSF wurde auf einmal zu einem militärisch organisierten Apparat, der strengen Befehlsketten folgte. Nur so war man in der Lage, schnell Entscheidungen zu fällen. Es gab keine Diskussionen über Zuständigkeiten. Alles war klar geregelt.

Und doch waren wir im Chaos. Die winzigen Puzzleteile wollten nicht zueinanderpassen, ergaben keinen Sinn und veränderten sich ständig. Der Kongo hatte überall Ohren, und jeder kannte jemanden, der glaubte, etwas gesehen zu haben. Wir kämpften uns durch dieses Dickicht, auf der Suche nach Informationsschnipseln, die vielleicht zusammenpassen könnten. Es war kein Puzzle, es war ein einziger Scherbenhaufen. Unser Fokus war enorm. Er ließ keine Gefühle zu. Angst, Sorge, Wut, Trauer – für nichts davon war Platz. Es gab nur ein Ziel: unsere Freunde gesund nach Hause zu bringen. Alles andere musste sich unterordnen. Nur mein Magen war noch nicht mit der Situation einverstanden und zwang mich immer wieder, aufs Klo zu rennen.

Noch Stunden nach Einbruch der Dunkelheit versuchten wir Muster zu erkennen und Informationen zu einem Bild zusammenzusetzen. Bei der späten Abstimmungsrunde mit den Kollegen in Amsterdam und Bukavu wurde verabredet, dass wir uns nun ausruhen und etwas Kräfte tanken sollten. Es fühlte sich falsch an, jetzt aufzuhören, denn unsere Kollegen waren immer noch da draußen *dans la brousse,* im Busch. Aber sie hatten recht, heute könnten wir nichts mehr machen.

Niedergeschlagen fuhren Ben und ich zurück nach Papaya und setzten uns an den gedeckten Tisch. Clementine hatte sich ins Zeug gelegt, als wollte sie uns mit unserem Lieblingsessen aufmuntern. Aber mehr als trockenen Reis konnte ich nicht essen. Mein Magen rebellierte immer noch. Wir sprachen kaum etwas während des Essens, was hätten wir auch sagen sollen. Dann ging jeder auf sein Zimmer.

Und schon wieder musste ich Katharina am Telefon mitteilen, dass wir einen schweren Sicherheitsvorfall hatten. Wieder nagte die Frage an mir, ob ich sie nicht besser schützen und das Ganze für mich behalten sollte. Das war früher immer meine Strategie gewesen, die Dinge einfach in mich hineinfressen und mit mir selbst ausmachen. Denn sie würde sich nur Sorgen machen. Aber wie schon bei der ersten Entführung entschloss ich mich, sie anzurufen, und erzählte ihr in groben Zügen, was passiert war. Ich fühlte mich schlecht, da ich wusste, dass sich meine Frau nun Tausende Kilometer entfernt große Sorgen machte. Aber es tat gut, darüber zu sprechen. Als ich erzählte, merkte ich, wie absurd und krass diese Situation war. Teil eines Krisenteams zu sein bei einer Entführung im Kongo. Katharina reagierte gefasst, aber ich wusste, wie es in ihr drin aussah. Zumindest glaubte ich das.

Dann legten wir auf, und ich wollte nur noch schlafen. Es fühlte sich falsch an, sich in das weiche Bett zu legen, wenn man wusste, dass gute Freunde irgendwo draußen im Busch waren und nicht den Schutz eines Dachs und den Komfort einer Bettdecke hatten. Funkgerät und Handy legte ich neben mein Kopfkissen und schaltete beides auf maximale Lautstärke. Vielleicht gäbe es in der Nacht noch neue Erkenntnisse, und wir müssten handeln. Das schwarze Notizbuch lag bereit, damit ich wie jeden Abend einige Notizen eintragen konnte, aber ich beachtete es gar nicht. Ich fiel total erschöpft auf die Matratze, und irgendwie schaffte ich es, direkt einzuschlafen und nicht in stundenlanges Grübeln zu verfallen. Nur eine Stunde arbeiten, keine großen Sprünge, und dann zurück ins Bett – das hatte ja super geklappt ...

Der Wecker ließ mich am nächsten Morgen hochschrecken. Hatte ich das alles nur geträumt? War die Entführung einfach nur ein böser Alptraum gewesen? Ich wünschte es mir von ganzem Herzen. Aber ein Blick auf Bens Gesicht am Frühstückstisch zeigte mir, dass er entweder den gleichen Alptraum gehabt hatte oder das Ganze doch wahr war. Wir fuhren rüber nach Mango in die Skybar, und das Puzzeln begann erneut. Puzzeln extrem. Optionen durchgehen, bewerten, besprechen. Die Ungewissheit war quälend und machte einen fertig. Ich fühlte mich wie in einem Kinofilm.

In Süd-Kivu konnte bzw. wollte man nicht einfach zur Polizei oder dem Militär gehen und ihnen die Verantwortung für die Entführung übertragen. Wir konnten nicht zulassen, dass sie auf aberwitzige Ideen kamen und womöglich mit Waffengewalt handeln wollten. Hier gab es kein taktisches Elitekommando, das täglich professionell trainierte und in der Lage war, Spezialmissionen mit chirurgischer Präzision durchzuführen. Ein unkontrolliertes Kreuzfeuer zwischen Entführern und dem Militär wäre wirklich das Allerletzte, was wir gebrauchen konnten. Die Kommunikation mit diesen Kräften entwickelte sich zum Balanceakt.

Nach einer weiteren langen Besprechung fragte ich Ben, wie man denn auf Englisch die kürzeste Entfernung zwischen zwei Punkten auf einer Karte nennt. Die Übersetzung *airline* für Luftlinie klang auf jeden Fall sehr falsch. »*As the crow flies*«, war seine Antwort. Ich merkte, wie sich ein Knoten in meinem Bauch löste, der Druck leichter wurde, meine Kehle sich öffnete und meine Hände entspannten, dann brach ich völlig unerwartet in ein schallendes Lachen aus. Hatte Ben wirklich gesagt, Luftlinie wird mit »wie die Krähe fliegt« übersetzt? Er stimmte sofort mit ein, und wir hatten Lachtränen in den Augen. Es war nicht das letzte Mal, dass wir einen solchen Lachflash hatten. Es war ein gesundes Ventil, um etwas Stress abzulassen. Auch wenn die Situation so extrem und unglaublich war, gab es dennoch Momente, in denen wir lachen mussten. Anders hätten wir die Situation gar nicht durchstehen können.

Je länger die Entführung andauerte, desto mehr wurde in den lokalen Medien darüber berichtet. Aber was, wenn auch die internationalen Medien Wind von der Sache bekämen? Ich wollte gar nicht daran denken, was meine Freunde und vor allem meine Mutter denken würden, wenn sie auf *Spiegel Online* von einer Entführung von MSF-Mitarbeitern im Kongo lesen würden. Mein Handy würde nicht mehr stillstehen. Ich schickte ein paar unverfängliche Bilder vom Sebele-Trip in die WhatsApp-Gruppe und täuschte Normalität vor. Ich wollte unbedingt vermeiden, dass man sich zu Hause übermäßig sorgen müsste. Hoffentlich blieb es ruhig.

Abends kamen wir noch im Kreis der internationalen Mitarbeiter zusammen, um einen Zwischenstand zu verkünden.

Die Gesichter waren voller Sorge, die Anspannung greifbar. Gianina und Rosy hielten sich gegenseitig fest, kaum zu erkennen, wer wem eine Stütze sein wollte. Mamadou, der sonst nicht aus der Ruhe zu bringen war und überall für gute Laune sorgte, schaute unglücklich auf seine Schuhe. Für sie musste es noch schlimmer sein. Ben und ich waren immerhin direkt am Geschehen beteiligt, hatten Informationen, waren beschäftigt und extrem fokussiert. Die Kollegen dagegen waren zur Untätigkeit verdammt und mit ihren Gedanken allein. Es musste zermürbend sein. Dann berichtete Ben, ohne dabei zu sehr ins Detail zu gehen. Ich wusste nicht, wie er es schaffte, noch sinnvolle Sätze zu formulieren. Ich war einfach nur todmüde und wollte ins Bett.

Nach einigen Tagen sollten unsere Kollegen endlich freigelassen werden. Der gefährlichste Teil stand uns nun bevor. Nachdem wir die Geländewagen losgeschickt hatten, quetschten Ben und ich uns in den engen Radio Room. Von hier aus würden wir nun die Mission steuern. Viel sagten wir nicht, die Anspannung war zu groß. Immer wieder ging ich im Kopf den Plan durch und notierte, wann unser Team die definierten Checkpoints erreichte. Bislang lief alles nach Plan.

Dann meldete sich Kinga, das erste Fahrzeug der Kolonne, mit der ersehnten Nachricht aus dem Funkgerät: »*On est ensemble!* Wir sind zusammen und haben unsere Freunde!« Ben und mir fielen die Steine vom Herzen. Wir wussten zwar, dass sie erst in Sicherheit waren, wenn sie bei uns in Mango waren, aber die Freude wuchs und wuchs. Nach einer gefühlten Ewigkeit knackte das Funkgerät erneut. »*Kinga portail.*«

Jetzt kannten wir kein Halten mehr. *Portail* meinte, dass das Fahrzeug draußen vor dem Tor war. Sie waren tatsächlich alle zurück.

Das große Tor öffnete sich, und ein Geländewagen nach dem anderen rollte auf den Hof. Das Expat-Team hatte große Willkommensplakate gebastelt und winkte stürmisch. Man konnte die grinsenden Gesichter hinter der Fensterscheibe deutlich sehen. Sie waren wieder da!

Ich blickte auf Ben, er war ganz blass geworden. Alle Anspannung schien aus seinem Körper gewichen zu sein. Wir fielen wir uns in die Arme und genossen das Glück, dass alle wohlbehalten zurück waren. Dann öffneten sich die Autotüren, und Jubel brach los. Freudentränen flossen, Köpfe wurden ungläubig geschüttelt, und jeder hatte ein breites Lachen auf dem Gesicht. Auf einmal fiel mir der strahlend blaue Himmel auf, das Lachen der Kinder in der Straße, das lustige Blöken der Ziegen und die hohen grünen Palmen. Auf einmal war alles bunter und schöner. Die Anspannung, das Adrenalin, alles weg. Wir hatten es geschafft. Die Familie war wieder zusammen.

Eine Pandemie wartet nicht

Mittlerweile war es Freitag, und damit stünde unser nächstes Corona-Meeting an. Ben und ich sahen uns fragend an. Corona? Ach, da war ja was. Die letzten Tage hatten uns so sehr in ihren Bann gezogen, dass wir die Pandemie komplett aus unseren Gedanken verbannt hatten. Nachdem unsere Freunde wieder zurück waren, gab es medizinische und psychologische Untersuchungen, Nachbesprechungen mit Polizei und Militär. Und jeder der Entführten wurde nach seinem Einverständnis detailliert zum Entführungsgeschehen befragt, um eine umfassende Kontextanalyse starten zu können.

Aber unsere eigentliche Aufgabe war es ja, humanitäre Hilfe zu leisten und nicht Polizei zu spielen und Entführungen zu managen. *Back to normal.* Wobei dieses normal eine anrollende Pandemie war. Also saßen wir wieder in der Skybar. Statt Kidnapping stand nun Corona auf der Tagesordnung. Mittlerweile gab es vier laborbestätigte Fälle in Bukavu, allerdings hatte man eine Person zweimal getestet und die Daten falsch weitergegeben. Es waren also nur drei. Das Vertrauen in die Statistik wurde dadurch nicht gerade gestärkt. Die Panik und Sorge vor diesem unbekannten Supervirus wurde innerhalb der Bevölkerung größer und größer.

Und während wir über verzögerte Warenlieferungen und anstehende Einstellungstests sprachen, stellte ich fest, dass irgendwie die Luft raus war. Nach den langen Tagen auf Daueradrenalin wirkten Ben und ich wie Junkies, die langsam von ihrem Drogentrip in fernen Galaxien zurück zur Erde taumelten. Die Zielstrebigkeit und der maximale Fokus im Krisenteam der Entführung hatten wirklich Suchtpotenzial. Und nun waren wir auf hartem Entzug. Zurück auf einer Erde, in der das Leben banal und irgendwie grau war. Ben ging es ähnlich, er nickte fast ein. Es wurde dringend Zeit für eine Pause. Durchatmen, auf andere Gedanken kommen, sortieren und neue Kraft tanken. Hotel Papaya würde seine Pforten für Ben heute Abend öffnen, und eine Woche später wäre ich an der Reihe. Urlaub zu Hause.

Aber die Bestellung für die Materialien zum Umbau der Schule musste fertig werden. Sonst hätten wir ein Corona-Zentrum ohne Stromkabel und ohne Schutzausrüstung. Und dann könnten wir es auch direkt bleiben lassen. »*Akas pour Robert.*« Das Funkgerät riss mich aus meinem Dämmerzustand. »Robert, die Pakete aus Kimbi sind da, und die spezielle Lieferung müsste auch dabei sein!« Endlich, dachte ich, pünktlich zum Wochenende.

Dann düste ich nach Papaya und machte mich über die Lieferung her. Im letzten Paket ganz unten fand ich die Ware: 20 Tischtennisbälle und vier Schläger. Vor Wochen in Bukavu bei Kollegen bestellt, waren sie nach diversen Umwegen bei uns angekommen. Schnell wurden die alten Sofas im Wohnzimmer zur Seite geschoben, um Platz zu schaffen für die Tischtennisplatte. Der Tischler hatte ganze Arbeit geleistet, aber da man Sperrholz hier nicht kannte, hatten wir nun eine tonnenschwere Tischtennisplatte aus Massivholz. Mit Akas, Nelson und den Mamas spielten wir die erste Runde. Die Bälle flogen unkontrolliert durch die Gegend und rollten in jeden Spalt. Wir hatten den Spaß unseres Lebens. Und obwohl die Mamas das erste Mal einen Tischtennisschläger in der Hand hatten, stellten sie sich sehr geschickt an.

Abends kamen die anderen Expats aus Mango rüber, und in Papaya war es knallvoll. Das Wohnzimmer war zum Stadion geworden, die Couch der Zuschauerrang, laute Musik dröhnte aus den Boxen, und Abu und Noor kommentierten das Spielgeschehen. Nach einer harten Vorrunde gegen Rosy hatte ich mich ins Finale gekämpft und musste nun den Endgegner bezwingen: Ben the Beast! Schon beim ersten Ballwechsel war klar, dass wir uns nichts schenken würden. Ehrgeiz bis in die Haarspitzen. Die Luft vibrierte. Wir hatten eine neue Droge gefunden: Tischtennis! Man muss eben nehmen, was man kriegt. Ben spielte wie von einem anderen Stern und feuerte mir einen Topspin nach dem anderen um die Ohren. Dann verhöhnte er mich mit einem Stopper und ließ mich auflaufen. Die Menge tobte und johlte. Das Finale endete ernüchternd 15 : 21. Ben gewann, doch ich würde zurückkommen!

Dann gingen wir aus dem stickigen Stadion nach draußen, um frische Luft zu schnappen. Wir saßen auf der Terrasse, tranken kühles Mützig und machten Witze. Ein normaler Abend mit Freunden. Es war so unfassbar paradox: Noch vor wenigen Tagen war einer von uns, Abu, in der Gewalt von Fremden gewesen, und nun waren wir wieder vereint und feierten ausgelassen. Aus der Terrasse wurde der Dancefloor. Unsere kongolesischen Freunde hatten es uns beigebracht: tanzen, ohne nachzudenken. Nicht überlegen, sondern direkt genießen, im Moment sein, im Hier und Jetzt. Und dann erklangen die Beats des Welthits der Swedish House Mafia. Wir lagen uns in den Armen, hielten uns fest, schlossen die Augen und sagen laut mit: »*Don't you worry, don't you worry child ...*« Heute Abend würden wir uns nicht sorgen.

Regen

Noch bevor der Wecker klingelte, wurde ich aus dem Schlaf gerissen. Ein Donner zerriss die morgendliche Ruhe, dann folgte ein zweiter und ein dritter. Erste Tropfen fielen auf das

Wellblech. Zunächst mit einem leisen, sanften Trommeln, bis der Lärm anschwoll und die Wassermassen einen Höllenlärm verursachten. An Schlaf war nicht mehr zu denken. Regen war das falsche Wort, selbst Wolkenbruch kam dem nicht einmal nahe. Solche Wassermassen hatte ich bislang noch nie erlebt. Binnen weniger Minuten stand der kleine Innenhof mehr als zehn Zentimeter unter Wasser, und es schüttete erbarmungslos weiter. Man hatte mir gesagt, dass gegen Mitte April die Regenzeit ein Ende fände und es immer trockener, staubiger und windiger werden würde. Mit der Trockenzeit würde sich der Wasserstand des Sees senken und ein breiter, kilometerlanger Strand auftauchen. Dem war leider nicht so. Seit zwei Tagen schüttete es immer wieder wie aus Kübeln. Mein Magen zog sich zusammen, denn heute sollte der wöchentliche Versorgungsflug kommen. Anstelle von Passagieren erwarteten wir Hunderte Kilos an Kabeln, Schaltschränken, Steckdosen, Glühbirnen, medizinischer Schutzausrüstung und noch viele andere Sachen, die wir für den Umbau der Schule bräuchten. Ich wollte mir gar nicht vorstellen, in welchem Zustand die Piste in Malinde wohl war.

Wir brachen extra früh auf, um ja genug Zeit für Reparaturen zu haben. Heute war ich mit Francois unterwegs. Er unterstütze Akas bei logistischen Dingen an der Base, und da Akas mehr und mehr in die Corona-Intervention eingespannt war, würde mich nun Francois bei den Flügen begleiten. Es machte Spaß, mit Francois zusammenzuarbeiten, er war immer gut gelaunt und hatte ein Lachen auf den Lippen. Nach fünf Minuten Fahrt bei leichtem Nieselregen wartete schon das erste Hindernis auf uns. Ein Lkw steckte tief im Schlamm fest, kam nicht vor und nicht zurück und blockierte die ganze Straße. Und das mitten in der Stadt. Wir mussten einen riesigen Umweg fahren, und unser Fahrer Cedric hatte alle Hände voll zu tun, damit wir nicht auch noch im roten Schlamm stecken blieben. Francois erzählte, dass es am vergangenen Wochenende so starke Regenfälle in der Region gegeben hatte, dass es zu vielen Erdrutschen gekommen war. Straßen wurden zu ausgewachsenen Flüssen, die erbarmungslos alles wegspülten, was nicht ordentlich gesichert war. In Uvira, der Stadt am Nordende des Sees, war die Situation außer Kontrolle geraten. Die UN berichteten von 15.000 zerstörten Häusern und 40 Todesopfern. Francois' Onkel lebte in Uvira und war über Nacht obdachlos geworden. Es war zum Verzweifeln.

Nach einer Ewigkeit näherten wir uns der Piste. Es war der einzige Ort außerhalb der Stadt, den wir nach der Entführung noch anfahren durften. Aber auch hier hatte sich der Zufahrtsweg in einen reißenden Strom verwandelt. Im Allradmodus und mit laut heulendem Motor steuerte unser Kapitän den Kahn gewagt durch die Wassermassen. Jetzt bloß nicht stecken bleiben. Aber nach einigen bangen Momenten kamen wir tatsächlich an, und ich funkte mit dem Radio Room, dass alles in Ordnung war.

Aber wo war die Piste hin? Ich sah einen schicken See, aber keinen Ort, auf dem ein Flugzeug mit 160 Kilometern pro Stunde landen konnte. Weite Flächen der Landebahn standen komplett unter Wasser, und es nieselte noch immer. Tief durchatmen. Ich telefonierte mit Olivier, dem Flugkoordinator, und teilte ihm mit, dass so unmöglich gelandet werden könne. Wir vereinbarten, den Flug um zwei Stunden nach hinten zu schieben. Jetzt ging für uns die Arbeit erst richtig los.

Es war eine brutale Operation am offenen Herzen. Mit den 20 Tagelöhnern zogen wir mehrere 40 Zentimeter tiefe Gräben quer durch die Landebahn. Also genau das, was man nicht haben will: riesige Stolperstellen für den Flieger. Aber uns blieb keine andere Wahl, die braune Brühe musste schließlich irgendwie abfließen. Und zwar schnell! Also nahmen wir die Spitzhacken, Harken und Schaufeln in die Hand und rissen die rote Erde auf. Nach einer Stunde glich die Piste immerhin keinem See mehr, dafür aber einem Schlachtfeld mit tiefen Kratern.

Langsam hörte auch der Regen auf, und die dichte Wolkendecke lockerte sich allmählich. Ich blickte auf meine Uhr, wir könnten es vielleicht doch noch schaffen! Der See war trockengelegt, jetzt mussten wir die Löcher stopfen. Für solche Zwecke hatte ich glücklicherweise vor ein paar Wochen mehrere Lkw-Ladungen Laterit bestellt, die wir nun mit Schubkarren auf der Piste verteilten. Wir trampelten mit unseren Füßen die lose Erde fest und funktionierten Rhino zu einer Kompaktiermaschine um. Immer wieder musste Cedric hin und her fahren, um die Erde zu verfestigen. Der Flieger sollte ja nicht stecken bleiben!

Nach zwei Stunden harter Arbeit meldete ich mich wieder bei Olivier. »*Feu vert*, grünes Licht, du kannst den Flieger losschicken.« Ich war mächtig stolz auf Francois und die *journaliers*. Gemeinsam hatten wir es geschafft, die ausweglose Situation zu retten. Die dringend benötigten Materialen würden kommen können.

»Ähhh, Robert, hier in Bukavu hat es gerade angefangen zu schütten, der Himmel ist rabenschwarz, und die ersten Blitze kommen. Das wird heute nichts mehr. Wir versuchen es morgen wieder.«

So ein Mist! Die ganze Arbeit war für die Katz gewesen. Es nervte mich total. Verschenkte Zeit, die ich gerne in andere Dinge gesteckt hätte. Francois zuckte nur mit den Schultern, grinste und sagte wieder einmal die beiden Worte: »*Pole pole.*« Man könne die Situation nicht mehr ändern, also muss man sich auch nicht drüber aufregen. Diese Leichtigkeit hätte ich auch gerne. Da fiel mir auf, dass ich noch nie gehört hatte, wie ein Kongolese flucht. Nicht im Büro, nicht auf dem Markt und nicht beim Fußballspielen. Normalerweise sind es ja die Schimpfwörter, die man in einer anderen Sprache als Erstes kennenlernt. Aber hier schienen die Leute einfach nicht zu fluchen. Irgendwie eine gesunde Haltung.

Als wir in Papaya angekommen waren und Cedric den Motor ausgeschaltet hatte, hörte ich laute Jubelrufe aus dem Büro. Als ich den Raum betrat, tanzten Clementine, Silvie und Josephine ausgelassen und zeigten auf das Handy, um das sich die Männer scharten. Auf dem Display war ein winziges Baby zu sehen, das bereits erstaunlich viele lockige Haare hatte. Etoile hatte ein Mädchen auf die Welt gebracht! Beide waren gesund und wohlauf. Was für herrliche Neuigkeiten! Für sie war es Kind Nummer sieben und das, obwohl sie erst 30 Jahre alt war.

Clementine fragte mich, ob ich nicht mitkommen wollte, Etoile in ein paar Tagen vom Centre de Santé abzuholen. Es sei Tradition, dass Freunde und Familie die frischgebackene

Mutter und das Baby abholen, sie mit viel Gesang und Tanz nach Hause begleiten und dort natürlich noch weiter zusammen feiern. Das wollte ich mir nicht entgehen lassen, also sagte ich direkt zu.

Ein ganz normaler Nachmittag

Nach dem Regentag in Malinde lief dafür am Folgetag alles wie am Schnürchen. Gutes Wetter, pünktliche Landung, und auch das Material für den Umbau der Schule schien weitgehend vollständig zu sein. So musste das sein. Die Arbeitswoche hatte doch noch ein gutes Ende genommen.

Für einen Samstag war es heute ungewöhnlich voll in Papaya. Bens Betonkurs stand auf dem Plan, und die mühsam zu Kies verarbeiteten Steine würden endlich Verwendung finden. Ich würde allerdings nicht teilnehmen, sondern Etoile vom Centre de Santé nach Hause begleiten. Als Clementine am Tor klopfte, um mich abzuholen, war ich verdutzt: Sie hatte ihr bestes Kleid an, trug große Ohrringe, hatte eine Handtasche in der Hand und sogar eine Brille auf der Nase (die allerdings nur aus Fensterglas war). Ich tauschte schnell mein ausgewaschenes T-Shirt gegen ein frisches Hemd, damit ich nicht wie der letzte Schluffi aussah.

Im Centre de Santé ging Clementine in den Trakt für Neugeborene und kam kurz darauf mit einem kleinen Bündel zurück, das mir stolz entgegengestreckt wurde. Was für ein zuckersüßes Baby, das in einem weißen Kleidchen steckte! Dann trat eine schick gekleidete junge Frau im Abendkostüm aus der Tür, die mir vage bekannt vorkam. Sie lief mit ihren hochhackigen Schuhen zielstrebig auf mich zu und begrüßte mich herzlich. Erst da wurde mir bewusst, dass ich Etoile vor mir hatte. Dabei war die Geburt doch erst drei Tage her! Es hatten sich wirklich alle herausgeputzt, um Mutter und Tochter abzuholen und gemeinsam nach Hause zu begleiten.

Nach und nach kamen immer mehr Gratulanten dazu, und wir machten uns auf den Weg zu Etoiles Haus. Das erste Mal bei einer kongolesischen Familie daheim. Wie ihr Alltag aussehen würde? Kurz funkte ich mit dem Radio Room und gab meine neue Position durch. Mittlerweile war es mir in Fleisch und Blut übergegangen, jederzeit meinen Aufenthaltsort mitzuteilen.

Wie nahezu alle Häuser in Baraka bestand auch das von Etoiles Familie aus einfachen, selbst gebrannten Lehmziegeln, hatte aber immerhin ein Wellblechdach und kein wetteranfälliges Strohdach. In direkter Nachbarschaft waren unzählige solcher Häuser, die nur wenige Meter auseinanderstanden, dazwischen immer mal wieder ein größerer Mangobaum. Wäscheleinen waren kreuz und quer gespannt, Kinder wuselten umher, spielten mit aus Plastikabfällen gebauten Autos, und einige Mädchen flochten sich gegenseitig Zöpfe.

Ich nickte den Männern zu, die unter den schattenspendenden Mangobäumen auf einladenden Bänken saßen, und rief: »*Habari gani?*« Wie geht es dir? Dass der weiße Mann ein paar Brocken Swahili sprach, war immer eine große Überraschung. Mit einem breiten Lächeln kam die Antwort: »*Salama!*« Diese Vokabel hatte Josephine mir erst kürzlich beigebracht, sie bedeutete in etwa ›friedlich‹ und war ein Überbleibsel der arabischen Sklavenhändler aus dem 19. Jahrhundert. Ich musste den Männern zustimmen, dieser Ort war tatsächlich friedlich. Es gab keine Hektik und keine Aufregung. Man saß zusammen und genoss die Gesellschaft der anderen. Zumindest wirkte die Fassade so auf mich.

Das Haus selbst war winzig, und drinnen war es unfassbar heiß. Nach kurzer Zeit begann ich in meiner langen Hose und meinem Hemd wie Butter zu zerfließen. Mittlerweile hatte ich einen Blick für technische Einrichtungen: Der Boden bestand aus Beton, der über und über mit Rissen durchzogen war. Die innenliegenden Wände waren zwar verputzt, aber extrem bröckelig. Steckdosen und Lichtschalter suchte man vergebens. Es gab eine Autobatterie, die von einem kleinen Solarpanel gespeist wurde. Jeder Elektriker hätte beim Anblick dieser Konstruktion wohl die Hände über dem Kopf zusammengeschlagen, aber immerhin konnte man damit ein Handy laden, hatte nachts Licht und konnte mit etwas Glück auch Radio hören.

Wie überall in der Stadt gab es hier kein fließendes Wasser. Stattdessen türmten sich an einer Seite die allgegenwärtigen knallgelben Wasserkanister, die jeden Tag aufs Neue am nächsten Brunnen gefüllt werden müssten. Wo und wie man hier sein Geschäft verrichtete, traute ich mich nicht zu fragen. Doch die wenigen Quadratmeter Wohnfläche und die minimalistische Ausstattung wurden durch eine überwältigende Herzlichkeit wettgemacht. Ich fühlte mich sofort wohl.

Ständig kamen und gingen Nachbarn und Verwandte, wobei irgendwie alle miteinander verwandt zu sein schienen. Immer wieder streckten Kinder ihre kleinen Köpfe in das winzige Wohnzimmer, um einen Blick auf den riesigen *Mzungu* und natürlich auf das Baby zu erhaschen. Aber nur einer traute sich herein. Der zwei Jahre alte Simon, nun großer Bruder, beäugte mich zunächst kritisch und wackelte dann zu seiner neuen Schwester hinüber. Er berührte sie so zärtlich, als hätte er Sorge, sie könnte jeden Moment in 1.000 Teile zerspringen. Als Etoile in den Nebenraum gehen wollte, wich der kleine Mann nicht von ihrer Seite und umklammerte fest den Rockzipfel seiner Mutter, um wenigstens etwas Aufmerksamkeit zu erhalten. Es schien, als habe er Angst, dass das kleine Schwesterchen nun alle mütterliche Liebe abbekommt und für ihn nichts mehr übrigbleibt. Ob im Kongo oder in Deutschland, Kinder sind doch überall gleich!

Dann betrat ein junger Mann mit breitem Gesicht das Wohnzimmer. Es war Jean, Etoiles Mann und Vater von nun sieben Kindern. Ich beglückwünschte ihn, und wir sprachen über Corona, das Kinderkriegen und den ungewöhnlich hohen Wasserspiegel des Sees.

In dieser einfachen Behausung fiel mir auf, wie normal die Situation doch für mich war. Die Rahmenbedingungen schienen zwar ungewöhnlich zu sein, aber schlussendlich saß man bei Freunden zu Hause und freute sich über deren gesunden Nachwuchs. *Salama!*

Urlaub auf Balkonien

Es war Anfang Mai, und ich saß bei herrlichem Sonnenschein auf meiner Terrasse. Vor mir ein frisches Omelette mit Käse und Speck, dazu eine fast footballgroße Avocado mit Salz und Pfeffer. Als Nachtisch gab es eine der letzten Mangos der Saison. Das war also der exzellente Frühstücksservice von Hotel Papaya! Ich hatte endlich ein paar arbeitsfreie Tage. Urlaub auf Balkonien. Ben verabschiedete sich auf die Arbeit, und ich machte es mir in seiner Hängematte bequem.

Es fühlte sich komisch an, nichts tun zu müssen, während für die anderen der normale Wahnsinn weiterging. Andererseits war es eine absolute Wohltat. Der Laptop war in unerreichbarer Ferne, und vor allem befand sich das nervige Funkgerät, das immerzu meinen Namen rief, in der sicheren Obhut der Wärter. Eine Woche keine Termine und niemanden, der etwas von mir will.

Der erste Tag ging schnell vorüber. Viel gemacht hatte ich eigentlich nicht, nur gelesen und stundenlang telefoniert. So hatte ich endlich die Zeit, mit Rachel zu telefonieren. Sie war die Kinderärztin aus England, mit der ich auf dem Vorbereitungskurs in Bonn gewesen war. Sie arbeitete mittlerweile in Bangladesch in Cox's Bazar, dem größten Flüchtlingscamp der Welt. Es war unglaublich, zu hören, was MSF dort leistete. In ihrem alten Job in UK hatte sie als Kinderärztin den Tod von insgesamt drei Kindern beklagen müssen. Sie hatte mit den Eltern geweint und war auf den Beerdigungen gewesen. In Cox's Bazar starb bei ihr auf der Station ein Kind pro Tag. Es war nur ein kleiner Ausschnitt aus einer unendlich entfernten Welt, doch das Leid war das gleiche.

Am nächsten Morgen zog ich mir ausgeruht und topfit die Laufschuhe an und streifte mein Shirt über. Heute würde ich endlich wieder mit Kongwa laufen gehen. Unsere

Arbeitszeiten hatten sich so ungünstig überschnitten, dass wir in den letzten Wochen nicht gemeinsam hatten joggen können. Als ich zum Tor ging, empfing mich der Wärter Matthias freundlich: »*Jambo* Papa Robert. Gut geschlafen?« Ich musste mich verhört haben, Papa Robert, das klang wirklich ungewohnt. Schmunzelnd musste ich an Akas Worte denken, wen man als Papa bezeichnete. Dann tauchte Kongwa in der gewohnten pinken Hose auf, begrüßte mich mit seinem breiten Lachen, und wir liefen los.

Er machte direkt ordentlich Tempo und marschierte nahezu geräuschlos mit gleichmäßigen Schritten über die unebene Straße. Nein, er flog eher elegant darüber. Ich heftete mich an seinen Rücken, um ja den Anschluss nicht zu verlieren. Die Strecke kannte ich mittlerweile blind, jeder Laden, jeder Brunnen und jede Straße war mir vertraut, so häufig war ich hier bereits unterwegs gewesen. Gleich würden wir die Zwei-Kilometer-Marke erreichen, das eingestürzte Haus neben dem riesigen Mangobaum. Ich blickte auf die Uhr, Kongwa hatte heute wirklich Großes vor, wir waren noch keine neun Minuten unterwegs. Wir liefen weiter und bogen links ab auf die breite, einen Kilometer lange Straße, die früher als Landebahn genutzt worden war. Eine kerzengerade, sandige Buckelpiste. Hier war bereits die Hölle los, überall waren Menschen. Meine Beine fühlten sich noch überraschend gut an, und es war Zeit, das Tempo etwas zu erhöhen. Grinsend zog ich an Kongwa vorbei, aber das ließ sich die Rennmaschine natürlich nicht gefallen und schloss direkt wieder auf. Wir beide liebten diese kleinen Wettrennen, die uns zu Höchstleistungen anstachelten. Wir ballerten an den Obstständen vorbei und wichen gekonnt den aufgescheuchten Hühnern aus. Dann wurde Kongwas Schnaufen immer lauter, bis er langsamer wurde. Ich konnte es nicht fassen, das Rennen war gewonnen! Wir klatschten uns ab und mussten lachen.

Am späten Nachmittag kramte ich mein Tagebuch hervor und ließ die ersten vier Monate meiner Mission Revue passieren. Es war eine unglaubliche Zeit gewesen, vielleicht sollte ich ein Buch darüber schreiben. Viel hatte sich geändert, ich hatte mich geändert. Aus den vielen fremden Gesichtern waren Freunde und aus Papaya war ein Zuhause geworden. Die Namen meiner Mitarbeiter kannte ich schon längst in- und auswendig. Die unzähligen Sicherheitsregeln und Protokolle waren mir in Fleisch und Blut übergegangen. Und mittlerweile nutzte ich französische Wörter, von denen ich selbst überrascht war. Der Mensch ist ein Gewohnheitstier, und mit etwas Zeit gewöhnt man sich wirklich an fast alles. Auch an das nervige Funkgerät, an die Tatsache, dass man auf der Straße immer lange Hosen tragen musste, und auch daran, dass man als Weißer ständig im Fokus stand.

Und dennoch hatte sich die Situation grundlegend geändert. Im vergangenen November, als ich den Projektvorschlag erhalten hatte, war die Rede gewesen von einem langfristigen, ruhigen Entwicklungsprojekt – dem Krankenhausbau. Zudem hatte darin gestanden, dass es in den letzten Jahren keine schweren Sicherheitsprobleme gegeben habe und man alle drei Monate Urlaub machen könne. Auf dieser Grundlage hatten Katharina und ich die Entscheidung für mein Abenteuer bei MSF getroffen. Und wo standen wir heute? Wir befanden uns mitten in den hektischen Vorbereitungen für die

Corona-Intervention. Seit Anfang des Jahres hatte es zwei Entführungen gegeben, und die Grenzen waren dicht, sodass wir keinen Urlaub machen konnten. Wir wussten nicht einmal, wie die kommende Woche aussehen würde, alles änderte sich so schnell. Die Situation hatte sich um 180 Grad gedreht. Unter diesen Umständen würde ich auf gar keinen Fall bis zum Ende des Jahres bleiben. Zwölf Monate lang meine Frau nicht sehen? Das war keine Option, es war jetzt schon ätzend genug.

Aber sollte ich einfach in den nächsten Wochen zurückkehren und meine Mission vorzeitig beenden? Noch war zwar keiner der Expats aus Mango oder Papaya verfrüht nach Hause abgereist. Aber es war nur eine Frage der Zeit, bis das geschehen würde. Noor machte bereits Andeutungen, dass sie sich nicht mehr richtig wohlfühlte, und Ben schlief schlecht und war an manchen Tagen wie gerädert. Auch zu Hause war die Unsicherheit wegen Corona riesig; nicht wenige wollten zurück zu ihren Familien und zu ihren Kindern

Es klang so verführerisch, in den nächsten Wochen wieder bei Katharina zu sein. Aber auf der anderen Seite war ich ja in den Kongo gekommen, um zu helfen. Wäre es da nicht unpassend, genau jetzt das Handtuch zu werfen und nach Hause zu fliegen, wo unsere Hilfe benötigt wurde? Ich hatte noch ordentlich Energie und war gespannt, wie sich unsere Strategie entwickeln würde. Ich war Teil des Notfallteams und wollte mit aller Kraft mithelfen. Aber keine zwölf Monate am Stück ohne Pause. Warum nicht einfach auf Ende September verkürzen? Dann hätte ich jetzt schon fast Halbzeit und würde dennoch einiges miterleben. Ich musste unbedingt mit Katharina sprechen, was sie davon hielt. Aber noch bevor ich zum

Handy greifen konnte, kamen Noor, Rosy und Ben zu mir auf die Terrasse. Es sei Zeit für eine Runde *Sequence* und anschließend für eine *movie night!*

Anfangs war ich sehr skeptisch gewesen, ob dieser Urlaub in Papaya bei mir auch nur ansatzweise funktionieren würde. Urlaub, das bedeutete sonst einen Tapetenwechsel, Neues zu sehen und zu erleben, statt einfach nur stumpf zu Hause zu hocken und die Zeit totzuschlagen. Und doch musste ich zugeben, dass ich über die vergangenen Tage froh war. Es tat gut, mal durchatmen zu können und nichts auf dem Zettel zu haben. Nur telefonieren, lesen und joggen. Aber jetzt wurde es Zeit, wieder loszulegen. Ich war schon gespannt, wie es weitergehen würde.

High Society

»Robert, Bock auf ein kleines Abenteuer?« Seit ein paar Tagen war ich wieder zurück auf der Arbeit, und Ben kam grinsend auf mich zu. Natürlich kannte er meine Antwort. »Heute ist so eine Art Trauerfeier für die verstorbene Mutter des Bürgermeisters. MSF wurde eingeladen, und da müssen wir uns natürlich blicken lassen. Wenn du willst, kannst du Tabita und mich begleiten.«

Genau für Anlässe dieser Art hatte ich vorsorglich einen alten Anzug von zu Hause mitgenommen. Beim Vorbereitungskurs hatte man uns den Tipp gegeben, auch etwas Schickeres einzupacken, falls man mal zu einer Hochzeit oder anderen gesellschaftlichen Anlässen eingeladen werden sollte. Die

Mamas waren völlig aus dem Häuschen, als sie mich mal nicht mit verwaschenem MSF-Shirt und dreckigen Schuhen sahen, sondern im schicken Zwirn. »*Mon Dieu*«, riefen sie aufgeregt und zückten ihre Handys, um Bilder zu schießen. Kleider machen Leute – auch oder vielleicht gerade hier im Kongo.

Der Ort der Feier war sehr leicht zu finden, da sich schon eine große Menschenmenge vor dem Haus versammelt hatte. Nicht gerade Corona-konform, wenn man bedachte, dass Versammlungen von mehr als 20 Personen eigentlich verboten waren. Da es aber noch keinen einzigen bestätigten Fall in der Stadt gab, sah man das nicht allzu eng. Schon aus der Entfernung hörte man himmlische Stimmen. Ein Kinderchor sang in perfekter Harmonie und verzauberte die Anwesenden.

Dann winkte man uns zu, wir sollten in den Hinterhof. Dort wiesen ein paar junge Angestellte den Gästen anscheinend nach Wichtigkeit und Rang ihre Plätze zu. Alles hatte seine Ordnung. Ben, Tabita und ich saßen recht weit vorne auf den üblichen Plastikstühlen. Gespannt wartete ich, was hier noch passieren würde. Mein Blick ging durch die Menge. Ich kannte hier niemanden. Ben dagegen nickte vielen Leuten zu. Als Projektleiter hatte er wöchentliche Abstimmungsrunden mit Vertretern anderer NGOs wie dem Roten Kreuz, War Child und dem Norwegian Refugee Council. Und auch die Verantwortlichen der Polizei, des Militärs und des Gesundheitswesens waren vor Ort, quasi die High Society Barakas.

Das Ganze wurde natürlich wie immer höchst professionell von den FARDC gesichert. Überall wimmelte es von

Soldaten mit alten Kalaschnikows in den Händen und ein paar Handgranaten am Gürtel. Ich flüsterte Ben verschwörerisch ins Ohr: »Wir sind hier nicht sicher – die Jungs haben keine Panzerfaust dabei!« In diesem Moment standen alle auf: Der Bürgermeister war angekommen und lief an allen vorbei in einen kleinen Nebenraum hinein. Kurz darauf kam ein Platzanweiser auf uns zu, bat uns um Entschuldigung und platzierte uns in einer Sitzecke in einem erhöhten Bereich. Dem Bürgermeister waren unsere Plätze wohl nicht gut genug gewesen. Freudig begrüßte Ben die beiden Männer uns gegenüber und stellte sie mir vor. Es waren Dr. Albert, der Chef des lokalen Gesundheitswesens, und Dr. Joseph, der Krankenhausdirektor. Dr. Albert war schlank, vermutlich um die vierzig Jahre alt, hatte einen energischen Blick und wirkte energiegeladen. Dr. Joseph war etwas älter und strahlte eine Gelassenheit aus, die schon fast an Langeweile erinnerte. Die Jahre im Krankenhaus hatten ihm wohl ein dickes Fell verschafft. Ich wollte mir gar nicht vorstellen, was er in seiner Dienstzeit schon alles erlebt haben musste.

Dann ging es los mit einer nicht enden wollenden Masse an Reden. Die Kongolesen schienen Reden zu lieben, jeder wollte etwas sagen. Und je blumiger, theatralischer und ausschweifender desto besser. Ich versuchte freundlich zuzuhören, aber spätestens nach der fünften Rede gab ich auf.

Irgendwann hatten wir es geschafft, die Reden waren vorüber, und große Töpfe mit Reis und Fufu wurden hereingetragen. Bier gab es auch noch! Bier auf einer Trauerfeier? Oder war das eher ein Leichenschmaus? Tabita erklärte es mir. In dieser Region gab es feste Zyklen, die durchlaufen wurden, wenn jemand in der Familie starb. Nach dem Ablauf einer festgelegten Anzahl von Tagen und dem Abschließen mehrerer traditioneller Anlässe wie Trauerfeier und Bestattung wurde die Trauer für beendet erklärt, man durfte sich wieder freuen – und Bier trinken. Und da waren wir heute.

Nun wurden Ben und ich zum Bürgermeister gebeten, rechts und links neben ihm standen bereits freie Plastikstühle für uns bereit. Er wurde mir als Jacques vorgestellt. Wir drückten unser Beileid aus und betonten, wie sehr wir die gute Zusammenarbeit schätzen. In der Tat hatte er in der Vergangenheit stets die Interessen von MSF unterstützt und uns keine Steine in den Weg gelegt. War die Bevölkerung zufrieden mit ihm? Machte er einen guten Job? Sein politisches Geschick und seinen Gestaltungswillen konnte ich nicht bewerten, und auch wenn das Land explizit Demokratische Republik Kongo hieß, war der Bürgermeister nicht gewählt, sondern eingesetzt. Aber heute war nicht der Tag, um über Politik zu reden. Und auch sonst nicht, denn wir waren als Organisation neutral und fokussierten uns auf unsere medizinischen Aufgaben. Recht schnell wurde das Thema gewechselt und über die Qualität der hiesigen Biermarken diskutiert. Jacques vermisste das Budweiser, das er in seiner Zeit in den Vereinigten Staaten gerne getrunken hatte.

Als das Funkgerät wiederholt nach mir rief, ging ich kurz nach draußen und sprach ein paar Takte mit Francois. Und da sah ich auch endlich einen Soldaten mit geschulterter Panzerfaust. Alles unter Kontrolle.

Drachensteigen

Das saftige, wilde Grün des Kongos wurde in eine dicke Staubschicht gehüllt. Es wirkte so, als hätte jedes Blatt etwas von seiner fantastischen Strahlkraft eingebüßt. Die Trockenzeit war gekommen, und die reinwaschenden Regenfälle wurden immer seltener. Pflanzen wuchsen weniger schnell, und die Sonne brannte junge Keimlinge erbarmungslos nieder. Der Staub war überall, klebte in jeder Ritze, verfing sich in den Haaren und landete schließlich in der Lunge. Die Menschen husteten.

Und mit der Trockenzeit kam auch der Wind. Auf dem Weg zum Krankenhaus sah ich sie erstmals. Kinder standen auf dem weitläufigen Fußballfeld und starrten gebannt in den Himmel. Ihre Augen folgten einer dünnen Angelschnur, die sich weit emporhob. Sie ließen einen Drachen steigen. Da es keine Tante-Emma-Läden gab, hatten sie selbst Hand anlegen und kreativ werden müssen: Alte Plastikfetzen, dünne Stöckchen und Vogelknochen waren die Baumaterialien. Die zerbrechliche Konstruktion stieg höher und höher, und die Kinder glucksten und lachten. Sie waren Ingenieure und hatten es mit ihrer Kunst geschafft, den Wind zu bändigen. Aber der Wind wurde stärker und kraftvoller. Und nach einem ungleichen Kampf zerriss es den Drachen, und der Müll fiel vom Himmel.

Die Folgen der Pandemie in Kombination mit den Entführungen ließen uns alle auf dem Zahnfleisch gehen. Kein Urlaub, keine neuen Kollegen, hohe Arbeitsbelastung und die Unsicherheit, wie es weitergehen würde – eine explosive Mischung.

Und doch schafften wir es, dass die Stimmung gut blieb. Niemand wurde laut oder ungewöhnlich launisch. Stattdessen versuchten wir, aufeinander achtzugeben, keinen zusätzlichen Druck aufzubauen und Verständnis zu zeigen. Es gab niemanden, der die Peitsche schwang. Vielmehr mussten wir manche Kollegen bremsen und sie schon fast zu Pausen zwingen.

Jeder hat andere Mechanismen, um mit anspruchsvollen Zeiten umzugehen. Ich versuchte mir und anderen Freiräume zu schaffen, um den Kopf freizukriegen und auf andere Gedanken zu kommen. Wir gingen joggen, machten Lagerfeuer in Cent Lits, schwammen sonntags im See, spielten Ukulele und kochten gemeinsam.

Doch für jeden war es eine enorm anspruchsvolle Zeit. Und schlussendlich hatte jeder sich selbst gegenüber eine Verantwortung. Schweren Herzens teilte Noor uns mit, dass sie für sich die Entscheidung getroffen hatte, nach Hause zu gehen. Ihr war anzusehen, dass sie es sich nicht leicht gemacht hatte, aber für sie war es an der Zeit, die Reißleine zu ziehen. Unsere eingeschworene Crew bekam nun erste große Risse. Mit Noor war es immer lustig gewesen. Erst letztens hatte sie völlig aus dem Nichts »Backpfeifengesicht« zu mir gesagt – auf Deutsch! Ich hatte sofort laut losprusten müssen. Es war eines der wenigen deutschen Wörter, die sie kannte. Sie würde mir fehlen.

Auch Ben war nicht mehr der Alte. Er lachte nicht mehr so laut wie sonst, ging früher in sein Zimmer und machte weniger Quatsch mit den nationalen Mitarbeitern. Vor ein paar Tagen, als wir zu weit gelaufen waren, war uns ein Junge hinterhergerannt und hatte permanent »Corona, Corona« gerufen. Nervig, aber leider alltäglich. Ben hatte es aber gereicht und er hatte auf den Jungen gezeigt und laut »Ebola, Ebola« gerufen. Er war einfach genervt. Ich hoffte, dass nicht auch er seine Mission verkürzen würde. Denn ohne Ben wäre ich aufgeschmissen. Er kannte die Prozesse und wusste, was zu tun ist. Er war derjenige, der die Entscheidungen fällte.

Noch harmonierten die Expats als eingespieltes Team. Doch was, wenn der Wind weiter auffrischen würde? Wären wir standhaft genug? Wie viele Risse konnte unser Team vertragen? Oder würde es uns irgendwann ebenso zerreißen wie den selbst gebastelten Drachen?

Der erste Verdachtsfall

Mein Telefon klingelte, es war Clare. Wenn sie sich nicht per Funk, sondern per Handy bei mir meldete, musste es etwas Vertrauliches und damit Wichtiges sein. »Wir haben hier im Krankenhaus ein junges Mädchen mit Corona-Symptomen. Sie kommt aus Bukavu, also aus einem Hotspot. Wir haben sie in einem Zimmer isoliert. Ich brauche dringend eine zusätzliche Pflegekraft.«

War das Patient null? War die Pandemiewelle nun nach Baraka geschwappt und würde auch hier ihre zerstörerische Kraft entfalten? Schnell griff ich zur Liste von Pflegekräften, die wir ausgewählt und in den letzten Wochen geschult hatten. Sie standen auf Abruf bereit. Der Erste in der Liste ging sofort ans Telefon und versprach, in 20 Minuten am Krankenhaus zu sein. Ben versuchte parallel dazu, endlich grünes Licht zu bekommen, damit wir das Corona-Zentrum bauen konnten. Auch wenn das

Mädchen in einem Zimmer im Krankenhaus isoliert war, die Situation war alles andere als ideal. Was, wenn sich die anderen Patienten ansteckten? Alle würden einen großen Bogen um das Krankenhaus machen. Damit würde das fragile Gesundheitssystem mit einem lauten Krachen in sich zusammenstürzen.

Es war zum Verzweifeln, wie träge die Behörden waren. Ben steckte in einem Meeting nach dem anderen, aber ohne Erfolg. Er war zunehmend genervt von der Situation. Wir wollten doch eigentlich ein Krankenhaus bauen, und nun mussten wir darum betteln, eine Schule umbauen zu dürfen, um der Bevölkerung zu helfen. Das war irgendwie paradox. Wir standen in den Startlöchern, aber niemand wollte den Startschuss geben. Es war zum Verzweifeln.

Ein paar Stunden später kursierten auf WhatsApp Bilder des kleinen Mädchens und seiner Mutter. Es wurde zur Gewalt aufgerufen, sie hätten das böse Virus und seien vielleicht sogar Hexen. Mir lief es kalt den Rücken runter. Zu gut erinnerte ich mich an das Sicherheitsupdate von vor ein paar Wochen. Man musste solche Nachrichten ernst nehmen. Spinner gab es überall, das hatten wir mittlerweile erfahren müssen.

Wie so häufig mussten wir lernen, mit diesem unfassbaren Spannungsfeld zu leben. Wir hatten alles getan, was getan werden konnte, und mussten uns gedulden. »Dinge, die man nicht ändern kann, gelassen nehmen!« Das kann man in jedem Sprüchekalender lesen. Aber hier war jeder Tag mittlerweile eine Charakterprüfung. Der allgegenwärtige Kontrast.

Es war wieder Freitagabend und damit Zeit für Pingpong! Allerdings sah die Tischtennisplatte von Tag zu Tag mitgenommener aus. Die schweren Holzbohlen begannen zu trocken und zogen sich leicht zusammen. Was blieb, waren kraterähnliche Spalten, die sich durch die Oberfläche zogen. Nicht gerade ideal für eine Tischtennisplatte, deren Hauptaufgabe darin bestand, möglichst eben zu sein. Aber anstatt uns zu ärgern, hatte Rosy die perfekte Idee und führte die Papaya House Rules ein: Wenn der Ball wegen des unebenen Tisches auf der eigenen Seite so versprang, dass man ihn nicht bekommen konnte, bekam der Gegner nicht nur einen Punkt, sondern zwei. Die Spalten machten also alles nur noch schlimmer. Und man musste dabei laut »*taaaaable*« rufen. Die Papaya House Rules hoben das Spiel auf ein ganz neues Level.

Beim Aufstehen am Sonntag merkte ich den starken Wind. Er zerrte mit aller Kraft am klapprigen Wellblechdach über der Wasserpumpe, zerzauste die großen Palmenblätter und wirbelte den Staub der Straßen durch die Luft. Auf dem sonst so glatten See türmten sich hohe Wellen auf. Die sonntäglichen Urlaubsstunden auf dem See konnten wir heute getrost vergessen.

Beim Frühstück verkündete Ben die Neuigkeiten: Der Startschuss war gefallen, wir bekamen die Schule. Wir wollten so schnell wie möglich anfangen. Ich rief Akas an und fragte ihn, wann er beim Institut Mwenge sein konnte. In 20 Minuten, war die Antwort. Dass es Sonntag war, war kein Thema. Wenn man gebraucht wird, kommt man eben. So einfach war das. Nach ein paar weiteren Telefonaten hatte ich zehn Tagelöhner erreicht, die auch sofort loslegen würden. Die staubigen Tische wurden aus den Klassensälen geräumt, der Vogeldreck weggeschrubbt und der zerbröselte Betonfußboden geputzt. Ein kleiner Auftakt für die Arbeiten, die uns in den nächsten Tagen bevorstanden.

Wir hatten viel auf dem Plan: Entwässerungsgräben ziehen, eine Wasserleitung vom Krankenhaus zur Schule verlegen, uns um die Stromversorgung kümmern, Mauerwerk verstärken, Fliegengitter bauen, Malerarbeiten vorantreiben und noch vieles mehr. In der alten Schule wimmelte es nur so von Leuten, wir waren auf einer richtigen Baustelle.

Jeden Tag gingen wir die Prioritäten durch und stimmten uns ab, was wir heute tun würden. Längst ging nicht alles glatt, man musste lernen, schon mit 80 Prozent zufrieden zu sein. Lieber heute eine gute Lösung, als morgen eine perfekte. Es machte Laune, denn man sah abends direkt, was man geschafft hatte. Manches schockierte mich auch. Die 70 Zentimeter tiefen und teils mehr als 80 Meter langen Entwässerungsgräben waren binnen weniger Tage fertiggestellt: nichts Kompliziertes, einfach nur lange, keilförmige Rinnen, die zuverlässig das Wasser davon abhalten würden, die Klassenzimmer und zukünftigen Krankenzimmer zu verunstalten. Keine Verkleidung mit Beton, nur schwere Handarbeit. Ich konnte mir einfach nicht erklären, warum nicht schon vorher jemand diese Arbeit erledigt hatte. Eine simple Lösung um zu vermeiden, dass die Klassenzimmer regelmäßig unter Wasser standen.

Ben sah man fast nie auf der Baustelle, obwohl er liebend gerne bei den logistischen Arbeiten geholfen hätte. Er musste sich zu dieser Zeit nahezu ausschließlich mit Tabita um das Thema Kommunikation kümmern und hatte unzählige Termine. *Meetings without borders.* Wir hatten bereits bei mehreren Radiostationen Sendezeit gebucht, um in Absprache mit dem lokalen Gesundheitswesen klare Botschaften zu senden. Was ist das Coronavirus? Wie gefährlich ist es? Und was würden wir tun, um die Menschen zu schützen. Doch natürlich kochte die Gerüchteküche. Die Leute hier liebten Geschichten. Und zu Hause war es nicht anders: Corona-Leugner und Verschwörungstheoretiker gingen auf die Straßen und stemmten sich mit aller Kraft gegen die Maskenpflicht und vermuteten Bill Gates als treibende Kraft hinter der Pandemie.

In Baraka hielt sich hartnäckig das Gerücht, dass MSF die Menschen als Versuchskaninchen benutzen wollte, um einen neuen Impfstoff zu testen. Andere vermuteten, MSF hätte das Virus absichtlich eingeschleppt, um zusätzliche Geldspenden abzustauben und sich selbst zu bereichern. Dass MSF seit über 16 Jahren in Baraka war und seitdem unzähligen Menschen geholfen hatte, wurde dabei schnell übersehen. Das war sehr frustrierend, gerade für Ben, der sich jeden Tag damit rumschlagen musste. Christophe, der Schuldirektor, teilte uns mit, er habe bereits persönliche Drohungen erhalten, dass man kein Corona-Zentrum im Institut Mwenge habe wolle.

Der Zustand des kleinen Mädchens verschlechterte sich leider deutlich. Sie war nicht transportfähig, und wir wollten es tunlichst vermeiden, dass die erste Patientin des Corona-Zentrums im Leichensack hinausgetragen werden musste. Das hätte die Gerüchte nur weiter angefacht. Also würde sie vorerst im Krankenhaus bleiben. Und wir würden mit unseren Arbeiten weitermachen.

Gegen Ende der Woche wurde es spannend, wir wollten die Stromleitung verlegen. Ben und Francois hatten bereits hinter den Latrinen den Schaltkasten vorbereitet und die Batterien für die Notbeleuchtung installiert. Um zu vermeiden, dass wir einen Generator im Corona-Zentrum betreiben mussten, hatte Francois eine super Idee: Das große MSF-Warenlager war nur einen Steinwurf entfernt und hatte zwei große Generatoren. Wir könnten ein 35 Meter langes Kabel über den Markt spannen und somit vermeiden, dass wir einen schweren Generator herumkutschieren müssten. Für die Wartung und das Betanken wäre es auch deutlich einfacher. Also bestand unsere Aufgabe darin, eine riesige Affenschaukel über den geschäftigen Markt zu spannen. Aus langen Brettern bauten wir stabile Masten, die die schweren Kabel halten würden. Parallel dazu hatte Jackson mit seinem Team die Erde zwischen Krankenhaus und Schule aufgerissen und eine 200 Meter lange Wasserleitung verlegt. Zur Unterstützung hatten wir Cesar, einen jungen neuen Mitarbeiter, eingestellt. Er sollte dafür sorgen, dass die Hygienestandards eingehalten werden.

Am Tor der Schule wurde man nun von neu eingestellten und geschulten Wärtern freundlich begrüßt. Das hohe Gras war gestutzt, und in vier von zehn Räumen war frische Farbe an den Wänden. Es gab Steckdosen und Deckenbeleuchtung, einen Wasserhahn und ein erstes Wegekonzept. Die erste Phase war erfolgreich abgeschlossen, wir hatten Kapazitäten für zehn Betten geschaffen. Ich war unfassbar stolz auf unser Team. Alle hatten an einem Strang gezogen und in Windeseile ein Notfallzentrum aus dem Boden gestampft. Die marode Schule von vor ein paar Wochen war nicht mehr wiederzuerkennen. Abhängig davon, wie sich die Situation weiterentwickelte, würden wir uns im nächsten

Schritt um die Verbesserung der sanitären Einrichtungen kümmern und Küchen, Waschmöglichkeiten, Umkleideräume für das Personal sowie eine Apotheke bauen. Ganz zum Schluss würden wir die restlichen Räume fertig machen.

Mein Handy klingelte, es war wieder Clare. »Das kleine Mädchen hat es leider nicht geschafft. Es ist heute früh verstorben.« Auch wenn ich das Mädchen nie gesehen hatte und nicht einmal seinen Namen kannte, tat es mir doch weh. An Corona war es allerdings nicht gestorben, zumindest wenn man dem Testergebnis glauben durfte, dessen Aussagekraft recht zweifelhaft blieb: Die Probenentnahme und Verpackung waren noch nach vernünftigen medizinischen Standards abgelaufen, doch dann war die Probe mit unserer wöchentlichen Flugverbindung nach Bukavu und von dort in das 1.500 Kilometer entfernte Kinshasa zu einem staatlichen Labor gesendet worden. Mit anderen Worten: Wir hatten die Probe in ein schwarzes Loch geschmissen. Wie lange die Probe unterwegs gewesen und ob sie nach dieser Zeitspanne überhaupt noch zu gebrauchen war, konnte niemand sagen. Aber uns blieb nichts anderes übrig, als das Ergebnis zu akzeptieren. Immerhin sollte bald in Bukavu ein neues Labor qualifiziert werden.

Auch wenn es nur ein Fehlalarm war, die Pandemie kam näher.

Die Familie bricht auseinander

Nach einem Meeting wollte Ben noch kurz mit mir reden. Er hatte tiefe Ringe unter den Augen und gähnte, vermutlich hatte er wieder kaum geschlafen. Ich konnte mir schon denken, was jetzt kommen würde. Wir wohnten und arbeiteten zusammen, da konnte man keine großen Dinge verstecken. Und doch hatte ich ein mulmiges Gefühl im Bauch, als er die nächsten Sätze sprach. »Robert, es ist leider Zeit für mich, nach Hause zu gehen.« Er fühle sich leer und kraftlos und wisse, dass er in ein paar Wochen überhaupt keine Kraft mehr hätte, wenn er so weitermachte wie bisher.

Jeder hatte seine Gründe und musste seine eigenen Entscheidungen fällen. *Change it, love it or leave it.* Ben hatte sich für letzteres entschieden, und ich respektierte das zu hundert Prozent. Aber Ben würde eine klaffende Lücke hinterlassen. Wir lebten zusammen wie in einer WG, gingen morgens zusammen laufen, arbeiteten den ganzen Tag zusammen, aßen gemeinsam Mittag und spielten abends *Sequence,* Tischtennis oder trainierten mit unseren selbst gebastelten Hanteln. Der Alltag machte einfach Laune mit Ben, wir waren richtig gute Freunde geworden, und jetzt war die Zeit auf einmal vorbei. Mit seiner lockeren Art, der Hängematte und dem braunen chilenischen Hut hatte er immer für gute Stimmung gesorgt.

Auf der Arbeit konnte man Ben nichts vormachen. Er hatte lauter gute Ideen parat und wusste überall einen Ausweg. Wenn ich eine Frage hatte, wusste Ben die Antwort. Er hatte die Gesamtverantwortung für die Corona-Intervention, saß in all diesen Abstimmungsmeetings mit dem Bürgermeister, Dr. Joseph und Dr. Albert und vertrat offiziell MSF. Wer sollte Ben ersetzen? Die Coordination würde wegen der Pandemie wohl kaum passenden Ersatz aus dem Hut zaubern können, die Grenzen waren immer noch geschlossen. Und der Einzige, der das Projekt einigermaßen kannte, war ich. Wilde Zeiten standen bevor ...

Vor Bens Abreise hatten wir noch ein letztes Wochenende. Auf dem See war es herrlich. Kräfte tanken ganz weit weg von allem. Kontrolliertes Nichtstun. Die Ukulele hallte noch nach, genau wie das schallende Lachen, als wir von Bord sprangen und versuchten, in der Luft eine Frisbee zu fangen.

Jetzt stand das gemeinsame Kochen mit den Expats in Mango auf dem Plan. Ich liebte diese Abende, wo alle zusammen in der Küche standen, tanzten, sangen und lachten. An diesem Abend sollte es etwas Besonderes geben. Rosy hatte extra ihre Tante in Taiwan angerufen, um sich nach dem Rezept für chinesische Teigtaschen zu erkundigen. Gemeinsam schnippelten wir die Zutaten für die Füllung und bereiteten den Teig vor. Dann begann erst so richtig die Arbeit. Alle saßen um den Tisch in der Küche, wobei die einen aus dem Teig kleine, kreisrunde Fladen rollten und die anderen die Füllung auf den Fladen gaben und ihn geschickt hin und her drückten, sodass eine geschlossene Tasche entstand. Für letzteres war ich absolut ungeeignet – dafür brachte ich immerhin passable Fladen zustande.

Wir arbeiteten Hand in Hand, wie eine perfekt eingestellte Maschine. Die vergangenen Monate hatten uns zusammengeschweißt. In dieser unglaublichen Zeit hatten wir es geschafft, füreinander da zu sein und einander zu unterstützen, wo es nur ging. In dieser stürmischen Zeit musste man sich Halt geben. Ein Resultat konnte man an diesem Abend sehen: Wir standen um den Tisch und konnten blind zusammenarbeiten.

Wir waren schnell und effektiv und hatten vor allem großen Spaß dabei.

Normalerweise aßen wir immer draußen an der großen Tafel unter dem riesigen Sonnensegel, aber an diesem Abend kam es anders. Rosy stellte die erste Runde dampfender Dumplings auf den Küchentisch, und wir Fließbandarbeiter aßen sofort die Schüssel leer! Taiwanesische Dumplings im Osten des Kongos, zubereitet von Menschen aus Kanada, UK, Guinea, Deutschland, Kenia, Italien und Kamerun. Hautfarben und menschengemachte Grenzen spielten hier überhaupt keine Rolle. Dann wurde die zweite Ladung auf den Tisch gestellt und ebenso schnell wieder verputzt. Das wiederholte sich so lange, bis alle pappsatt waren.

Und doch mischte sich ein fader Beigeschmack dazu. Ben und auch Clare würden in den nächsten Tagen abreisen. Zwei Familienmitglieder weniger.

Abschied

Müde standen wir in Mango im großen Hof und umringten den Geländewagen. Ben wuchtete Koffer und Reisetaschen hinein, und Clare machte ein letztes Abschiedsbild.

Es war eine kurze Nacht gewesen. Ben hatte keine Abschiedsparty gewollt, aber das Papaya-Team war da anderer Meinung gewesen: Wenn der Chef nach Hause geht, muss es eine Feier geben. Ende der Diskussion. Und so waren ein paar Kästen Bier und Limo gekauft, eine Ziege geschlachtet und die Musikbox aufgestellt worden. Das Team hatte Ben sogar ein knallbuntes traditionelles Hemd schneidern lassen. Wieder hatte der Bass durch unsere Base gewummert, das Blut pulsiert, und alle hatten wie in Ekstase getanzt – das kongolesische Allheilmittel. Und wieder war ich vom Zauber eingelullt gewesen, den Menschen versprühen, die sich leichtfüßig und schwerelos zur Musik bewegen, klatschen und lachen. Ein lautes Klopfen auf das Mikrofon hatte das Vergnügen beendet. Wie auf jeder guten Party mussten natürlich mindestens drei, vier Reden gehalten werden. Jetzt am nächsten Morgen hallten mir Tabitas theatralische Worte nach: »Wenn der Vater auszieht, sind die Kinder traurig.«

Der Wagen war gepackt, und das Boot Amani wartete bereits am Strand, um Ben und Clare nach Uvira zu bringen. Wir mussten uns verabschieden. Rosy konnte die Tränen nicht zurückhalten, und auch Ben hatte glasige Augen. Wir lagen uns in den Armen. Schnell steckte ich Clare noch einen Brief zu. Ich hatte Katharina einige liebe Zeilen geschrieben, und Clare hatte versprochen, ihn in England einzuwerfen. Ein kleiner Gruß aus dem Kongo. Es war nicht viel, aber ich hoffte, dass meine Frau sich über meine krakelige Handschrift freuen würde. Einen anderen Weg der Zustellung gab es nicht, denn in Baraka gab es kein funktionierendes Postsystem. Dann stiegen die beiden in den Geländewagen, winkten, rollten aus dem Tor und waren auf einmal weg. Wann wir uns wohl wiedersehen würden?

Nach einem langen Arbeitstag saß ich abends allein auf meiner Terrasse, vor mir das schwarze Notizbuch. Ich war melancholisch, irgendwie war eine Ära zu Ende gegangen. Erst hatte

Noor den Heimweg angetreten, nun waren auch Ben und Clare weg. Unsere kleine, eingespielte Crew, die so häufig an den Wochenenden zusammenhing, war nun nur noch ein kleines Überbleibsel aus Abu, Rosy und mir. Es fühlte sich so an, als wären die guten Zeiten vorbei.

Ich blätterte durch die Aufzeichnungen, und es fiel mir immer schwerer, den Sätzen Glauben zu schenken, die ich dort hineingeschrieben hatte: Krankenhausbau gestoppt, Grenzen geschlossen, Urlaub abgesagt, Katharina nicht gesehen, im Krisenteam einer Entführung Blut und Wasser geschwitzt – die Liste wirkte vollkommen überdreht und überzeichnet. Aber die Menschen an meiner Seite hatten alles erträglich gemacht, für Ablenkung gesorgt und alles in einem anderen Licht erscheinen lassen.

Anfang des Jahres war ich vollkommen überfordert im Kongo gestrandet, hatte mich dann aber gefangen und eingelebt. Jetzt sollte ich die Verantwortung für Papaya übernehmen und ein medizinisches Notfallprojekt leiten. Es hatte lange Gespräche über Bens Nachfolge gegeben, und schlussendlich hatte ich zugestimmt. Wie das genau funktionieren sollte, konnte ich mir beim besten Willen nicht vorstellen. Zusätzlich zu meinem Job auch noch Bens Aufgaben zu übernehmen schien der blanke Wahnsinn zu sein. Aber es musste ja irgendwie weitergehen. *Pole pole.*

Die einzige Konstante meiner Mission war die stetige Veränderung. Es fehlte nur noch, dass man mich fragte, ob ich nicht auch mal ein paar Kaiserschnitte durchführen könnte ...

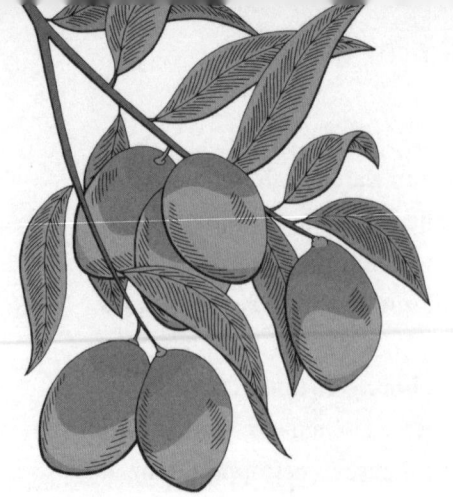

· 3 ·

ANFANG JUNI BIS MITTE AUGUST 2020

LEAVE IT

Alles neu – wieder einmal

Mit viel Verspätung kamen wir endlich in Papaya an, und ich war am Verdursten. Auf der Suche nach kühlem Wasser stürmte ich auf den Kühlschrank zu, fand die riesige Flasche und pumpte das kühle Nass gierig in mich hinein. Was für eine Erlösung! Es war wie immer unfassbar heiß gewesen in Malinde, und ich Held hatte meine Wasserflasche vergessen. Dann war und war der Flieger nicht gekommen. Eigentlich war das Routing Bukavu–Kimbi–Malinde–Bukavu geplant gewesen, aber Planung im Kongo war ja immer so eine Sache. Ein Buschfeuer nahe der Piste in Kimbi hatte viel Rauch aufgewirbelt und eine Landung unmöglich gemacht. Der ganze Zeitplan war komplett durcheinandergeworfen. Also alles wie immer. Mal war es der starke Wind, mal eine Rinderherde, eine gesperrte Brücke oder wie heute der Buschbrand. Der Rückweg hatte dann auch deutlich länger gedauert. Ein völlig durchgerosteter Minivan blockierte die Straße. Der Fahrer hatte wohl herausfinden wollen, ob die Holperstrecke auch ohne Allradantrieb zu bewältigen wäre. Dem war nicht so. Und so steckte er im Flussbett, das sich frech seinen Weg quer durch die Straße gebahnt hatte, und kam nicht vor und nicht zurück. Also spielten wir Abschleppdienst, und Rhino zog mühelos die alte Blechdose aus dem Schlamm.

Ich würde diese Tage in Malinde vermissen. Heute war mein letzter Flugtag, in Zukunft würde ein Kollege aus Mango meine Rolle als Flugkoordinator übernehmen und mich entlasten. Das war bitter nötig, denn seit Ben vor ein paar Tagen abgereist war, hatte sich mein Alltag total verändert. Die ersten Tage waren brutal gewesen. Ich hatte nicht nur seinen Job übernehmen, sondern gleichzeitig auch meinen alten weiterführen müssen. Eigentlich hätte ich mich halbieren müssen, um allen Rollen gerecht zu werden. Ich hatte keine Ahnung, wie ich das hinbekommen sollte. Aber viele Alternativen gab es nicht. Meine ursprüngliche *job description* hatte nicht mehr im Entferntesten mit meinem tatsächlichen Aufgabenbereich zu tun. Die neu gewonnene Verantwortung machte sich in erster Linie an meinem Funkgerät bemerkbar. Es rief ständig meinen Namen. Jeder wollte etwas von mir. Ich drohte in dem Strudel an Informationen unterzugehen, der unaufhörlich auf mich einprasselte. Ich hechtete von einem Meeting ins nächste. Es war wieder alles neu.

Das kühle Wasser, das ich in der Küche in mich reinschüttete, tat gut. Ich blickte auf die Uhr: Es war gleich 17 Uhr, und meine kongolesischen Mitarbeiter würden den Heimweg antreten. Riesige Mengen an duftendem Essen standen bereits verlockend auf dem Tisch und ließen mir das Wasser im Mund zusammenlaufen. Clementine hatte es wirklich gut gemeint, aber wer sollte das alles essen? Ich würde nur noch kurz an den Schreibtisch gehen, um zu arbeiten, und mich dann über das Essen hermachen.

Gestern hatten wir die wöchentliche Abstimmungsrunde mit den Kollegen aus Bukavu gehabt, und es hatte schockierende Neuigkeiten aus der Provinzhauptstadt gegeben. Berichten zufolge hatte ein Polizist einen Taxifahrer erschossen, weil dieser verbotenerweise ohne Maske unterwegs war. Als verquere Antwort auf das brutale Durchgreifen der Polizei schob sich ein wütender Mob durch die Straßen und griff ein

Isolationszentrum für potenzielle Corona-Patienten an. Mit Fackeln versuchte man, das Gebäude in Flammen zu stecken. Die Stimmung in Süd-Kivu wurde explosiver. Es fing an zu brodeln und zu kochen. Würde diese Stimmung auch nach Baraka schwappen? Noch gab es keinen laborbestätigten Fall, und auch im Krankenhaus gab es kein erhöhtes Aufkommen von Patienten mit Fieber und Husten.

Ich klickte auf unsere Kommunikationsstrategie, in der ich ein paar Änderungen vornehmen wollte, als mein Handy klingelte. Es war Mamadou, der in seinem typisch lässigen Ton fragte:»Kann ich den ersten Patienten zu dir ins Corona-Zentrum schicken? Wir haben einen neuen Verdachtsfall im Krankenhaus.«

Das konnte doch nicht wahr sein! Da war Ben erst ein paar Tage weg, und jetzt ging es richtig los. Wie hätte es auch anders sein sollen? Theoretisch waren wir bereit. Es gab Betten, Strom, Toiletten, fließendes Wasser, Medikamente, Moskitonetze und Sauerstoffgeräte, allerdings nur die kleinen für Kinder. Erst gestern hatte ich mit dem Team den Ernstfall geprobt, um zu testen, wo wir noch Lücken im Prozess hätten. Jetzt war die Schonfrist vorbei. Das dampfende Abendessen würde noch etwas warten müssen. Mit Rhino düste ich schnell zum Corona-Zentrum und telefonierte mit dem Team und Dr. Joseph. Ich wollte sicherstellen, dass alles funktionierte.

Das Pflegepersonal kam, zog sich die Schutzausrüstung an und bereitete gemäß Protokoll die Räumlichkeiten vor. Der gestrige Trockenlauf hatte sich mehr als gelohnt, auf wundersame Art und Weise lief es wie am Schnürchen. Wir waren bereit für den ersten Patienten. Ganz unspektakulär kam ein fünfzigjähriger Mann im Trikot des FC Barcelona im Corona-Zentrum an. Er machte einen passablen Eindruck und war immerhin in der Lage, aus eigener Kraft zu gehen. Hoffentlich blieb es dabei. Es wäre kein gutes Zeichen für die Bevölkerung, wenn der erste Patient das Zentrum in der Horizontalen verlässt. Das würde nur weiter die Gerüchte befeuern, dass wir die Menschen als Versuchskaninchen für eilig zusammengepanschte Impfcocktails missbrauchten.

Aus sicherer Entfernung konnte ich einen Blick auf ihn werfen. Ich fühlte mich seltsam verantwortlich für diesen Mann. Er hatte sich uns anvertraut und eingewilligt, sich von uns behandeln zu lassen. Hatte er Angst vor der Krankheit? Sorgte er sich, dass sein Bild auch demnächst per WhatsApp verschickt und zur Gewalt gegen ihn aufgerufen wurde? Würde seine Familie ihn verstoßen? Ich konnte es nicht sagen, sein Gesicht zeigte keinerlei Regung. Mittlerweile war der Himmel pechschwarz, aber die Scheinwerfer funktionierten tadellos und tauchten das Zentrum in einen hellen Schein. Ich sprach kurz mit den Wärtern und erinnerte sie, dass sie mich direkt anfunken sollten, wenn der Strom ausfiel oder sonst etwas Merkwürdiges passieren würde. Auf dem Rückweg nach Papaya musste ich an die Berichte aus Bukavu denken. Die Bilder des tobenden, fackelschwenkenden Mobs wollten mir nicht aus dem Kopf gehen.

Als ich wenige Minuten später mit knurrendem Magen das Wohnzimmer betrat und ich mich auf das köstliche Essen freute, sah ich, dass bereits zwei Leute am Esstisch saßen und genüsslich aßen. Im ersten Moment war ich total überrascht, aber da fiel es mir wieder ein. Das waren Jan und Maria. Zwei

Expats aus Kimbi, die hier in Hotel Papaya ein paar Urlaubstage verbrachten. Ich hatte total vergessen, dass wir Besuch hatten! Deswegen auch das viele Essen. Was für eine willkommene Abwechslung: neue Gesichter mit neuen Geschichten. Spätestens als wir Pingpong spielten, natürlich gemäß den Papaya House Rules, waren alle Gedanken an die Pandemie und die Sicherheitslage wie weggeblasen. Abu und Rosy kamen ebenfalls rüber nach Papaya, um den Besuch willkommen zu heißen, und so saßen wir auf der Terrasse und genossen die Gesellschaft. Sie war genauso wohltuend und erfrischend, wie das kühle Wasser nach dem heißen Tag in Malinde.

Die Pandemie ist da

Als die Kollegen aus Kimbi abreisten, stand ich vor einer bizarren Situation. Auf einmal war ich der einzige permanente Bewohner in Papaya! Eine komplette Base nur für mich, wenn man vom Personal mal absah. Es war wirklich absurd und machte sehr deutlich klar, dass das Neubauprojekt wirklich auf Eis lag. Eigentlich hätte es hier von Ingenieuren und Architekten wimmeln sollen, aber es war gähnende Leere in Papaya. Da gemäß Protokoll kein Expat allein wohnen darf, bekam ich einen Babysitter: Rosy zog in Bens altes Zimmer. Wir verstanden uns super, gingen gemeinsam joggen und spielten häufig zusammen Ukulele. Wir würden eine gute Zeit haben.

Als nächstes sorgte ich dafür, dass Tabita zu Nelson, Aka und mir ins Büro zog. Sie hatte Ben als Assistentin hauptsächlich in Kommunikationsthemen unterstützt und mit ihm im Büro im ersten Stock gesessen. Die kommenden Wochen würden sehr ungewiss werden. Und da wir die Situation nicht oder kaum kontrollieren konnten, wollte ich sicherstellen, dass wir als Team gut zusammenarbeiteten und in der Lage wären, uns schnell anzupassen. Wir alle müssten in den nächsten Wochen viel Neues lernen und Aufgaben übernehmen, die uns noch unbekannt waren. Wieder einmal die Komfortzone verlassen.

Am Freitagabend kam dann die große Neuigkeit: Die Probe unseres Patienten, die wir in das schwarze Loch nach Kinshasa geschickt hatten, war zurückgekommen, und dieses Mal war das Ergebnis positiv. Das Virus hatte also den weiten Weg vom fernen China über Europa in den ländlichen Teil des Kongos zurückgelegt. Die Pandemie war in Baraka angekommen. Kopfschüttelnd musste ich an das Telefonat mit meinem Bruder denken, das wir Anfang des Jahres geführt hatten: »Ich glaube nicht, dass Corona mich im Kongo auch nur ansatzweise betreffen wird.« Wie so oft hatte ich falsch gelegen.

Am Tag darauf hatte der Bürgermeister alle wichtigen Akteure der Region zusammengetrommelt und um eine Abstimmungsrunde gebeten. Sonst wäre es Abus und Bens Aufgabe gewesen, zu solchen offiziellen Anlässen zu erscheinen. Nun war Abu für einige Tage in Bukavu und Ben in der Heimat. Somit saßen Mamadou und ich im Rathaus, das sogar über eine Klimaanlage verfügte! In dem großen Raum stand ein schwerer Schreibtisch, an dem der Bürgermeister saß. Davor zwei große Ledersessel, und dahinter scharte sich eine Vielzahl von Plastikstühlen. Mamadou und ich wollten uns nicht in den Vordergrund spielen und setzten uns an den Rand auf die Stühle. Sofort kam ein Mitarbeiter auf mich zu und bat mich, auf dem Ledersessel Platz zu nehmen. Wieder war man der Meinung, dass meine weiße Hautfarbe wohl bedeuten müsse, dass ich wichtig sei und einen Platz in der ersten Reihe verdient habe.

Als sich der Raum mit Journalisten, Vertretern der Polizei und des Militärs und noch vielen anderen füllte, ergriff Dr. Albert als Chef des lokalen Gesundheitswesens das Wort. In klaren Sätzen legte er die Faktenlage dar und sprach über die zu ergreifenden Maßnahmen, die genau der MSF-Strategie entsprachen. Diese zwei Minuten waren der mit Abstand produktivste Teil des fünfstündigen Meetings. Was folgte, war das blanke Chaos. Die Polizei wollte eine Maskenpflicht im gesamten Stadtgebiet durchsetzen und hohe Strafen ansetzen. Das wiederum wurde direkt vom Bürgermeister abgelehnt, da dies nur eine zusätzliche Einkommensquelle für die Polizisten bedeuten würde. Die Journalisten riefen aufgeregt durcheinander. Und die Vertreter der drei großen Sociétés Civils waren der Meinung, dass das Testergebnis so gar nicht stimmen könne und das Virus in Wirklichkeit gar nicht in Baraka sei. Es war der blanke Irrsinn. Aber vermutlich lief es so oder so ähnlich in jeder Stadt ab, die sich erstmals mit dem Virus konfrontiert sah.

Wirklich besorgniserregend war allerdings die Haltung der Sociétés Civils. Ganz hatte ich ihre Rolle nicht verstanden, aber Mamadou klärte mich auf: Sie funktionierten wie eine Art Interessensvertretung der Bevölkerung und genossen großen Einfluss auf die Menschen in Baraka. Sie waren mit den

Maßnahmen überhaupt nicht zufrieden und erklärten, dass sie in Zukunft aus Protest solchen Abstimmungsrunden fernbleiben würden. Wenn diese Gruppen nun eine genau gegensätzliche Meinung zu MSF vertraten, würde das die Menschen in Baraka nur noch weiter verunsichern und zu Dummheiten verleiten. Dabei war die Akzeptanz innerhalb der Bevölkerung unser größter und eigentlich auch unser einziger Schutz.

Es war eine durch und durch paradoxe Situation. Das Virus hatte in der gesamten Provinz Süd-Kivu nominell noch kein einziges Todesopfer gefordert, und es gab nur einen laborbestätigten Fall hier in der Stadt. Stattdessen grassierten Cholera, Masern und andere Krankheiten und rafften täglich viele Kinder dahin. Setzten wir hier die richtigen Prioritäten? Doch diese Frage stellte sich niemand der Anwesenden.

Nach fünf Stunden wurde das beschlossen, was schon vorher klar war: Wir würden mit dem Aufbau der Triage vor dem Krankenhaus starten, um die Einrichtung als sicheren Ort zu schützen und zu vermeiden, dass das Virus dort ausbrach, wo sich die Verwundbarsten der Gesellschaft befänden.

Nach dem Meeting wollte ich nur noch nach Hause, aber Mamadou zeigte auf sein Handy: Es hatte einen Zwischenfall im Gesundheitszentrum gegeben. Jemand hatte versucht, sich gewaltsam Zutritt zu verschaffen. Glücklicherweise hatten die Wärter den Eindringling überwinden können, doch unsere Alarmglocken klingelten. Lief die Situation jetzt schon aus dem Ruder? Schnell machten wir uns auf den Weg.

Im Gesundheitszentrum war es stockdunkel. Nur eine winzige Funzel mühte sich nach Kräften, den Innenhof in ein fahles

Licht zu tunken. Es war dennoch so dunkel, dass ich fast über schwarze Bündel auf dem Boden gestolpert wäre. Ich musste zweimal hinsehen, um zu erkennen, dass das Bündel in Wirklichkeit der Eindringling war. Seine Hände und Füße waren mit dicken Seilen gefesselt. Es sah aus wie in einem Comic. Immerhin hatte man ihm keinen Knebel verpasst. Schnell klärte sich die Situation. Der Eindringling war vor wenigen Stunden Vater geworden und hatte zur Feier des Tages Alkohol getrunken. Das erste Mal in seinem Leben. Im Vollrausch hatte er nun zu seiner Frau stürmen und den Nachwuchs begutachten wollen. Ein einfaches, wenn auch verqueres Missverständnis, das zum Glück rein gar nichts mit Corona zu tun hatte.

Zurück in Papaya rief ich Katharina an. Es tat so gut, in diesem Chaos ihre Stimme zu hören. Es war ein Ritt auf der Rasierklinge. Und dennoch fühlte ich mich lange nicht so überfordert wie noch im Januar. Mein Werkzeugkasten war nicht mehr leer. Über die letzten Monate hatte er sich mit dem einen oder anderen Tool gefüllt. Die Entführung hatte mir eindrücklich gezeigt, dass Dinge nur dann wirklich dringend waren, wenn Menschenleben in Gefahr waren. Das hatte meine Prioritäten sehr deutlich verschoben und mich wesentlich ruhiger werden lassen. *Pole pole.* Zudem hatte ich verstanden, wie wichtig Pausen und Auszeiten waren und dass ein freundliches Wort die Dinge mehr beschleunigte als Druck. Wenngleich die äußeren Bedingungen immer wilder und wilder wurden, hatte ich doch einen Weg gefunden, um mit ihnen umgehen zu können.

Aufbau der Triage

Gemeinsam mit Akas, Francois und zehn *journaliers* standen wir auf der großen staubigen Fläche vor dem Krankenhaus. Hier wollten wir die Triage aufbauen. Die Idee war simpel: Oberstes Ziel war es, das wacklige Gesundheitssystem aufrechtzuerhalten. Daher mussten wir das Risiko vermindern, dass Patienten mit einer Corona-Infektion in das Krankenhaus kamen und dort Personal und Patienten ansteckten. Also mussten wir potenzielle Corona-Fälle vorher rausfischen und isolieren. Unsere Netze bestanden aus einem kontaktlosen Fieberthermometer und Fragen nach Aufenthaltsorten. Die Maschen der Netze waren nicht besonders engmaschig. Aber besser als nichts.

Ben hatte unzählige Runden mit dem Leiter des Krankenhauses gedreht, um zu vereinbaren, wie der Ablauf im Detail funktionieren sollte. Um auf Nummer sicher zu gehen, hatte ich Dr. Joseph vor ein paar Tagen abermals unseren Plan gezeigt. Wir würden zwei Zelte installieren, die wir sonst im Malaria-Camp benutzten. Im ersten würden die Temperatur gemessen und ein paar Fragen gestellt werden. War alles unauffällig, konnte es weitergehen ins Krankenhaus. Gab es Auffälligkeiten, nahm man im Warteraum Platz und wurde dann in das nächste Zelt geschickt, um dort mit einer geschulten Pflegekraft eine detaillierte Anamnese zu machen. Deuteten die Symptome auf eine ›normale Krankheit‹ hin, so konnte man weiter ins Krankenhaus. Gab es Auffälligkeiten, so wurde man ins Corona-Zentrum gebeten.

Unsere größte Sorge war, dass durch diese zusätzliche Hürde der Einlasskontrolle Patienten abgeschreckt wären und daher das Krankenhaus meiden würden. Dann würden wir genau das Gegenteil von dem bewirken, was wir eigentlich vorhatten. Die Menschen würden zu Hause bleiben und womöglich an den Folgen behandelbarer Krankheiten sterben. Genau das hatte man während des Ebola-Ausbruchs 2019 in Nord-Kivu beobachten können. Oder sie würden ihr Glück bei traditionellen Heilern versuchen. Die Folgen für die Gesundheit hatte ich beim Jungen in Sebele aus erster Hand miterlebt.

Mit etwas Verspätung konnten wir anfangen. Beim ersten Versuch, die Zelte aus dem Malaria-Camp zu holen, wurde Akas von einem wilden Bienenschwarm davongejagt, der sich gerade häuslich eingerichtet hatte. Nun lagen die riesigen Plastikbahnen und das Gestänge vor uns und wurden mit geübten Handgriffen aufgebaut. Ein Kleinunternehmer wurde beauftragt, einen Holzzaun zu bauen, damit die Menschenmassen besser koordiniert werden könnten.

Während sich die Jungs um die Logistik kümmerten, ging ich mit Tabita unsere Kommunikationsstrategie durch. Seit Wochen hatten wir bei den drei großen Radiosendern der Region Sendezeit gebucht, um im Namen des Gesundheitswesens über das Virus zu informieren und die nächsten Schritte zu erklären. Dann hatten wir einen Trupp sogenannter *relais communautaires,* kurz Recos, rekrutiert und geschult. Diese zogen mit Lautsprechern bewaffnet durch die Straßen und informierten jeden, der es wollte oder nicht, über die Triage und deren Sinnhaftigkeit. Zudem hatten wir eine kostenlose Telefonhotline eingerichtet, an die man seine Fragen richten konnte. Gefühlt hatte ich nun mit jedem in der Stadt über die Triage gesprochen und mir den Mund fusselig geredet.

Am späten Nachmittag verlegte Francois ein Stromkabel vom Krankenhaus in die Zelte, sodass wir auch in der Nacht Licht hätten. Denn die Triage wäre rund um die Uhr im Einsatz. Parallel dazu brachten wir Tische und Stühle und hängten laminierte Infozettel auf. Akas kontaktierte zudem einen Schildermacher, der uns einen Wegweiser und ein großes Eingangsschild baute. Nach getaner Arbeit sahen wir uns an und waren zufrieden mit dem Tag. Morgen würden wir mit dem medizinischen Personal, das vom lokalen Gesundheitswesen gestellt wurde, einen Testlauf machen und dann übermorgen mit der Triage starten.

Nicht nur die Expats kamen und gingen, auch bei den nationalen Mitarbeitern drehte sich beständig das Jobkarussell. Cedric, einer der vier Fahrer, hatte sich um den Posten als Chef-Chauffeur in Bukavu beworben und den Zuschlag erhalten. Es war sein letzter Abend in Baraka, und er hatte einige Kollegen sowie Rosy und mich zum Abendessen zu sich nach Hause eingeladen.

Vier kleine Hütten waren um einen Innenhof gruppiert, in dessen Mitte ein kleiner Mangobaum stand. Auch Franck und andere Kollegen wohnten hier, es sah gemütlich aus! Wie überall in Baraka fand das Leben draußen statt. Unter dem Mangobaum waren Tische und Stühle aufgebaut, ein paar Lichter versuchten die Dunkelheit zu vertreiben, über uns leuchtete ein glasklarer Sternenhimmel, und aus der gefälschten JBL-Box krähte die Stimme von Rihanna. Viele nationale Kollegen waren bereits da; lautes Lachen und das Ploppen fliegender Kronkorken hallten im Hof wider.

Cedric freute sich riesig, dass Rosy und ich gekommen waren, und begrüßte uns herzlich. Er liebte es, mit uns Englisch zu sprechen, und präsentierte die Ansammlung von kleinen Hütten als Lemon Base. Hier also schloss sich der Kreis! In Mango gab es keinen Mangobaum, aber Papayas. In Papaya gab es keinen Papayabaum, aber Zitronen. In Lemon gab es keinen Zitronenbaum, dafür aber Mangos. Irgendwie lustig!

Dann brachten einige Mamas dampfenden Reis in großen Plastiktöpfen und große Mengen an Fleisch. Ein echtes Festmahl! Cedric hatte sich wirklich nicht lumpen lassen. Mit brüchiger Stimme bedankte er sich für die Unterstützung, die er in den letzten Jahren in Baraka bekommen hatte. Mit fester Stimme fügte er hinzu, dass für ihn nun ein neuer Lebensabschnitt anfangen würde. Am Ende seiner Rede angekommen, erklärte er, dass es Tradition im Kongo sei, dass der Älteste der Anwesenden als Erster an das Büfett dürfe (und somit auch das beste Stück Fleisch bekäme). Vorsichtig schaute er André an, den Chef-Chauffeur von Mango, und fragte, ob es in Ordnung wäre, dass er ausnahmsweise mir diese Ehre zuteilwerden lassen wollte. Ich konnte meinen Ohren nicht trauen, immerhin war ich hier der Jüngste! Jetzt musste ich aber aufpassen, dass ich mich an die kongolesischen Spielregeln hielt und niemand vor den Kopf stieß. Ich erklärte, dass ich mich wirklich sehr geehrt fühlte, aber dass es mir eine Freude wäre, nach dem erfahrenen André als Zweiter an das Büfett zu gehen.

Nach dem Essen setzte ich mich zu Cedric. Ich freute mich riesig für ihn. Es war eine große Chance, Führungsverantwortung zu übernehmen und den nächsten Schritt zu machen. Ich musste daran denken, wie er Anfang des Jahres darum gebeten hatte, in seinem Urlaub in der Garage in Mango auszuhelfen, um mehr über die Wartungsarbeiten an den Fahrzeugen und Generatoren zu verstehen. Er war bereit, die Extrameile zu gehen, und ließ sich von den schwierigen Rahmenbedingungen nicht aufhalten. Es beeindruckte mich, wie er sein Leben selbst in die Hand nahm. Während Cedric im ordentlich gebügelten Hemd auf dem klapprigen Stuhl saß, funkelten seine Augen. Er brannte förmlich, den nächsten Schritt zu gehen, und hatte doch Respekt vor der Aufgabe, disziplinarischer Vorgesetzter von Kollegen zu sein, die alterstechnisch auch sein Vater sein könnten. In diesem Moment fühlte ich mich Cedric sehr verbunden. Wir beide waren 1992 geboren, er war nur wenige Monate älter als ich. Und doch war unsere Situation grundverschieden. Wie wäre wohl unser Leben verlaufen, wenn ich im Kongo und er in Deutschland geboren worden wäre? Hätten sich unsere Wege ebenfalls in Baraka gekreuzt?

Die Gerüchteküche brodelt

Heute würden wir die Triage am Krankenhaus öffnen, und jeder der 1.000 Menschen, die jeden Tag in das Krankenhaus gingen, müsste sich einem kurzen Check unterziehen. Lange hatten wir darüber diskutiert, wie wir lange Schlangen vermeiden konnten. Wie viele Verdachtsfälle würden wir herausfischen? Würde unser Corona-Zentrum binnen kürzester Zeit überquellen? Und was würden wir dann tun? Einen Aufnahmestopp verhängen und die Leute dennoch ins Krankenhaus lassen? Wir hatten Tausende Szenarien diskutiert, aber gleich würde die Theorie der Realität weichen.

Beim gestrigen Trockenlauf war es anfangs noch sehr schleppend gelaufen. Das medizinische Personal war sehr zaghaft und hatte selbst noch Verständnisprobleme, wie Fragebögen auszufüllen seien. Eine riesige Hilfe dabei war Dr. Dieudonné. Er war Kongolese und von MSF als Arzt eingestellt. Eigentlich sollte er im Krankenhaus unterstützen, nun aber zunächst Clare als *medical focal point* für die Corona-Intervention ersetzen. Immer wieder hatte er mit den Kollegen unterschiedliche Situationen geübt. Mal war er der widerspenstige Patient, der sich weigerte, Fieber gemessen zu bekommen. Mal brach er einfach so zusammen. Er war ein begnadeter Schauspieler. Doch seine Einlagen halfen dem Team, unter realen Bedingungen den Prozess durchzuspielen und zu lernen. Und mit jeder Schauspieleinlage wurde der Prozess stabiler. Am Ende des Tages war ich zufrieden mit dem Team und gab grünes Licht.

Nun war es so weit, und tatsächlich, es funktionierte! Die Menschen stellten sich brav in die Reihe, hielten Abstand, und es ging ruhig und gelassen zu. Unsere Jungs und Mädels mit den Lautsprechern machten einen super Job und dirigierten die Menge. Natürlich gab es auch Widerstände. Eine ältere Frau mit ledriger Haut gestikulierte wild und machte klar, dass sie von diesen neuen Maßnahmen überhaupt gar nichts hielt! Sie ließ sich einfach nicht beruhigen. Ein Kollege raunte mir ins Ohr, dass die ältere Dame der Meinung sei, wir würden das Coronavirus insgeheim mittels des kontaktlosen Fieberthermometers injizieren. Nicht einmal als ich ihr zeigte, dass ich mir auch Fieber messen ließ (oder mir das Virus spritzte?), war sie umzustimmen. Sie drehte vor dem Eingang um und trat den Rückweg an. Eine Patientin, die sich wegen der neuen Maßnahmen nicht im Krankenhaus behandeln lassen wollte. Hoffentlich blieb es bei diesem Einzelfall.

Diese Situation stimmte mich sehr nachdenklich. Es war schockierend, zu sehen, wie gering das Vertrauen der Menschen war. MSF war als Hilfsorganisation seit 16 Jahren vor Ort, und dennoch traute man uns zu, dass wir aktiv Menschen schaden wollten. Seit der Ebola-Epidemie in Nord-Kivu müsste eigentlich jeder die kontaktlosen Fieberthermometer kennen. Ganz offensichtlich war dem nicht so.

Gerüchte waren ein ernst zu nehmendes Problem, und gleich stand ein weiterer schwieriger Termin auf dem Plan. Ich hatte die Vertreter der Sociétés Civils nach Papaya eingeladen, um über die aktuelle Corona-Situation zu sprechen und ihre Sorgen und Argumente zu verstehen. Auch wenn es eigentlich nicht mein Job war, zu versuchen, sie wieder an den Verhandlungstisch zu holen, wären wir doch direkt von den Folgen betroffen. Also saßen wir in Papayas Besprechungszimmer und tauschten uns aus. Es war eine kräftezehrende Angelegenheit. Jeder der fünf Gäste hielt nacheinander eine Rede. Jeder begann mit den Worten »*Merci pour la parole*« und verlor sich anschließend in ausschweifenden Exkursen zur Historie von Baraka und den Sociétés Civils. Krampfhaft versuchte ich mir Notizen zu machen, denn sonst hätte ich längst vergessen, was der erste Redner überhaupt gesagt hatte.

Der dritte Redner kam mir merkwürdig bekannt vor. Sein breites Gesicht hatte ich irgendwo schon gesehen. Und als er sich als Jean vorstellte, fiel der Groschen. Das war niemand anderes als Etoiles Ehemann! Ich war also schon bei ihm zu Hause gesessen und hatte sein wenige Tage altes Baby auf dem Schoß gehabt. Wie war es möglich, dass er mit einer Mitarbeiterin von MSF verheiratet war und seine Organisation dennoch vehement Zweifel streute und damit unsere Bemühungen torpedierte?

Nach quälend langen 90 Minuten war es so weit, und ich durfte auch zu Wort kommen. Mittlerweile qualmten mir schon die Ohren, und der Hintern war wund vom langen Sitzen. Aber die Kongolesen liebten diese Meetings. Man ließ sich ausreden und nahm sich Zeit, die Argumente des anderen zu verstehen. Was für eine interessante Diskussionskultur. Also eröffnete ich eben mit den Worten »*Merci pour la parole*«, dankte jedem Einzelnen für sein Kommen, startete bei Pontius und Pilatus und versuchte auf alle Argumente einzugehen.

Es wurde immer klarer, dass die Herrschaften sich aufrichtig für die Gesellschaft einsetzen wollten. Doch ihr angeborenes Misstrauen in die Regierung ließ sie stutzen, wenn von möglichen Einschränkungen gesprochen wurde. Zu groß war die Sorge, dass es zu ernst zu nehmenden Repressalien kommen würde. Konnte man es ihnen verübeln? Diese Menschen hatten viel mitgemacht und erlebt, wie ihnen immer wieder das Blaue vom Himmel versprochen wurde. Sie wollten lediglich das Beste für ihre Community.

Nach drei Stunden deutete sich an, dass wir das Meeting bald beenden könnten. Ich unterstrich, dass wir rein gar nichts zu verstecken hatten, und lud sie ein, das Corona-Zentrum und die Triage zu besuchen. Also brausten wir schnell mit zwei Geländewagen in Richtung umgebauter Schule, und sie erhielten eine exklusive Führung. Am Ende schien es, als wäre die Situation geklärt. Sie waren auf unserer Seite und versprachen, uns zu unterstützen.

Aller schlechten Dinge sind drei

Wir kamen gerade vom See zurück. Rosy und ich hatten es geschafft, Mamadou zu überzeugen, mit uns zu kommen. Auch wenn er nicht schwimmen konnte, freute er sich wie ein kleines Kind, als wir über das Wasser brausten. Wir genossen die himmlische Stille in der Mitte des Sees und ließen die Seele baumeln. Meine ganz persönliche Oase in dieser verrückten Zeit. Ohne den See wäre ich entweder zu Hause oder würde am Krückstock gehen. Corona, Triage und ewig lange Besprechungen waren hier so unendlich weit entfernt.

Heute ging es früher zurück als sonst, der Wind war aufgefrischt und hatte angefangen, das Boot hin und her zu schaukeln. In Papaya schaute ich kurz auf mein Handy und schickte Katharina ein paar Bilder vom heutigen Trip auf den See. Dann blinkte eine neue Nachricht auf, und ich stoppte mitten in der Bewegung. »Expat-Meeting um 15 Uhr. Bitte alle pünktlich sein.«

Der Sonntag war heilig. Es war der Tag, um auf den See zu fahren, in der Hängematte zu liegen, zu lesen und abends mit allen zu kochen. Aber kein Tag für Meetings und schon gar nicht mitten am Nachmittag mit nur 30 Minuten Vorlaufzeit.

Rosys Sorgenfalte auf der Stirn wurde größer. Was würde nun kommen? Um 15 Uhr saßen alle Expats in der kleinen Besprechungshütte in Mango. Keiner sagte ein Wort, die Spannung war zum Greifen nahe. Abu setzte sich, und ohne großes Geplänkel teilte er uns die Nachricht mit. »Maria wurde heute Morgen in Kimbi entführt. Sie war allein unterwegs. Es tut mir leid.«

Die Luft wurde dünn, und der Boden wurde uns mit einem kräftigen Ruck unter den Füßen weggerissen. Wir fielen ins schwarze Nichts. Es konnte einfach nicht wahr sein. Es durfte nicht wahr sein! Vor einer Woche war sie noch in Hotel Papaya gewesen. Wir hatten gemeinsam gegessen, Pingpong gespielt und waren am Seeufer laufen gewesen. Und jetzt wurde sie gewaltsam von Fremden festgehalten. Als Frau. Allein. Ich musste meine Gedanken bremsen. Es konnte doch einfach nicht wahr sein! Das war Entführung Nummer drei!!!

Wie es wohl ihrer Familie ergangen ist, als sie die Nachricht erhielt? Ich musste unweigerlich an Katharina denken. Was, wenn ich es gewesen wäre, der entführt worden wäre. Und wie hätte meine Mutter erst reagiert ... An diesem Abend brachte ich es nicht übers Herz, Katharina die Neuigkeiten zu beichten. Wieder ihre Sorge in der Stimme hören und ihr eine zentnerschwere Last umzuhängen, darauf hatte ich überhaupt keine Lust. Mittlerweile mutete ich unserer Beziehung wirklich einiges zu. Zu viel. Aber ich musste es ihr sagen, ich hatte es ihr versprochen. Hoffentlich war das alles schnell vorbei.

Ultimatum

Am nächsten Morgen blickte ich in betretene Gesichter, nachdem ich die Neuigkeiten von der Entführung meinen Mitarbeitern verkündet hatte. Die meisten wussten schon längst Bescheid. Der Kongo hatte überall Ohren, und solch eine Nachricht verbreitete sich unkontrolliert wie ein Lauffeuer. Die Menschen hier waren viel Leid und Kummer gewohnt, doch das bedeutete nicht im Geringsten, dass sie deshalb abgestumpft oder weniger empathisch wären. Die Mamas waren den Tränen nahe, und der Rest starrte kopfschüttelnd mit leerem Blick auf den Boden. *C'est compliqué.*

Die Krisenstäbe waren längst aktiviert und arbeiteten auf Hochtouren. Ich wusste nur zu gut, was sie jetzt durchmachten. Aber dieses Mal war es anders für mich. Denn hier in Baraka konnten wir rein gar nichts tun. Ein ätzendes Gefühl. Mit hängenden Köpfen flüchteten wir uns also in die Arbeit. Die sich anbahnende Pandemie würde nicht auf uns warten, und die Arbeit würde uns ablenken. Also machten wir weiter.

Die Triage am Krankenhaus schien zu funktionieren. Jeder, der ins Krankenhaus wollte, wurde gescannt. Es gab keine langen Schlangen, und die Menschen schienen sich daran zu gewöhnen. Und mittlerweile wurden durch die Triage immer mehr potenzielle Covid-Fälle identifiziert und ins Corona-Zentrum geschickt. Also machten wir uns daran, gemäß unserer Planung die Kapazität zu erhöhen.

Wir würden das zweite Gebäude renovieren, den Fußboden ausbessern, Wände streichen, Moskitonetze einsetzen, Stromleitungen verlegen, Mobiliar und medizinische Geräte installieren und das Wegekonzept anpassen. Also wurden wieder Verträge geschlossen, und es wimmelte im ›sauberen‹ Teil der Schule wie in einem Ameisenhaufen. Wir bräuchten zudem eine Apotheke, zusätzliche Räume für weiteres Pflegepersonal und mehr Schutzausrüstung und Bettwäsche.

Ich war gerade dabei, den Vertrag für den Maler zu unterschreiben, als ein Brief auf meinen Schreibtisch flatterte. Einen offiziellen Postdienst gab es hier nicht. Wenn man einen Brief verschicken wollte, musste man ihn jemandem mitgeben oder selbst vorbeibringen. Gespannt öffnete ich den etwas ramponierten Umschlag. Ich las den Brief bestimmt dreimal, denn ich konnte einfach nicht glauben, was darinstand. Hatte ich das verworrene Französisch richtig verstanden? Ich bat Tabita, auch einen Blick auf den Brief zu werfen, an dessen Ende viele Stempel und Unterschriften zu sehen waren. Aber sie bestätigte meinen Verdacht. Die Jugend der katholischen Kirche war mit den beiden Zelten der Triage vor dem Krankenhaus nicht einverstanden und forderte uns auf, sie binnen 72 Stunden abzubauen. Würden wir das nicht tun, würde man selbst Hand anlegen und die Zelte abreißen. Ich hielt nichts anderes in der Hand als ein Ultimatum, eine unverhohlene Drohung. Als hätten wir gerade nicht schon genug Sorgen.

Wir wollten hier doch nur helfen! Alles war abgesprochen. Wir hatten den langen Termin mit den Kirchenvertretern, dem Bürgermeister und gefühlt der ganzen Stadt gehabt. Wir hatten im Radio erklärt, was wir vorhatten, und die Recos mit Megafonen durch die Straßen geschickt. Und jetzt kam wieder jemand um die Ecke und pinkelte uns ans Bein. Mann, war das nervig!

Ob man so eine Drohung nicht einfach ignorieren konnte? Eine katholische Jugendgruppe klang für mich nicht prädestiniert dafür, um eine medizinische Einrichtung abzureißen. Tabita und ich besprachen uns und statteten dem Curé, dem Pfarrer der Gemeinde, einen Besuch ab. Er riet uns, auf jeden Fall das Gespräch zu suchen. Es half also nichts, wir mussten die Leute an einen Tisch bringen, ihre Sorgen verstehen und unsere Position erklären. Wieder einmal.

Also saßen wir tags darauf unter den großen schattenspendenden Bäumen auf der riesigen Wiese im Corona-Zentrum. Simon, der Vertreter der katholischen Jugend, kam mit einigen Leuten im Schlepptau und saß auf der einen Seite. Sie waren jünger als ich und hatten ihre besten Klamotten angezogen. Dr. Joseph, Tabita und ich nahmen auf der anderen Seite Platz. Der Curé saß dazwischen und machte ein bedröppeltes Gesicht, als würde er sich in seiner Haut nicht wohlfühlen. Der sandige Platz zwischen uns wirkte wie eine Manege, in der wir uns gleich bekämpfen würden. Das Gesicht des Wortführers war so verzerrt, als wolle er die Situation mit Fäusten, statt mit Worten klären. Er strahlte eine tiefe Feindseligkeit aus, so als hätte ich ihm persönlich etwas Böses getan. Das konnte ja heiter werden.

Ich mahnte mich zur Ruhe und eröffnete die erste Runde. Um ein wenig Druck aus der Angelegenheit zu nehmen, stellte ich den Nutzen der Triage dar und entschuldigte mich, falls wir jemanden mit unserem Vorhaben verärgert hatten oder manches nicht klar abgesprochen war. Dann gab ich der Jugend das Wort und hörte ihren Sorgen zu. Und ich hörte zu. Und ich hörte zu. Der Redeschwall wollte einfach nicht aufhören. Viel

Sinnhaftes war leider nicht dabei. Mit lauter Stimme erklärte Simon, dass es eine Frechheit sei, diese Zelte aufzubauen, und fragte, was wir darin überhaupt machen würden. Wir müssten die Zelte jetzt sofort abreißen. Daran gab es aus seiner Sicht keinen Zweifel! Ich wollte schon etwas erwidern, aber Tabita gab mir zu verstehen, dass es besser wäre, ihn ausreden zu lassen. Es ist im Kongo ungeschriebenes Gesetz, dass man sich bei einer Diskussion nicht ins Wort fällt. Das wäre eine krasse Beleidigung gewesen. Also hörte ich weiter widerwillig zu.

Endlich war ich an der Reihe und begann wie immer mit »Merci pour la parole«. In den letzten Monaten hatte ich mir in der kongolesischen Redekunst einiges abschauen können. So wusste ich, dass man hier Geschichten liebt, und je mehr Dramatik und Theatralik desto besser. So holte ich im großen Stil aus und berichtete von meinem Bruder in China, der zwei Monate die Wohnung nicht verlassen durfte (hier übertrieb ich etwas), und von Katharinas Oma, die mit 98 Jahren im Krankenhaus lag und wegen Corona nicht einmal Besuch von der Familie bekommen durfte (hier leider keine Übertreibung). Ungewöhnliche Umstände erforderten ungewöhnliche Maßnahmen, und wir wollten hier die Verwundbarsten der Gesellschaft im Krankenhaus schützen. Ob das Temperaturmessen vor dem Krankenhaus als Maßnahme nicht angebracht sei? Es wäre nur ein kleiner Preis. Was, wenn sich das Virus im Krankenhaus ungehindert ausbreitete? Langsam blickte ich in nickende Gesichter. Doch der Wortführer der Gegenseite blieb stur.

Daraufhin lud ich die Versammelten zu einer kleinen Besichtigungstour der Triage ein. Dann könne man sich doch am besten selbst davon überzeugen, was wir hier vorhatten.

Dr. Joseph leistete hervorragende Überzeugungsarbeiten, und schließlich stimmten alle zu. Nur nicht Simon, der stur sitzen blieb.

Nach der kurzen und, wie erwartet, ereignislosen Besichtigung kamen wir zurück, und ich bot als Kompromiss an, dass wir eines der zwei Zelte abbauen könnten. Auf den als Warteraum geplanten Bereich konnten wir zur Not verzichten. Nicht ideal, aber wenn sich dadurch die Situation beruhigte, wäre das das kleinste Problem. Verhaltenes Nicken, doch der Wortführer lehnte direkt ab: »Es ist ganz einfach, entweder ihr baut bis morgen alles ab, oder wir machen es.« Dann stand er auf, zeigte mit seinem Zeigefinger auf mich und sagte mit finsterem Blick: »Du bist ein böser Mensch.«

Nicht gerade die Worte, die man hören wollte, wenn man als junger Mann ins Ausland gegangen war, um anderen zu helfen. Es waren die Worte einer Person, die sich in die Enge getrieben fühlte. Irgendwie tat er mir leid, er stand da wie ein trotziges Kind, dem man das Spielzeug geklaut hatte. Nur leider hatte ich nicht verstanden, was sein Spielzeug war. Was hatten wir ihm getan? Mit seiner starren Haltung hatte er sich ins Abseits manövriert, und ich hatte den Eindruck, dass seine Mitstreiter schon längst nicht mehr hinter ihm standen. Dann blickte ich den Curé an: »Wenn die Triage gegen unseren Willen abgerissen wird, wertet MSF das als gewaltsamen Angriff auf seine Gesundheitseinrichtung. Sie tragen die Konsequenzen.« Daraufhin beendeten wir das Treffen. Die Positionen waren klar, und Kompromissvorschläge waren gemacht. Im Anschluss bat ich Tabita, auf einem persönlichen Kanal mit der Jugend zu sprechen. Sie war selbst gläubige Katholikin und könnte so Einfluss nehmen. Eine Lösung lag in der Luft. Um jeden Preis wollte ich eine Eskalation verhindern!

Abends saßen wir wieder im Kreis der Expats zusammen in der engen Hütte in Mango, und wie mit dem Knüppel wurden wir daran erinnert, dass unsere Kollegin immer noch in den Händen der Entführer war. Den ganzen Tag über war ich so unter Feuer gestanden, dass sich der Gedanke an die Entführung weit nach hinten verzogen hatte. Jetzt war er wieder präsent und überstrahlte alles. Es war ein Scheißgefühl. Denn anders als bei den ersten beiden Entführungen, war diesmal nur eine Person entführt worden. Und dann auch noch eine Frau. Im Kongo. Maria hatte niemanden in ihrer Nähe, dem sie vertrauen konnte. Sie war komplett allein und den Entführern ausgeliefert. Eine Kälte krabbelte an meinen Füßen empor, breite sich auf den Armen aus, kroch den Rücken hoch und ließ mich erschaudern. Es war zum Verzweifeln.

Warum nicht gleich so?

Am nächsten Morgen kam eine völlig übermüdete Tabita auf mich zu. Aber sie trug ein Lächeln auf den Lippen. Bis spät in die Nacht hatte sie mit der Jugend gesprochen und diskutiert. Sogar die Sociétés Civils hatten sich eingeschaltet und versucht, die Wogen zu glätten. Irgendwann hatte man eine Einigung erzielen können. Wenn wir eines der beiden Zelte abbauten, so wäre die Sache vom Tisch. Na endlich, warum nicht gleich so? Ein Problem weniger auf der langen Liste.

Zudem stellte sich heraus, worin das eigentliche Problem bestanden hatte: Das Land vor dem Krankenhaus war Eigentum der katholischen Kirche. MSF und das Gesundheitsamt hatten schon häufiger offiziell angefragt, ob man dieses Land zur Vergrößerung des Krankenhauses nutzen konnte, was immer abgelehnt worden war. Die katholische Jugend wertete den Aufbau der Triage als Versuch, nun doch Besitzansprüche auf dieses Land zu stellen – quasi eine feindliche Übernahme. In gewisser Weise wollte sie also ihr Land verteidigen. Mit recht drastischen Mitteln. Und wer konnte schon sagen, welche Gründe noch mit hineingespielt haben. Vielleicht waren die Zelte auch einfach nur ein Ventil für die allgemeine Unzufriedenheit und Perspektivlosigkeit der Jugend. Das Misstrauen der Menschen war unglaublich tief verwurzelt. Und nicht etwa, weil sie von Grund auf verbittert wären, sondern weil es eine Art war, sich zu schützen. Die Menschen hatten Angst oder waren frustriert oder beides. Simon gab seinen Posten als Jugendvertreter noch am gleichen Tag auf. Er war weiterhin mit dem Kompromiss nicht einverstanden.

Ich sprach kurz mit Akas, der sich umgehend um den Abbau des Zeltes kümmerte. Die Stromkabel mussten abgebaut, das Wegekonzept angepasst und der Zaun versetzt werden. Wie immer nahm er solche Dinge sportlich. Statt groß zu murren, machte er sich einfach an die Arbeit. Ein kurzes »*hakuna matata*«, und los ging's.

Ich musste mich einem weiteren unangenehmen Thema widmen. Ich musste den jungen Cesar feuern. Es war wirklich ein Jammer. Er war knapp 30 Jahre alt, in Baraka geboren, und vor zwei Wochen hatten wir ihn als Wasser- und

Hygieneexperten für das Corona-Zentrum eingestellt. Er machte einen super Job, war motiviert und kümmerte sich penibel darum, dass alle Standards bis ins Kleinste eingehalten wurden. Man konnte sich auf ihn verlassen. Doch bei der Vertragserstellung waren meinem Team Unregelmäßigkeiten bei seinem Lebenslauf aufgefallen. Seine Empfehlungsschreiben wirkten wie selbst gemacht. Als ich Cesar vor einer Woche beiseite genommen und ihn gefragt hatte, ob er mir bezüglich seiner Bewerbungsunterlagen nicht etwas mitteilen wollte, hatte er zunächst geschwiegen. Dann hatte er mir direkt in die Augen geblickt und gesagt, dass alles in Ordnung sei. Ein paar Mails und Anrufe später hatte sich jedoch herausgestellt, dass die Arbeitsbestätigungen der anderen NGOs allesamt gefälscht waren. Er hatte dort nie gearbeitet. Cesar hatte mir direkt ins Gesicht gelogen. Bitter für ihn und bitter für mich. Er verlor seinen Job und damit gutes Geld, und ich musste Ersatz finden und jemand Neues einarbeiten. Eine Lose-lose-Situation. Aber es war weder mit meinen Grundsätzen noch mit denen von MSF vereinbar, mit jemandem zusammenzuarbeiten, der vorsätzlich betrog, um sich einen Vorteil zu verschaffen.

Konnte man Cesar einen Vorwurf machen? Klar, er hätte ehrlich sein und immerhin auf Nachfrage seinen Fehler eingestehen können. Aber ich wusste nicht, wie es bei ihm zu Hause aussah. Wie groß war der Druck, an Geld kommen zu müssen? Musste er eine junge Familie durchbringen? Er erinnerte mich an Cedric. Die beiden wollten vorankommen im Leben und einen guten Job machen. Jetzt saß er vor mir wie ein Häufchen Elend. Er tat mir leid.

Videodreh

Das ewige Warten zermürbte uns. Maria war immer noch irgendwo im Busch gefangen. Es dauerte viel länger als die ersten beiden Entführungen, die nach wenigen Tagen beendet waren. Es fraß uns alle auf und saugte die Farbe aus unserem Leben. Tagsüber lenkte man sich ab und drängte den Gedanken in die hinterste Ecke des Kopfes, aber spätestens beim abendlichen Update platzte er mit aller Gewalt wieder hervor. Für mich war die Untätigkeit am schlimmsten. Wir waren zum Nichtstun verdammt. Wir wollten Protestmärsche organisieren, streiken oder am liebsten selbst nach Kimbi fahren. Einfach irgendwas tun. Aber das Krisenteam bat uns, die Füße stillzuhalten.

Jeder ging anders mit dieser Extremsituation um. Mancher wollte viel sprechen, andere dagegen lieber schweigen. Und das war vollkommen in Ordnung. Das sonst übliche Jobkarussell stand seit Corona still und hatte zur Folge, dass wir alle über einen langen Zeitraum zusammenwaren. Wir kannten uns und wussten genau, wie der andere mit extremen Situationen umging. Wir waren zu einer Familie geworden, die sich nach Kräften gegenseitig unterstützte. Als meine Flipflops kaputt gingen, spazierte Clementine ungefragt auf den Markt und kaufte mir neue. Sie war wirklich eine echte Mama. Es waren diese Kleinigkeiten, die unterstrichen, wie sehr wir aufeinander Acht gaben und versuchten, uns gegenseitig das Leben leicht zu machen.

Meine Strategie war es, dabei für etwas Ablenkung zu sorgen. Wir spielten *Siedler von Catan,* machten Lagerfeuer in

Cent Lits und fuhren hinaus auf den See. Mir persönlich half das, um den Kopf freizubekommen und Kräfte zu tanken. Und doch klappte es irgendwann nicht mehr. Man konnte und wollte nicht mehr lachen und sich freuen, wenn eine Kollegin in der Gewalt von Entführern war. Es erreichte eine völlig neue Dimension. Auch für das Krisenteam musste es heftig sein. Ben und ich waren bei der zweiten Entführung wenige Tage in Daueranspannung gewesen. Unbegrenzt konnte man diesen krassen Ausnahmezustand kaum aushalten. Und doch war es vermutlich nichts im Gegensatz zu dem, was Maria gerade durchmachte ...

Zusätzlich zur großen Sorge um Marias Zustand machte ich mir wieder Gedanken darüber, was passieren würde, wenn in den deutschen Medien über die Entführung berichtet werden würde. Abgesehen von Katharina, meinem Bruder und Justus, hatte ich niemandem davon erzählt. Wozu auch? Zu Hause würde man sich nur unnötig Sorgen machen. Und das wollte ich natürlich vermeiden. Somit ließ ich das Thema in der Kommunikation mit Freunden und Familie komplett weg. Es fühlte sich sehr komisch an, so zu tun, als wäre alles in bester Ordnung. In der WhatsApp-Gruppe ›Robert im Kongo‹ baute sich so langsam eine Parallelwelt auf, die ich immer weiter befüttern musste. Munter schickte ich Bilder vom See und schrieb Storys, die eigentlich schon vor Wochen passiert waren.

Jeden Abend kamen die Expats zusammen, um den neuesten Stand zum Entführungsgeschehen zu bekommen. Doch der neueste Stand war irgendwie immer der gleiche, und es wurde verständlicherweise keine Details geteilt. Es war einfach nur frustrierend.

Da hatte jemand eine geniale Idee: Wir könnten doch ein Video für die Angehörigen von Maria machen. Sie mussten sich so unfassbar hilflos und allein vorkommen. Noch viel hilfloser, als wir es hier in Baraka waren. Vielleicht bekämen sie wieder Hoffnung, wenn sie merkten, dass sie nicht allein, sondern unzählige Menschen in weiter Ferne ebenso in Sorge um Maria waren.

Ich schnappte mir Rosy und mein Handy, und dann legten wir los. Gemeinsam baten wir jeden Kollegen, der uns über den Weg lief, ein paar Sätze in die Kamera zu sagen. Es war ergreifend. Die Anteilnahme war unglaublich. Dem sonst so unerschütterlichen Mamadou versagte fast die Stimme, als er sagte, wie sehr Maria ihm fehle. Matthieu, ein Fahrer aus Mango, schämte sich, dass seine Landsleute so etwas Furchtbares taten. Eigentlich war das Video für Marias Familie gedacht, aber während wir die Aufnahmen machten, stellte ich fest, dass das Video für uns genauso wichtig war. Wir alle mussten diese Emotionen in irgendeiner Art und Weise rauslassen, und das Video bot immerhin ein kleines Ventil. Die Kollegen aus Bukavu und Kimbi schickten mir ebenso ihre Videos, und am Ende wurde es ein zehnminütiger Film, in dem 116 Menschen ihr Mitleid aussprachen und die unbändige Hoffnung hatten, dass Maria bald wieder zurück wäre. Um es mit Francois' Worten zu sagen: »Ich weiß ganz tief in mir drin, dass Maria wieder zu uns kommen wird, und dann werden wir wieder feiern und tanzen. Ich liebe euch!«

FREIHEIT

Und wieder ging ein Arbeitstag zu Ende. Wieder hatten wir Fortschritte gemacht. Nachdem die Triage am Krankenhaus seit mehr als einer Woche gut lief und sich die Bevölkerung an die neue Maßnahme gewöhnt hatte, machten wir uns an die Arbeit, die Triage am Centre de Santé zu errichten. Hoffentlich würde uns hier niemand einen Strick aus der Sache drehen. Um ein weiteres Debakel zu vermeiden, hatte ich alle Nachbarn, Kirchenvertreter und auch die Ziege von nebenan eingeladen und genau erklärt, was wir vorhatten.

Wir kamen schnell voran, und vorhin hatten wir mit den neuen Kollegen den Ablauf geübt. Fiebermessen, Fragen stellen, darauf achten, dass Abstände eingehalten wurden. Zur Generalprobe kamen zwar alle zu spät, aber irgendwie machte das nichts. Anstatt mich zu beschweren, nutzte ich einfach die Zeit und quatschte mit dem Leiter des Gesundheitszentrums über die nächsten Bauvorhaben. Ab morgen früh um sechs Uhr würden dann alle, die in die Einrichtung wollten, sich wie im Krankenhaus vorher die Temperatur messen lassen und ein paar Fragen beantworten.

Spontan lud ich Francois, Akas und Nelson auf ein Feierabendbier ein. Einfach in Papaya unter der Palme sitzen und mit guten Freunden ein kühles Bier trinken. Wenn morgen alles glattging, war unsere Corona-Strategie weitestgehend umgesetzt, und wir könnten einen Gang runterschalten. Doch natürlich tauchten auch heute am Ende des Arbeitstags wieder die Gedanken an die Entführung auf. Gerade waren die drei nach Hause aufgebrochen, als mein Handy vibrierte.

»Expat-Meeting um 19 Uhr. Bitte alle pünktlich sein.« Da war es wieder, dieses Gefühl, wenn sich der Bauch zusammenzog. Was war jetzt schon wieder passiert? Es war schon 18:40 Uhr, also schnell rüber nach Mango.

Wie nahezu jeden Tag der vergangenen Wochen saßen wir dicht um den Bluetooth-Lautsprecher, um ja jedes Wort der Telefonkonferenz verstehen zu können. Die Anspannung war allen deutlich anzusehen.

»Ich kann euch mitteilen, dass unsere entführte Kollegin eben sicher und wohlbehalten zurück in Kimbi in der Base angekommen ist. Sie ist müde, aber es geht ihr gut.«

YEAHHHHHH! Ein Jubelschrei nach dem anderen ging durch Mango. Wir sprangen auf, lagen uns in den Armen, tanzten und waren einfach nur glücklich. Der graue Schleier, der seit Wochen über uns lag, wurde mit einem kräftigen Ruck beiseite gezogen. Alles wirkte freundlicher und schöner. Und vor allem hatte man wieder das Gefühl, so richtig lachen zu dürfen. Maria war wohlbehalten zurück. Endlich! Wie musste es ihr und ihrer Familie erst gehen?

Sofort schrieb ich eine kurze Nachricht an Katharina. Auch ihr fiel ein riesiger Stein vom Herzen. Kurz darauf trudelte eine SMS nach der anderen ein. Ob ich schon mitbekommen hätte, dass Maria wieder zurück sei. Die digitalen kongolesischen Buschtrommeln funktionierten zuverlässig: In Windeseile verbreitete sich die gute Nachricht.

Der beste Tag im Kongo

Schon beim Aufstehen wusste ich, dass heute ein guter Tag werden würde. Es war 5:45 Uhr, und es dämmerte bereits. Der Himmel im Osten wurde heller und heller und verdrängte mit aller Kraft den dunklen Westen. In der Nacht hatte es etwas geregnet, was sehr unüblich für den Juli war, aber jetzt war keine Wolke mehr am Himmel zu sehen. Ja, es würde ein wundervoller Tag werden.

Da ich mich allein nicht zu Fuß in der Stadt bewegen durfte, begleitete mich der Wärter Dobis die zwei Gehminuten zum Centre de Santé. Ich konnte kaum glauben, was ich dort sah. Alle waren schon da und auf ihren Plätzen. Auf die Minute genau, es war einfach zu schön, um wahr zu sein. Die weißen Kittel strahlten in der Sonne, das Fieberthermometer war geladen, die Schilder angebracht, und mit dröhnenden Lautsprechern gingen die Recos durch die Straßen und erklärten, was wir vorhatten. Es lief wie am Schnürchen. Nach kurzer Zeit stellte ich zufrieden fest, dass ich hier überflüssig war. Das Team hatte alles unter Kontrolle. Das letzte Puzzlestück unserer Corona-Strategie war nun erfolgreich umgesetzt. Pfeifend gingen wir zurück nach Papaya, gleich würde ich offiziell die guten Neuigkeiten von Marias Rückkehr verkünden. Am liebsten würde ich die ganze Welt umarmen!

Der Drucker ratterte und spuckte die offizielle Stellungnahme aus, als ein lauter Schwall an freudigen Rufen immer näherkam. Dann platzten die Mamas in das Büro, sangen, tanzten, lachten und riefen wild durcheinander. Es gab kein Halten mehr. *Dada* Maria war zurück! Die Hände wurden in den Himmel geworfen und die Hüften eifrig gekreist. Im Kongo freute man sich mit vollem Körpereinsatz, und jeder hatte sein breitestes Lachen aufgesetzt. Die Zeiten der Anspannung waren vorüber! Francois hatte die beste Idee des Tages: »Papa Robert, wir müssen eine Party machen!«

Der Tag war ein absoluter Selbstläufer. Alles ging glatt. Ich wusste gar nicht, wohin mit meiner ganzen Freude. Wir alle surften auf der großen Welle der Erleichterung. Abends um 17 Uhr ging es dann los. Die Sonne stand tief über der Hügelkette und tunkte ganz Papaya in einen goldenen Schein. Ich saß auf einem Plastikstuhl mit dem eingravierten ›Dieu est grand‹ und genoss die Szenerie. Franck saß im gelben Kobe-Bryant-Shirt vor dem Laptop und spielte einen kongolesischen Hit nach dem anderen. Josephine und Etoile stellten duftende, an Donuts erinnernde Teigtaschen, die sie selbst zubereitet hatten, auf den Tisch unter der Palme, und Akas und Nelson kümmerten sich um kühles Mützig, Amstel und Softgetränke. Francois und Papa Amuri waren schon begeistert am Tanzen. Es war perfekt. Ich versuchte mit aller Kraft, diesen flüchtigen Moment zu konservieren und tief in mir drin abzuspeichern. Ein Moment purer Glückseligkeit.

Schnell war die Sonne untergegangen, und die Bässe pulsierten durch unsere Venen. Irgendwann stoppte die Musik, und Nelson griff zum Mikrofon. Was wäre eine kongolesische Party ohne Reden? Und da stand ich nun zwischen all den kongolesischen Kollegen, die irgendwie mehr waren als nur Kollegen. Die Unsicherheit der letzten Wochen war brutal gewesen: eine anrollende Pandemie, von der niemand wusste, wie hart sie im unterentwickelten Kongo einschlagen würde, und eine lähmende, kräftezehrende Entführung. Doch das Team hatte es irgendwie geschafft, unter diesem Druck professionell zu bleiben. Gemeinsam hatten wir eine Schule in eine Art Krankenhaus umgebaut und die bestehenden Gesundheitseinrichtungen geschützt, so gut es ging. Wir hatten unsere Strategie vollständig umgesetzt, und es funktionierte. Und das allen Widrigkeiten zum Trotz.

Ich war so stolz auf dieses Team, das mit so viel Optimismus nach vorne blickte und sich nicht unterkriegen ließ. Jeder hatte seinen Teil dazu beigetragen. Es waren die Wärter, die pflichtbewusst ihre Zwölf-Stunden-Schichten machten und für Sicherheit und Ordnung sorgten. Es waren die Mamas, die den ganzen Laden am Laufen hielten und dabei immer gute Laune versprühten. Es waren die Fahrer, die sich um Rhino kümmerten, als wäre es ihr eigenes Kind. Und natürlich das Logistikteam, das immer eine Lösung parat hatte. Jeder Einzelne war über sich hinausgewachsen. Ich merkte, wie meine Augen feucht wurden. Wir waren eine Familie. Mein bester Tag im Kongo! Dann drehte Franck wieder die Musik auf vollen Anschlag.

Ungewisse Zukunft

Nach dem Freudentaumel war Katerstimmung angesagt. Eine Frage drängte sich auf und wurde lauter und lauter: Wie wird es hier wohl weitergehen? Es war klar, dass wir so nicht weitermachen könnten. Drei Entführungen von MSF-Mitarbeitern, und das innerhalb weniger Monate – das war absolut inakzeptabel. Eine Entführung wäre schon schlimm genug – aber drei? Es musste sich etwas ändern.

Abends saßen wir alle zusammen um den großen Tisch unter dem Sonnensegel in Mango und teilten unsere Bedenken und Meinungen in Bezug auf unsere Zukunft in Baraka. Es gab eine Fraktion, die der Meinung war, dass wir hier vor Ort weitermachen sollten. Man könne die Bevölkerung nicht einfach so im Stich lassen, nur weil ein paar Idioten aus der Reihe tanzten. Es war von vornherein klar, dass die eigene Sicherheit im Kongo mehr gefährdet wäre, als daheim in Hamburg-Eimsbüttel. Dort ging die größte Gefahr noch von einem Autounfall aus oder einer Kneipenschlägerei auf dem Kiez. Aber wie viel Risiko war akzeptabel, und wo wurde eine rote Linie überschritten? Einer brachte es auf den Punkt: »Wollen wir auf die vierte Entführung warten? Was, wenn wirklich jemand verletzt oder gar ermordet wird?«

Als ich in meinem Bett lag, musste ich an einen Essay über das Boiling-Frog-Syndrom denken, den ich vor ein paar Jahren während des Masterstudiums gelesen hatte. Wenn ein Frosch in einen Topf mit heißem Wasser fällt, wird er strampeln und versuchen, so schnell es geht, wieder herauszuklettern. Er erkennt die Gefahr sofort. Wenn der Frosch dagegen in einem Topf mit kaltem Wasser ist und die Temperatur langsam erhöht wird, hat der Kaltblüter ausreichend Zeit, seine Körpertemperatur entsprechend zu regulieren. Und obwohl es bei steigender Temperatur unbequem wird, vertraut er dennoch auf seine Fähigkeiten, sich anzupassen. Bis es zu spät ist, die Temperatur zu groß ist, der Frosch nicht mehr fliehen kann und verbrüht. Saßen wir zu lange in diesem engen Topf und wollten es nicht wahrhaben, dass es immer heißer und heißer wurde?

Wenige Tage später wurde eine Entscheidung gefällt: Es war Zeit, die Frösche aus dem Topf zu holen. MSF würde sich vorübergehend aus Baraka und Kimbi zurückziehen, um die aktuelle Situation zu verstehen, zu bewerten und zu entscheiden, wie und ob es in Süd-Kivu weitergehen soll. Eine ›*pause for reflection*‹.

Da war sie, die Entscheidung. MSF würde Baraka temporär verlassen und die Expats nach Bukavu schicken. Rums. Ich musste an den Robert denken, der vor knapp sieben Monaten in Baraka angekommen war, um ein Krankenhaus zu bauen. Und jetzt würden wir mehr oder weniger unverrichteter Dinge abreisen. Es war unwirklich, und ich fühlte mich leer. Wir hatten keine Wahl, es musste so sein.

Es stand uns eine heftige Woche bevor. Am nächsten Montag würden wir die Entscheidung zuerst unseren nationalen Mitarbeitern mitteilen und dann den lokalen Behörden und dem Gesundheitsamt. Die erfahrenen Kollegen warnten uns: Ein Projekt vorzeitig abzubrechen war immer unangenehm. Wir mussten in nur vier Tagen einen riesigen Umzug vorbereiten und durchziehen. So ganz wusste noch niemand, was auf uns zukam. Zusätzlich wurden die Sicherheitsmaßnahmen verstärkt, denn es gab Grund zur Annahme, dass wir, wenn wir unseren Abzug mitteilten, erst recht zur Zielscheibe werden würden. Es war mehr als unklar, wie die Bevölkerung reagieren würde. Gäbe es Verständnis oder nur Zorn darüber, dass wir überhastet unsere Zelte abbrechen?

Und dann realisierte ich, dass meine Zukunft ebenso ungewiss war. Es war Ende Juli, und in zwei Monaten wäre meine Mission vorbei. Aber wenn wir Baraka verlassen hätten und in Bukavu wären, gäbe es für mich nicht mehr viel zu tun.

»Heißt das also, dass du schon früher nach Hause kommst?«, fragte mich Katharina am Telefon.

»Ich glaube schon.«

Und in diesem Moment bekam ich ein wohliges Gefühl in der Magengegend. Nach Hause! Vielleicht in nur wenigen Wochen. Ich wusste gar nicht mehr, wo mir der Kopf stand.

Wir hatten noch ein letztes Wochenende in Baraka vor uns. Kraft tanken, die Ruhe vor dem Sturm genießen und noch ein letztes Mal hinaus auf den geliebten See fahren. Der See hatte einen sehr großen Anteil daran gehabt, dass meine Stimmung in den letzten Wochen noch annehmbar war. Dieser Moment, wenn das Boot sich aus dem Wasser hob, ins Gleiten kam, sich von der dreckigen Küste entfernte und Baraka immer kleiner wurde: Im gleichen Maße schrumpften auch die Probleme und Gedanken in meinem Kopf. In der Mitte des Sees war nichts als Erholung und Spaß pur! Wie jeden Sonntag funkte ich daher unseren Kapitän an und erkundigte mich, ob die Bedingungen es zuließen, dass wir auf den See könnten. Er verneinte! Es war einfach zu stürmisch. Und ich musste ihm leider recht geben, ich konnte die Schaumkronen auf dem See aus dem Fenster im ersten Stock sehen. Wie ärgerlich! Nicht mal vom See konnten wir uns gebührend verabschieden.

Aber die letzten Monate hatten uns zu Improvisationstalenten gemacht, und wenn wir nicht auf den See konnten, musste der See eben zu uns kommen! So machten Rosy, Abu und ich uns auf die Suche nach riesigen Waschbottichen, stellten sie in Papaya im Kreis auf, füllten sie mit Wasser, öffneten ein kühles Bier und setzten uns hinein. Es war fast wie auf dem See, aber eben nur fast. Es fehlte die Leichtigkeit und Ungezwungenheit. Und wir alle wussten, dass es ab morgen wild werden würde. Deutlich wilder, als wir zu diesem Zeitpunkt noch dachten. Denn als wäre es nicht alles schon verrückt genug, hob der Präsident alle Corona-Maßnahmen auf. Einfach so. Jetzt, wo die Pandemie Fahrt aufnahm und die Zahlen stiegen. Chapeau.

Einpacken

Montagmorgen, 8:15 Uhr. Alle Mitarbeiter von Mango und Papaya wurden zu einem gemeinsamen Meeting zusammengerufen. Kurz und schmerzlos las Abu die Mitteilung vor, dass MSF Baraka auf unbestimmte Zeit verlassen würde. Um der medizinischen Verantwortung Rechnung zu tragen, würde MSF weiterhin Medikamente an das Krankenhaus liefern und die Zusatzzahlungen an die Mitarbeiter des Gesundheitswesens fortsetzen. Alle weitere medizinische und logistische Unterstützung würde ab sofort eingestellt, befristete Arbeitsverträge würden nicht verlängert und die Expats zunächst nach Bukavu geschickt werden. Ich hatte mit lautem Gemurre, wütenden Zwischenrufen und Ähnlichem gerechnet, aber man nahm die Nachricht ruhig auf. Die nationalen Mitarbeiter arbeiteten meist schon lange Zeit für MSF und ahnten daher schon, was kommen würde.

Ich fühlte mich einfach nur schlecht. Ich saß in Papaya an meinem Schreibtisch und räumte auf. Wichtige Dokumente würden wir mit nach Bukavu nehmen, und die restlichen Unterlagen würden wir einfach verbrennen. Wir wollten vermeiden, dass Daten in falsche Hände gerieten. Die To-do-Liste war endlos und verhieß nur nervige Sachen. Ich räumte die Schublade leer, als mir ein zerknicktes und leicht verblichenes Blatt Papier in die Hand fiel. Es war ein Entwurf für das Logo des neuen Krankenhauses in Kalundja. Ein riesiger Mangobaum, in dessen kraftvoller Krone ein Kreuz prangte. Genau deshalb war ich in den Kongo gekommen. Es war ein Jammer. Ob dieses Krankenhaus wohl jemals gebaut werden würde? In jedem Fall würde ich dabei keine aktive Rolle spielen.

Aber ich hatte keine Zeit, mir darüber lange den Kopf zu zerbrechen. Mit Akas und Francois musste die Base vorbereitet werden. Die Wärter wären in den nächsten Monaten zwar weiterhin rund um die Uhr vor Ort, dennoch würden wir alle wertvollen und sicherheitsrelevanten Dinge mitnehmen. Das Risiko einer Plünderung war zwar nicht groß, aber manche Dinge sollten besser nicht in falsche Hände fallen. Eigentlich war es mein Job, die Base am Laufen zu halten und dafür zu sorgen, dass alles reibungslos funktioniert. Und nun baute ich mit meinem Team alles ab: Funkgeräte, Satellitentelefone, Server, externe Festplatten. Alles wurde ordentlich in blaue Metallkisten gepackt und auf Listen entsprechend vermerkt. Es fühlte sich an, als würde man den Ast absägen, auf dem man selbst saß.

Da klopfte es am Türrahmen, und ich sah D'Angle, einen der neu eingestellten Wärter für das Corona-Zentrum. Er hatte nur einen Kurzzeitvertrag, der binnen der nächsten Tage gekündigt werden würde. Er bat mich um ein vertrauliches Gespräch. Ein gestandener Mann saß nun vor mir und erklärte, dass er nicht wisse, wie er seine Familie ernähren solle. Sein Einkommen würde wegbrechen. Er brach in Tränen aus. Ob ich denn nicht etwas tun könne? In solchen Momenten fühlte ich mich einfach nur nutzlos, denn ich konnte nichts tun, um dem Mann vor mir zu helfen. Anders als in Deutschland gab es hier keine Arbeitslosenversicherung, die ein annehmbares Leben ermöglichte. Die Kollegen wären direkt auf der Straße, und das als Hauptverdiener von meist mehr als zehnköpfigen Familien.

Unverständnis, Frust, Demotivation, das war die Gefühlslage, die ich bei meinem Team erwartete. Wie falsch ich lag! Da waren kein Groll und keine Beschwerde. Ja, die Sorge um die Familie war da, aber kein Frust. Irgendwie rührte mich dieses Verhalten. Auch wenn es keine Evakuierung im eigentlichen Sinne war, da keine akute Gefahr im Verzug war, so nutzen wir doch die entsprechenden Evakuierungsprotokolle aus dem Local Security Plan. Die Finanzen klarziehen, Personalthemen regeln, die logistischen Themen abarbeiten. Aber da war kein Murren, alle zogen mit.

Gerade hatte ich mit Nelson die Themen für die Finanzen durchgesprochen, als es draußen vor dem Tor hupte. Fast hätte ich es vergessen, Mamadou wollte mich abholen, um gemeinsam die schlechten Neuigkeiten an Dr. Joseph zu überbringen. Der nächste Termin, der furchtbar werden würde. Mittlerweile bestand im gesamten Krankenhaus Maskenpflicht, und wir saßen in einem dunklen, unverputzten Meetingraum auf wackligen Holzbänken. Ohne große einleitende Worte erklärte Mamadou, dass MSF innerhalb der nächsten Tage die Stadt verlassen würde.

Der breite Mundschutz verbarg große Teile seines Gesichts, doch in Dr. Josephs Augen war deutliche Fassungslosigkeit zu erkennen. So hatte ich ihn noch nie gesehen. Er war seit mehr als 15 Jahren im Krankenhaus aktiv und musste in dieser Zeit Unglaubliches mitgemacht haben. Und nun saß er vor uns und verstand die Welt nicht mehr. »Ihr geht, aber die Probleme bleiben hier«, sagte er mit brüchiger Stimme.

Obwohl wir gute Gründe hatten, Baraka zu verlassen, fühlte man sich schuldig. Denn Dr. Joseph hatte recht. Die medizinischen Probleme blieben und würden nur schlimmer werden. Aber die Entscheidung war gefallen. Wir sprachen über die weitere Unterstützung. MSF würde weiterhin einen Gehaltszuschuss für das Krankenhauspersonal zahlen und auch Medikamente zur Verfügung stellen. Die Details für die Übergabe des Corona-Zentrums würden wir am nächsten Tag besprechen. Nach unserem Gespräch warf ich kurz ein Blick in das sonst so geschäftige MSF-Büro im Krankenhaus. Es war menschenleer. Die Tische waren an die Seite geschoben, Bildschirme und Drucker bereits abgebaut. Es ging so unfassbar schnell.

Zurück in Papaya staunte ich nicht schlecht. Akas, Francois und Nelson hatten Unglaubliches vollbracht und innerhalb kürzester Zeit alles gepackt und vorbereitet. Noch am Morgen hatte ich mich gefragt, wie ich die Jungs motivieren soll, denn immerhin würden sie in den nächsten Monaten ihren Job verlieren. Sie hatten alle nur befristete Verträge, die nun nicht verlängert werden würden. Doch sie übernahmen Verantwortung, und ohne Murren und Meckern erledigten sie ihre Aufgaben. Ich war einfach nur sprachlos. Was für großartige Menschen.

Tabita aber brachte es auf den Punkt: »Und wieder sind es die Frauen und Kinder, die am meisten unter dieser Entscheidung leiden werden. Genau diejenigen, die am wenigsten dafür können. Das ist nicht fair. Das ist einfach nicht fair.« Sie hatte so recht. Frauen und Kinder waren am meisten auf die medizinische Versorgung angewiesen, die jetzt deutlich schlechter werden würde.

Dann klingelte mein Handy, Abu rief an: »Du, Robert, ich habe leider sehr schlechte Neuigkeiten: Die Schulen sollen nächsten Montag wieder öffnen. Wir sollen das Corona-Zentrum zurückbauen.«

»Bitte was?!?« Ich konnte und wollte meinen Ohren nicht trauen – das Corona-Zentrum zurückbauen? Das musste ein schlechter Scherz sein. Da hatten wir die letzten drei Monate damit verbracht, eine Strategie zu entwickeln und umzusetzen. Unzählige Stunden hatten wir mit Diskussionen verbracht, Personal geschult und eingestellt, Lösungen für medizinische Engpässe gefunden, Wasserleitungen gezogen und Latrinen ausgehoben. Wir hatten uns den Hintern aufgerissen, seit ein paar Wochen funktionierte alles, und Patienten wurden behandelt. Und jetzt sollten wir alles wieder einreißen? Dieses Land machte mich fertig. Wie sollten wir das bitte anstellen? Was sollten wir denn mit den Patienten machen, die sich zurzeit in Behandlung im Corona-Zentrum befanden? Einfach nach Hause schicken und sich selbst überlassen?

Zumal wir uns mitten in den Vorbereitungen befanden, um die Stadt zu verlassen. Auch wenn es aus Sicherheitsgründen nicht kommuniziert wurde: Schon am Mittwoch sollte der erste Teil der Expats per Flugzeug nach Bukavu fliegen, und donnerstags würde dann ein riesiger Konvoi mit zehn Wagen die eigentlich gesperrte RN5 gen Norden fahren, um die Fahrzeuge und wertvolles Equipment in die Provinzhauptstadt zu bringen. Der verbleibende Teil der Expats würde dann freitags nachkommen.

Seit Januar hatte ich jede Nacht in Papaya verbracht, und nun musste ich ausziehen. Alle Expats sollten die letzten Tage gemeinsam in Mango verbringen. Schon komisch, am Anfang war Papaya so fremd gewesen, und ich war gar nicht klargekommen. Mittlerweile hatte mich an meine Terrasse gewöhnt, liebte es, in der Hängematte zu liegen, eine Runde Tischtennis im Wohnzimmer zu spielen und mit den Wärtern zu scherzen. Papaya war mein Zuhause, aber dieses Kapitel war nun vorüber. Ich hängte den Kalender der Jungs ab, räumte den Kleiderschrank leer und packte meinen roten Koffer. Sorgfältig schloss ich die Bürotür ab und fuhr mit Rhino rüber nach Mango.

Nach einer kurzen Nacht klingelte mich Nelson am Dienstag um 6 Uhr aus dem fremden Bett in Mango. Er stand in Papaya vor der verschlossenen Bürotür. Er wollte früher anfangen, damit er auch fertig würde. Da ich nun wach war, zog ich mich an und fuhr rüber nach Papaya. Es gab noch viel zu tun.

Auf das Meeting am frühen Vormittag mit den Dorfältesten aus Kalundja hatte ich überhaupt keine Lust. Sie kamen extra zu uns nach Papaya, da unser Bewegungsradius stark eingeschränkt war. Der Krankenhausbau war seit Monaten wegen Corona gestoppt, aber nun musste ich ihnen die schlechte Nachricht überbringen, dass MSF Baraka vorerst verlassen würde. Ich hörte mich reden, wie ich die Gründe darlegte, weshalb uns keine andere Wahl blieb, als die Stadt zu verlassen. Aber als ich in ihre Augen blickte, wurde mir klar, dass ich sie mit meinen Worten nicht erreichte. Auf ihren Gesichtern spiegelte sich eine Mischung aus tiefer Enttäuschung und verlorenem Vertrauen wider. Für sie waren wir nur eine weitere Organisation, die etwas versprochen hatte und dieses Versprechen nicht halten konnte.

»Ein Papa hatte zehn Kinder. Neun waren stets tüchtig und fleißig. Nur einer war anders, war faul und gemein. Sollte der Papa nun alle Kinder für das Fehlverhalten des einen bestrafen? Das ist nicht fair.«

Das Schlimmste war, dass der Dorfälteste mit diesen Worten recht hatte. Die Menschen in Kalundja hatten nichts Falsches getan und mussten doch die Konsequenzen tragen. Und wie beim Gespräch mit D'Angle fühlte ich mich wie der weiße Mann, der dem schwarzen Mann erklärte, dass er ihm leider nicht helfen konnte. Es war einfach nur ätzend.

Abends saßen wir in Mango um das helle Feuer. Wir hatten ein altes Ölfass gefunden und warfen die aussortierten Papierberge in die helle Glut. Es war wie eine gute Therapie. Alten Ballast abwerfen und in die tanzenden Flammen blicken. Jeder war etwas für sich an diesem Abend, sortierte Gedanken und versuchte sich mit der Tatsache anzufreunden, dass die Zeit in Baraka ganz bald zu Ende war. Ich musste den Kopf schütteln über das, was mir am nächsten Tag noch bevorstand. Es ließ mir einfach keine Ruhe. Als ich abends ins Bett ging, blieb nur noch ein warmer Haufen Asche zurück. Die Buchstaben auf dem alten Papier hatten längst ihre Bedeutung verloren.

24 Stunden

Es war Mittwoch, und meine Uhr zeigte 3 Uhr morgens an. Ich lag wach in meinem Tukul, einer kreisrunden, strohgedeckten Hütte, und konnte nicht schlafen. Während es in Papaya nachts komplett still und nicht das kleinste Geräusch zu hören war, konnte man in Mango immer irgendwo ein Lachen oder ein Gespräch aus der Nachbarschaft hören. Aber daran lag es nicht. Ich grübelte und grübelte, was so gar nicht meine Art ist.

Am gestrigen Abend waren noch Dr. Joseph und Dr. Albert bei uns in der Base gewesen und hatten diskutiert, was wir mit dem Corona-Zentrum machen sollten. Sie hatten da so eine Idee. Ob MSF nicht helfen könnte? Direkt am Krankenhaus gab es eine von Lehmziegeln ummauerte kleine Fläche. Ob man dort nicht ein neues Corona-Zentrum bauen könnte?

Ich hätte mich fast verschluckt. Für das Zentrum in der Schule hatten wir mehrere Wochen gebraucht – klar, da konnte man das nächste doch mal an einem Tag hochziehen. Papaya war abreisebereit, Werkzeuge, Materialien, Drucker, Funkgeräte, alles war ordentlich verpackt. Jetzt etwas Neues aus dem Boden zu stampfen wäre blanker Irrsinn gewesen. Einen Tag, bevor der große Konvoi Baraka verlassen würde, und zwei Tage, bevor die restlichen Expats in den Flieger nach Bukavu steigen sollten? Ein absolutes Himmelfahrtskommando. Aber was wäre die Alternative? Die Patienten konnten wir ja schlecht sich selbst überlassen und einfach nach Hause schicken. So traurig es war, aber dieses kleine Stückchen Land wäre unsere letzte Chance. Und jetzt lag ich nachts in einem ungewohnten Bett und fragte mich, wie wir das nur anstellen sollten.

Um Punkt 8 Uhr stand ich mit Akas und Dr. Joseph am Krankenhaus, und wir gingen die wenigen Meter zu der schiefen Mauer aus Lehmziegeln. Wir öffneten ein großes Tor, das kaum noch in den Angeln hing, und blickten auf einen Urwald. Riesige Büsche, meterhohe Sträucher, ein undurchdringbares Dickicht. Es sah aus, als wäre seit Jahren niemand mehr innerhalb dieser Mauern gewesen. Das sollte der Ort sein, wo wir Menschen mit Corona-Symptomen isolieren und behandeln wollten? Das sollte die einzige Chance sein, den Patienten eine Unterkunft zu bieten? 1.000 Quadratmeter Dschungel? Sehnsüchtig dachte ich an das mehr als sechsmal größere Corona-Zentrum, in dem es Wasser, Strom, eine Apotheke, Duschen und saubere Latrinen gab. Hier gab es nichts. Nur Gestrüpp. Immerhin war der Boden trocken, und auch von außen gab es keine Hinweise darauf, dass man hier Probleme mit regelmäßigen Überflutungen hätte. Die Lage war auch nicht schlecht. Die Außenmauer des Krankenhauses war nur vier Meter entfernt.

Ich schluckte, schaute Dr. Joseph an und fällte eine Entscheidung. »Wenn wir in den nächsten 30 Minuten 15 *journaliers* bekommen, könnten wir es schaffen. Dazu brauchen wir den Elektriker und den Klempner vom Krankenhaus. Wenn wir weg sind, müssen sie das Zentrum warten können.«

Dr. Joseph nickte, und dann begann der ganze Irrsinn. Wir hatten keine andere Chance. Und obwohl diese Aufgabe einfach nur verrückt war, war ich mir sicher, dass wir es schaffen würden. Mein Ehrgeiz war geweckt, das Team war bestens eingespielt, und somit war alles möglich.

Auf meinem Notizblock zeichnete ich mit dem Kugelschreiber einen groben Plan. Wir bräuchten zwei riesige Notfallzelte, zwei Latrinen, eine Dusche, Strom, Scheinwerfer innen und außen, Steckdosen und einen Wasseranschluss. Das waren die logistischen Items, auf die wir uns konzentrieren würden. Um den Rest wie Betten und Hygieneartikel würden wir uns später kümmern. Francois holte Macheten und Harken aus Papaya, und nach kurzer Zeit wurde damit angefangen, das Dickicht zu roden. Die versprochenen 15 Tagelöhner bestanden zur Hälfte aus einer Fußballmannschaft. Dr. Joseph muss sie wohl mit ein paar Geldscheinen gelockt haben. Junge Kerle in Fußballtrikots, die, statt zu kicken, nun versuchten, das Grün zu bändigen und die Erde einzuebnen.

Akas war bereits unterwegs und holte mit ein paar Kollegen die großen, schweren Zelte. Dann riefen wir ein paar Kleinunternehmer an und handelten die Konditionen für den Latrinenbau und die Dusche aus. Wenn man mit einem Auftrag winkte, ging es immer schnell.

Francois und der Elektriker des Krankenhauses stellten den Schaltschrank zusammen und machten sich Gedanken über die Anschlussmöglichkeiten an den großen Krankenhausgenerator. Bislang lief es gar nicht schlecht. Jeder hatte seine Aufgabe und setzte alles daran, fertig zu werden. Und ich versuchte einfach nur, das Chaos in die richtige Richtung zu lenken. Für Zweifel war sowieso keine Zeit. Wir hatten nur diese Chance und mussten sie nutzen. Akas würde morgen im Konvoi Richtung Bukavu sitzen und ich übermorgen im Flieger. Wir mussten es einfach schaffen.

Gegen 12 Uhr fuhr ich mit den ausgedruckten Verträgen für die Latrinenbauer zurück zur Baustelle. Aus der Ferne sah ich dunkle Rauchschwaden aufsteigen, sie schienen direkt von dem neuen Grundstück zu kommen. Mir rutschte das Herz in die Hose. Was war nun wieder passiert? War ein Feuer ausgebrochen? Oder hatten irgendwelche Irren versucht, das neue Zentrum abzufackeln? Als wir vorsichtig näherkamen, stellte sich heraus, dass alles in Ordnung war. Die *journaliers* hatten angefangen, das Dickicht in einer Ecke zu sammeln und dann zu verbrennen. Gewagt, wenn man bedachte, dass es weit und breit keine Feuerwehr gab. Die Hälfte des Dschungels war bereits verschwunden, und ein großes weißes Zelt wurde gerade aufgebaut. Unter den Arbeitern sah ich auch Nelson. Er war fertig mit seinen Aufgaben in Papaya und wollte hier helfen. Ich war begeistert! Genau wegen dieser Haltung hatte ich ihn eingestellt.

Aber was war mit dem riesigen Busch, der immer noch in der Mitte stand? Das grüne Ungetüm war bestimmt vier Meter hoch, und niemand machte Anstalten, sich dem Ding zu nähern. Ich verstand das Problem nicht. Akas zeigte auf die Frucht, die aussah wie ein Milchkännchen. Die Samen hätten eine ätzende Wirkung, erklärte er, und wenn man mit ihnen in Berührung komme, habe man die nächsten Tage mit heftigem Hautausschlag zu kämpfen. Es gab aber eine Lösung, man müsse sich Hände und Füße ordentlich mit Öl einreiben. Verbrennen wäre keine gute Idee, denn dann würden die Samen wie ein feuriger Regen auf alle herunterprasseln. Nach zehn Minuten hatten sich fünf Freiwillige gefunden, die nun mit den flüssigen Handschuhen den Kampf mit dem mysteriösen Busch aufnahmen.

In der Ecke bei den Latrinen häufte sich nun ein beeindruckender Erdhügel. Die knapp zwei Meter tiefen Löcher waren fertig gebuddelt. Ein paar junge Frauen machten sich daran, die frische Erde in Eimer zu füllen und auf dem Kopf balancierend auf das Nebengrundstück zu transportieren. Die Nachbarn würden aus der Erde dann Lehmziegel brennen und diese anschließend verkaufen. Es wurde wirklich alles genutzt und versucht zu Geld zu machen. Schwer beladene Lastenfahrräder bahnten sich den Weg durch die Baustelle. Die Bretter für die Latrinen wurden angeliefert, und sofort erfüllten dröhnende Hammerschläge und das Schrubben der Holzsäge die Luft.

Nach ein paar Stunden gab es einen kleinen Jubelruf. Einer unserer Wasserexperten drehte den Hahn auf, und frisches Wasser floss aus dem dicken Schlauch. Mithilfe der Tagelöhner und des Krankenhausklempners hatte er die sandige Straße aufgerissen und die Wasserleitung angezapft, die wir vor ein paar Wochen verlegt hatten. Die Arbeiter stürzten sich begierig auf das sprudelnde Wasser. Sie hatten vermutlich den ganzen Tag noch nichts getrunken. Niemand trug eine Flasche bei sich. Wie so oft kam ich mir mit meiner doppelwandigen Edelstahlflasche, in der erfrischendes, eiskaltes Wasser war, extrem bescheuert vor.

Francois nagelte derweil ein vier Meter hohes Brett vertikal an die wacklige Mauer. An diesem Mast konnten wir nun das Stromkabel in sicherer Höhe über die Straße spannen und in das Krankenhaus führen. Wenn alles gut ging, Francois die richtigen Sicherungen installiert und sich nicht verrechnet hatte, würden wir nachher das Licht anknipsen können.

Gegen 18 Uhr ging wie jeden Tag die Sonne unter. Mittlerweile war der angsteinflößende Busch verschwunden, und auch das zweite Zelt stand. Die Steckdosen waren montiert, und Glühbirnen baumelten von der Zeltdecke. Jetzt war der Moment gekommen, und Francois legte den Lichtschalter um. Wir standen im hell erleuchteten Zelt! Morgen würden noch die Latrinen und die Dusche fertiggestellt und ein kleiner Zaun gebaut werden. Dann würden wir das neue Corona-Zentrum an Dr. Joseph übergeben. Ich konnte kaum glauben, was wir an nur einem Tag geschafft hatten. Wir hatten unsere Chance genutzt.

Doch der Tag war noch lange nicht vorüber. Schnell düste ich nach Mango, sprang kurz unter die Dusche und tauschte mein völlig verdrecktes MSF-Shirt gegen das selbst geschneiderte Hemd und fuhr weiter nach Papaya. Das Team hatte darauf bestanden, dass wir eine Abschiedsparty machten. Auch wenn der Anlass alles andere als Feierlaune versprühten ließ, so konnten wir uns immerhin noch mal sehen, gemeinsam anstoßen und gemeinsam tanzen.

Die Musik dröhnte schon, als ich ankam, und die ersten Getränke waren bereits geöffnet. Ich blickte in die Gesichter meiner Kollegen. Im Januar hatte ich mir ihre Namen nicht merken können, es waren Fremde für mich gewesen. Nach mehr als sieben Monaten waren sie Freunde geworden, die ich zu schätzen gelernt hatte. Wir hatten gemeinsam eine unglaubliche Zeit durchgemacht, die hauptsächlich von Ungewissheit geprägt war. Ungewissheit, ob das Krankenhaus gebaut werden würde. Quälende Ungewissheit, ob unsere Freunde sicher aus den Händen der Entführer zu uns zurückkommen würden. Und Ungewissheit, wie sich die Pandemie hier im Kongo entwickeln würde. Zu den wenigen Dingen, auf die ich mich uneingeschränkt hatte verlassen können, gehörten der Einsatzwille und die Freundlichkeit meiner Kollegen. Ich erinnerte mich an Rosys Worte zu Beginn meines Einsatzes: Es sind die Begegnungen mit den Menschen, die deine Mission ausmachen werden! Wir tanzten und tanzten und machten unzählige Bilder. Wir waren wirklich eine Familie geworden. Und doch war es eine Familie mit sehr ungleichen Mitgliedern. Ich hatte in Papaya im Luxus gelebt, mit fließendem Wasser, einem Kühlschrank, der dazu auch immer gut gefüllt war, einer stabilen Versorgung mit Strom und Internet, sehr schnellem noch dazu. Von all diesen Dingen konnten meine Kollegen nur träumen. Ich hatte sie teilweise in ihren bescheidenen Häusern besucht und konnte mir nur schwer ausmalen, mit welchen Sorgen sie abends ins Bett gingen und mit welchen sie morgens wieder aufwachten. Für sie musste

die Zeit noch viel schwieriger gewesen sein. Ihnen gebührte
so viel Respekt!

Das war die letzte Party in Papaya.

Au revoir

Am Donnerstagmorgen wimmelte es nur so von Leuten und
Koffern, die sich auf dem großen Hof in Mango tummelten.
Computer, Funkeinrichtungen, wichtige Dokumente und vieles mehr war verpackt, beschriftet und auf zehn Geländewagen
und Tembo, den großen Lkw, verladen worden. Der gesamte
Tross würde nun nach Bukavu zuckeln. Zwei Tage Fahrt über
wilde Straßenverhältnisse und unsicheres Terrain. Aber so einen riesigen Konvoi würde wohl niemand versuchen zu überfallen. Hoffentlich. Ich musste mich von Akas verabschieden, er
würde mit dem Konvoi fahren. Seine Worte von gestern klangen
noch nach: »*Kaka*, eines Tages werden wir uns wiedersehen. Ich
bin mir sicher!« Es wurden viele Bilder gemacht, und dann kam
auf einmal dieser Moment, der kommen musste, aber den dennoch niemand haben wollte: Das große rostbraune Tor wurde
geöffnet, die Motoren gestartet und ein Geländewagen nach
dem anderen rollte langsam vom Hof. Wir winkten hinterher,
und die Autos hupten. Dann war es auf einmal still und leer.
Der Hof wirkte merkwürdig überdimensioniert für die zwei üb-
riggebliebenen Autos, die genau wie wir verloren dort standen.
    Auch wenn wir die letzten Tage von nichts anderem ge-
sprochen hatten, so war es ein Schock: MSF hatte Baraka

tatsächlich verlassen. Die Endgültigkeit war ernüchternd, und Rosy wischte sich eine kleine Träne aus den Augen. Zurück blieben nur eine Handvoll Expats und einige kongolesische Kollegen, die das Übergangsteam bildeten und hier vorübergehend die Stellung halten würden, bis eine Entscheidung gefallen war, ob und wie es weitergehen sollte.

»*Francois pour Robert.*« Und wieder riss mich das Funkgerät zurück in die Wirklichkeit. Wir hatten noch ein paar letzte Handgriffe im neuen Corona-Zentrum zu erledigen, also machte ich mich mit Francois auf zur Baustelle. Um 13 Uhr war es dann so weit: Wir hatten innerhalb von etwas mehr als 24 Stunden aus dem undurchdringlichen Dickicht eine Notunterkunft für die Corona-Patienten gezaubert. Mit Dr. Joseph begutachtete ich Latrinen, Zelte und Wasserversorgung und stellte ihm das Wegekonzept vor. Er war sprachlos, was wir in so kurzer Zeit auf die Beine gestellt hatten, und ich konnte es selbst kaum glauben. Doch von nun an lag die Verantwortung komplett bei ihm. Er würde in den kommenden Tagen sicherstellen, dass die Patienten aus der renovierten Schule hierher transferiert werden. Eine riesige Last fiel mir vom Herzen.

Am nächsten Morgen mussten auch Abu und ich Baraka verlassen. Ein Teil unseres Gepäcks war zwar schon am Vortag mit dem Konvoi losgeschickt worden, aber dennoch quetschten wir uns wie die Ölsardinen in den Geländewagen. Ich konnte Abu seine Anspannung im Gesicht ablesen, er wollte einfach nur in den Flieger. Erst dann wären wir endgültig in Sicherheit. Das Tor öffnete sich, wir winkten dem Übergangsteam zu, und dann ging es Richtung Malinde.

Ich kannte hier fast jeden Laden und jede Straße. Ich wusste, wo in den frühen Morgenstunden die Mamas an den Brunnen saßen und an welcher Ecke man aufpassen musste, damit
man beim Joggen nicht von den Motos über den Haufen gefahren wurde. Baraka war so etwas wie ein Zuhause geworden. Ich kannte die Leute auf den Straßen und fühlte mich
ihnen verbunden. Wir donnerten die Straße weiter, passierten
die Brücke mit den fehlenden Stahlplatten. In Malinde warf
ich noch einen letzten Blick auf Salon Barça bevor wir auf die
Piste einbogen. Einige Kinder tanzten schon umher und begrüßten mich mit einem freundlichen »*Bonjour Monsieur Robert*«. Sie hatten meinen Namen nicht vergessen.

Francois war schon da und hatte alles perfekt vorbereitet.
Die Tagelöhner in den knallgelben Westen standen ordentlich
aufgereiht an der Piste, der Windsack wehte sanft in der Luft,
und die Piste war in einem annehmbaren Zustand.

Ich schnappte mir Francois und ging ein paar Schritte mit
ihm. Der immer lachende Francois war in den letzten Monaten über sich hinausgewachsen. Vor meiner Zeit hatte er in
Papaya als Reinigungskraft gearbeitet, und nun betreute er
die Piste und hatte gerade in den letzten beiden Tagen einen
unglaublichen Job gemacht. Ich dankte ihm von Herzen für
seinen Einsatz. Francois lachte nur und meinte, dass das doch
sein Job sei und es ihm selbst viel Spaß gemacht habe. Dann
aber wurde er ernst, drehte den Kopf zu mir und sagte mit
fester Stimme: »Wer mit einem Löwen auf die Jagd geht, wird
irgendwann selbst zum Löwen.«

Zwar fühlte ich mich alles andere als ein Löwe, aber ich
war mehr gerührt, als ich mir eingestehen wollte. Ich liebte

diese Theatralik und die bunten Bilder, die die Kongolesen mit ihren Worten malten.

Dann erklang das vertraute Dröhnen, und mit einer riesigen Staubwolke landete der Flieger. Die Zeit des Abschieds war gekommen. Erst sollte es nach Bukavu gehen und dann nach ein paar Tagen für Übergabe und Debriefing ab nach Hause.

Die LET L-410 beschleunigte, ich wurde in den Sitz gepresst, und wir donnerten über die ruckelige Startbahn. Dann dieser magische Moment, wenn die Tragflächen ausreichend Auftrieb erzeugen und sich der Flieger in die Luft aufschwingt. Durch das winzige Fenster konnte ich die immer kleiner werdenden Plantagen und den roten Streifen der Piste erkennen. Dieses Land war wunderschön und sah von hier oben so unglaublich friedlich aus! Nach nur wenigen Minuten überflogen wir Baraka. Doch die Sicht war trüb an diesem Tag. Der Wind und die Trockenheit hatten das Land wie unter einer Staubglocke versteckt. Dort unten lebten meine kongolesischen Freunde, Akas, Nelson, Tabita, Francois, Clementine und all die anderen. Für sie würde das Leben weitergehen und in den kommenden Wochen wahrscheinlich härter werden. Einige würden ihren Job verlieren und damit existenzielle Probleme bekommen. Ich dagegen würde in den nächsten Wochen einfach nach Hause fliegen und dort im Luxus schwelgen. Das war nicht fair.

· 4 ·

MITTE AUGUST BIS ENDE DEZEMBER 2020

CHANGE IT,
LOVE IT OR
LEAVE IT

Wiedersehen

Ich hatte wieder deutschen Boden unter den Füßen. Angesichts der Temperatur hätte man allerdings auch denken können, dass ich noch im Kongo wäre. Es war brütend heiß am Hamburger Flughafen. Neben der Tatsache, dass alles so steril und sauber war, war ich von meinen Landsleuten schockiert! Die Menschen liefen alle nahezu nackt durch das Terminal. Junge Frauen trugen in aller Öffentlichkeit bauchfreie Tops, und nicht einmal die Schultern waren bedeckt. Auch die Männer liefen in unverschämt kurzen Hosen herum und zeigten ungeniert ihre Knie. Wo war ich hier nur gelandet? Und niemand sagte etwas! Ich war verwirrt. Der Kongo hatte mein Gehirn so auf die dortigen Kleidernormen getrimmt, dass ich nun von meiner eigenen Kultur irritiert war. Die sieben Monate hatten ihre Spuren hinterlassen.

Mein riesiger roter Koffer tauchte auf dem Gepäckband auf und war schnell auf den Gepäckwagen gewuchtet. Er hatte einen langen Weg hinter sich. Nach den Tagen in Bukavu war es weitergegangen nach Goma, der Provinzhauptstadt von Nord-Kivu. Mit einem Flugzeug der UN war ich von dort einmal quer über das riesige Land in die hektische Hauptstadt Kinshasa geflogen. Nachdem der Anschlussflug ausgefallen war, war es über Brüssel und Wien schlussendlich nach Hamburg gegangen.

Nun trennte mich nur noch die große Schiebetür von meiner Frau, die schon am Ausgang auf mich wartete. Mein Puls ging etwas schneller, und ich realisierte, dass ich aufgeregt war. Sieben Monate hatten wir uns nicht gesehen, und nun würden wir uns gleich wieder in die Arme schließen. Zwar hatten wir nahezu jeden Tag telefoniert, aber wie wäre es, sich nun wiederzusehen? Ein Kollege aus der Coordination hatte noch gemeint, dass es völlig normal sei, wenn man sich nach so einer langen Zeit etwas fremd vorkomme. Ich solle es langsam angehen lassen, hatte er mir geraten.

Dann schob ich den schweren Gepäckwagen durch die Schiebetür, und auf einmal stand sie vor mir. Mit einem großen Willkommensluftballon in der Hand und einem noch größeren Grinsen im Gesicht – meine Katharina. Wir hatten uns endlich wieder. Mit einem Schlag war alles wieder so vertraut, so nah und so normal. Sie duftete genauso wie immer, und ihr Lachen ließ meine Glückshormone tanzen. Und während wir in der Schlange standen, um den vorgeschriebenen Corona-Test zu machen – ich kam immerhin aus einem Risikogebiet! –, stellten wir fest, dass alles war wie immer.

Da am Flughafen kein MSF-Geländewagen auf mich wartete, hatte mein Kumpel Brian angeboten, Katharina und mich mit einem Car2Go nach Hause zu fahren. Es war irre, man ging einfach mit dem Handy ans Auto, und es öffnete sich wie durch Zauberhand. Was hätten Akas und Francois wohl dazu gesagt?

Während der Fahrt drückte ich die Nase ans Fenster und staunte über den allgegenwärtigen Reichtum: überall asphaltierte Straßen, Laternen, Schilder, Parkanlagen, Ampeln, Kanaldeckel, Gehwege aus Pflastersteinen, Mülltonnen. All das kostete Geld und wurde der Bevölkerung kostenfrei zur Verfügung gestellt. Zwar wohnte ich schon acht Jahre in Hamburg, aber mit diesem Blick hatte ich meine Stadt noch nie betrachtet. Der Reichtum lag auf der Straße. Die Menschen hielten sich an Verkehrsregeln, statt ihr eigenes Recht durchzusetzen. Zudem war alles so ordentlich! Ich sah kein einziges Feuer, in dem Plastikmüll verbrannt wurde, und keinen einzigen Brunnen, an dem Frauen die tägliche Ration Wasser holten. Wären in der nächsten Straße Milch und Honig geflossen, ich wäre nicht verwundert gewesen. Ich war im gelobten Land. Zudem sah ich keinen einzigen Soldaten mit einer geschulterten Kalaschnikow oder gar einer Panzerfaust. Ob sich Ben hier wohl sicher gefühlt hätte?

Dann bogen wir in unsere Straße ein. Es wirkte alles so normal, so unaufgeregt, einfach so wie immer. Aber doch war es anders. Ich schätzte, dass es wohl an mir lag. Ich öffnete die Wohnungstür und war wieder zu Hause! Ich hatte mein Versprechen gehalten und war gesund und in einem Stück zurückgekommen.

Die Sonne war schon untergegangen, jetzt war es angenehm warm auf dem Balkon. Die Lampions tauchten Katharinas Gesicht in ein weiches Licht, und der Cocktail im Kupferbecher schmeckte traumhaft. Wir konnten immer noch nicht glauben, dass wir wieder miteinander vereint waren. Es war einfach zu schön, um wahr zu sein. Sieben lange Monate waren wir getrennt gewesen, und ich werde alles dafür tun, dass so etwas nicht noch einmal passiert. Aber das Verrückte war, dass sich alles so normal zwischen uns anfühlte. Wir hatten täglich telefoniert, und wenn es zeitlich mal nicht geklappt hatte, dann hatten wir uns Sprachnachrichten geschickt. Es gab keine Tabuthemen, Katharina wusste über alles Bescheid. Ich war froh, dass wir beide nichts ausgespart hatten. Wir hatten diese verrückten Monate gemeinsam überstanden, was sollte unserer Beziehung jetzt noch passieren? Es tat so gut, nach Hause zu kommen und dort einen Menschen zu wissen, der einen erwartet und einen liebt.

Am nächsten Morgen stand ich mit einem Lächeln auf. Es war kein Traum, sondern Realität. Ich war zu Hause. Bis auf Katharina, Justus, Brian und meinem Bruder wusste allerdings noch niemand, dass ich in Deutschland war. In der WhatsApp-Gruppe ›Robert im Kongo‹ hatte ich für alternative Fakten gesorgt, und so glaubten alle, dass ich nach wie vor für ein Strategie-Meeting in Bukavu wäre. Es war also an der Zeit, ein paar Leute zu überraschen. Da ich noch in Quarantäne war, durfte ich die Wohnung leider noch nicht verlassen. Ich konnte nicht einfach zu meiner Mutter nach Hause spazieren und völlig unerwartet vor ihrer Haustür stehen. Was aber auch ganz gut war, denn meine Mutter wäre wohl direkt zusammengebrochen. Aber es blieb mir der Video-Call per WhatsApp. Ich hielt das Handy extra so nah ans Gesicht, dass sie unsere Wohnung im Hintergrund nicht sehen konnte. Sie freute sich, mich so unverhofft an einem Montagmorgen zu sehen.

»Musst du nicht arbeiten?«, war ihre erste Frage.

»Schau mal, wo ich bin, Mama«, sagte ich und schwenkte die Kamera durch das Wohnzimmer.

Innerhalb von Sekundenbruchteilen veränderte sich ihr Gesicht, und sie brach sofort in Tränen aus. Ihre Erleichterung, dass ich so unverhofft früh und vor allem wohlbehalten zurück war, kannte keine Grenzen. In diesem Moment realisierte ich mit aller Deutlichkeit, wie viele Sorgen sich gerade meine Mutter gemacht haben musste. Aber die Zeit der Sorgen war vorbei, ich war zu Hause in Sicherheit!

Normalität?

Die ersten Tage mit Katharina waren das Paradies auf Erden. Es fühlte sich so unfassbar gut an, wieder in ihrer Nähe zu sein, dass ich ihr auf Schritt und Tritt folgte. Doch auch wenn für mich alles neu war und ich mich an die neue Realität gewöhnen musste, ging für sie das normale Leben weiter. Und in ihrem Fall bedeutete das absoluten Prüfungsstress. Die vor Corona kurzfristig abgesagte Prüfung sollte in der kommenden Woche nachgeholt werden. Und genau in diese Zeit platzte ich einfach so hinein. Damit sie in Ruhe lernen konnte, würde ich mich auf mein geliebtes Rad schwingen und eine ausgedehnte Tour ans Meer unternehmen. Gemeinsam frühstückten wir bei traumhaftem Wetter ausgiebig auf dem Balkon. Es gab frische Brötchen, Nutella und selbst gepressten O-Saft. Dann setzte sich Katharina an den Schreibtisch und ich mich aufs Rad. Ich zog den Helm auf und überprüfte, ob ich auch das Funkgerät eingesteckt hatte. Funkgerät? Nein, hier bräuchte ich weder ein Funkgerät, noch musste ich mich vorher beim Radio Room melden und die geplante Route durchgeben. Ich konnte einfach losfahren, und es würde niemanden stören. Total irre!

Die dünnen, prall gefüllten Reifen surrten leise über den glatten Asphalt der B432 in Richtung Ostsee. Ich fuhr vorbei an weiten goldgelben Weizenfeldern, kleinen Waldgebieten und blauen Seen. So fühlte sich Freiheit an. Alle paar Kilometer waren Schilder aufgestellt, die mir zuverlässig den Weg Richtung Meer wiesen. Damit war dieser Fahrradweg besser ausgebaut als jede Straße, die es in Baraka und Umgebung gab. Asphalt und Schilder! Was für ein unglaubliches Privileg, einfach nur zum Spaß durch die Gegend reisen zu können und dabei keine Sorge um die eigene Sicherheit haben zu müssen.

Als ich nach ein paar Stunden an der Uferpromenade am Timmendorfer Strand angekommen war und mir bei herrlichem Sonnenschein ein duftendes Backfischbrötchen geholt hatte, wurde mir wieder einmal bewusst, dass ich im Paradies war. Es gab einfach keine Probleme. Die Menschen lagen auf bunten Handtüchern am Strand, Kinder bauten Sandburgen, Möwen lachten, und Segelschiffe glitten über das ruhige Wasser. Und das Paradoxe war, dass sich niemand nach mir umdrehte. Nicht ein einziges Mal zeigte ein Kind mit dem Finger auf mich und rief aufgeregt »Mzungu« oder gar »Corona«. Es war einfach nur ein sonniger, sorgenfreier Samstag.

Als ich in Lübeck am Hauptbahnhof ankam, um mit der Regionalbahn wieder zurück nach Hamburg zu fahren, stellte ich fest, dass ich gar keine Maske dabeihatte. Genau wie in den Zügen herrschte auch in Supermärkten Maskenpflicht. Wie sollte ich jetzt ohne Maske eine Maske kaufen? Doch auch dieses Problem konnte dank einer verständnisvollen Verkäuferin leicht gelöst werden.

Wie gerne hätte Katharina mich mit einer großen Willkommensparty überrascht, aber die fiel wie so vieles andere wegen

Corona ins Wasser. Allerdings hatten die Bars geöffnet, und so waren wir sonntags im kleinen Kreis und mit Abstand in der Q-Bar verabredet, um das Champions-League-Finale zwischen Bayern und Paris zu schauen. Auf einmal war man wieder zusammen mit seinen Liebsten, saß im Freien, schaute Fußball und genoss das süße Leben. Es war surreal, der Kongo war so unfassbar weit weg. Auch wenn man sich nicht umarmte: Es war unglaublich, seine Lieben wiederzusehen.

Sebastian überrumpelte mich mit zwei einfachen Fragen: »Und, wie war's? Würdest du es wieder tun?«

Es fiel mir schwer, die vergangenen Monate kurz zusammenzufassen. So viele krasse Dinge waren passiert. Die Lebensrealität war so grundverschieden zu dem, was man in Deutschland kannte. Sollte ich von der Kuh auf der Piste erzählen, von der zweiten Entführung, von dem Ultimatum der Jugend oder von den Nachmittagen auf dem See? »Wild«, war meine kurze Antwort. »Ja, es war wirklich eine wilde Zeit.« Auf die zweite Frage hatte ich noch keine Antwort, dafür war alles zu frisch. Ich wusste gar nicht, wo mir der Kopf stand. Aber mit Sicherheit konnte ich sagen, dass ich es mir nicht vorstellen konnte, noch mal so lange von meiner Frau getrennt zu sein. Ich würde noch etwas Zeit brauchen, um wieder anzukommen.

Als jeder was zu trinken hatte, prosteten wir uns zu und freuten uns einfach, dass wir einander wiederhatten. Dann ging ein lauter Schrei ging durch die Q-Bar: »Buffalloooo!!!«, und Brian zeigte lachend auf mich. Es hatte sich wirklich nichts geändert.

Einfach mal was Gutes tun

Ein paar Wochen später fiel mir das schwarze Notizbuch in die Hand, in das ich jeden Abend im Kongo ein paar Zeilen geschrieben hatte. Das ursprünglich elfenbeinfarbene Papier war nun dreckig und hatte vom kongolesischen Staub eine rötlich-braune Färbung. Der elegante Einband war abgegriffen, voller Dellen und von den vielen Bewegungen wie abgeschmirgelt. Einzelne Seiten waren geknickt und wellig, dabei hatte ich stets versucht, vorsichtig mit dem Heft umzugehen. Aber das Notizbuch wirkte lebendig und nicht so steril wie noch zu Anfang des Jahres.

Als ich durch die Seiten blätterte, las ich meine Aufzeichnungen zu der Situation an der maroden Brücke kurz vor Sebele. Die Worte der Männer geisterten mir noch immer durch den Kopf: »Ach, irgendeine NGO wird sich schon drum kümmern.« Wie hatte es so weit kommen können, dass diese Männer nicht versuchten, ihr Schicksal selbst in die Hand zu nehmen, sondern fatalistisch auf äußere Kräfte setzten? Das Thema ließ mir keine Ruhe, und ich begann etwas zu recherchieren. Dabei stieß ich auf den Begriff des Samariterdilemmas, den der Ökonom James M. Buchanan geprägt hatte. Er vertrat die These, dass ein Hilfsempfänger desto weniger nach einer eigenen Lösung seiner Probleme strebt, je mehr Hilfe er bekommt. Demnach hatten die Männer von der Brücke keinerlei Anreiz, selbst Verantwortung zu übernehmen. Ihnen war das Denken und Handeln abgenommen worden, da man ihnen direkt eine Lösung vor die Nase gesetzt hatte. Man konnte es ihnen kaum vorwerfen, dass sie nicht selbst tätig wurden. Als Nutznießer der Hilfe hatten sie kurz- und mittelfristig keine Vorteile, wenn sie selbstständig nach Lösungen suchten. Stattdessen wurden sie vom Geber abhängig. In diesem Kontext wirkten die von Buchanan beschriebenen Hilfsorganisationen wie übereifrige Helikoptereltern, die die Hausaufgaben für ihre Kinder machten und sich dann darüber ärgerten, dass die Noten nicht besser wurden. Und das Schlimmste dabei war wohl, dass man die Hilfsbedürftigen tatsächlich wie Kinder behandelte und nicht wie Gleichberechtigte.

Es drängte sich mir die unangenehme Frage auf, ob wir als Organisation in Baraka auch ein solches Abhängigkeitsverhältnis geschaffen hatten. Gerade in der Corona-Intervention musste ich mich nachträglich fragen, ob wir in manchen Diskussionen das lokale Gesundheitswesen zu wenig eingebunden hatten. Hatten wir zu schnell Lösungen entworfen, ohne den Strukturen vor Ort die Gelegenheit zu geben, das Problem von sich aus zu lösen? Nur zu gut erinnerte ich mich daran, wie wir versucht hatten, so schnell wie möglich die Schule umzubauen, um der anrollenden Pandemie nicht schutzlos gegenüberzustehen. Wir hatten förmlich darum gebettelt, die Schule zu bekommen. Wäre es nicht besser gewesen, wir hätten gewartet, bis Dr. Albert uns nach ganz konkreter Hilfestellung gefragt hätte? Hatten wir durch unsere bloße Anwesenheit dafür gesorgt, dass man wusste, dass MSF im Zweifel schon helfen würde? Natürlich war alles in Absprache mit den lokalen Behörden geschehen, aber wenn wir ehrlich waren, waren es doch wir gewesen, die am Steuer saßen. Eine Partnerschaft auf Augenhöhe sah anders aus.

Aber was wäre die Alternative gewesen? Hätten wir einfach abwarten und zusehen sollen, bis das Kind in den Brunnen gefallen wäre? Das war natürlich auch keine Option, denn in unserem Fall ging es nicht um Schulaufgaben oder marode Brücken, sondern darum, das Gesundheitssystem zu schützen und zu vermeiden, dass Menschen starben. War es nicht unsere moralische Verpflichtung gewesen, genau dort zu helfen, wo wir konnten? Offenkundig hatten wir die entsprechenden finanziellen Mittel und auch das technische Know-how gehabt. Wir waren in der Lage gewesen, Hilfe zu leisten und einen Unterschied zu machen. Warum also warten?

Doch der bloße gute Wille reicht als Legitimation für Hilfe nicht aus. Gut gemeint ist schließlich nicht gut gemacht. Das Thema Helfen ließ mir keine Ruhe, und ich verbrachte noch unzählige Stunden vor dem Laptop. Meine Vorstellung von ›helfen‹ und ›Gutes tun‹ hatte sich verändert, aber ich konnte nicht sagen, in welche Richtung. Was war denn nun richtig, und was war falsch?

Neben wissenschaftlichen Artikeln stieß ich auch auf eine kurze Geschichte, die so in jedem Sprüchekalender stehen könnte: Nach einem Unwetter waren unzählige Seesterne angespült worden. Ein kleines Mädchen lief den Strand entlang, nahm Seestern für Seestern und warf ihn zurück ins Meer. Ein älterer Mann, der das beobachtete, ging zu dem Mädchen und sagte: »Das ist sinnlos, der ganze Strand ist voll von Seesternen, du kannst sie nicht alle retten. Was du tust, ändert nicht das Geringste.« Das Mädchen überlegte kurz, ging zum nächsten Seestern, hob ihn vom Boden auf, warf ihn ins Meer zurück und sagte: »Für ihn ändert es alles!«

Als ich diese Geschichte las, wusste ich auf einmal gar nicht, wem ich zustimmen sollte. Dem Mann oder dem Mädchen? Ich musste an das Gespräch über die Dartscheibe mit Walter, dem Logistikleiter, denken. Nach welchen Kriterien wählte das Mädchen die Seesterne aus, die sie ins Wasser schmiss? Einfach nach dem Zufallsprinzip?

Einfach mal was Gutes tun war gar nicht mal so einfach.

Nachricht von MSF

Es war der erste Dezember, und gerade hatte ich das erste Türchen am Adventskalender geöffnet, als mein Handy vibrierte. Noor hatte mir einen Link per WhatsApp geschickt, ohne Kommentar, ohne alles. Ich klickte darauf und wurde zur offiziellen Website von MSF weitergeleitet. Da stand es nun schwarz auf weiß: MSF würde nicht nach Baraka und Kimbi zurückkehren. Nur ein mobiles Notfallteam würde in Süd-Kivu bleiben und gezielt humanitäre Hilfe leisten. Damit war auch entschieden, dass das Krankenhaus in Kalundja nie gebaut werden würde. Der Traum war endgültig begraben, kein Krankenhaus im Kongo. Wir hatten unser Wort nicht halten können. Dass es nicht unsere Schuld war, spielte dabei keine Rolle. Es fühlte sich unglaublich ernüchternd an.

War damit meine Mission vollkommen sinnlos gewesen? Ein Krankenhaus, das nie gebaut werden würde, und ein Corona-Zentrum, das wieder abgerissen wurde, als es langsam losging? MSF hatte keine Wahl gehabt. Drei Entführungen. Drei! So hätte es auf keinen Fall weitergehen können. Was, wenn wirklich jemand nicht zurückgekommen wäre? Nicht auszudenken. Es musste ein Mindestmaß an Sicherheit geben. Und doch fühlte es sich ätzend an. Tabitas Worte am Tag der Bekanntmachung, dass MSF Baraka verlassen würde, klangen in mir nach: Es trifft immer als Erstes die Frauen und Kinder. Genau für diejenigen, die am wenigsten für die Situation konnten, waren die Konsequenzen am drastischsten. Es war eine himmelschreiende Ungerechtigkeit.

Je länger ich mich mit dem Thema beschäftigte, umso mehr fragte ich mich, ob MSF überhaupt langfristige Infrastrukturprojekte wie den Krankenhausbau in Kalundja angehen sollte. Beim Einführungskurs in Bonn war viel Wert auf die Unterscheidung zwischen der kurzfristigen humanitären Hilfe und der langfristigen Entwicklungshilfe gelegt worden. Humanitäre Hilfe oder auch Notfallhilfe hat das Ziel, ›Überleben zu sichern, Leid zu lindern und die betroffenen Menschen zu befähigen, ihr Leben wieder selbst in die Hand zu nehmen‹[2]. Entwicklungshilfe dagegen ›setzt dann an, wenn die größte Not vorbei ist, es wieder eine gewisse Stabilität gibt und die Wiederaufbauphase beginnen kann‹. MSF leistet vorrangig humanitäre Hilfe, löschte also eher Feuer, als dass Brandschutz betrieben wurde.

Ich selbst hatte das alte Krankenhaus Barakas gesehen, und es war außer Frage, dass die dortigen Verhältnisse katastrophal waren. Ein neues Krankenhaus musste her! Aber war es

---

2 www.aerzte-ohne-grenzen.de/entwicklungshilfe#:~:text=
%C3%84rzte%20ohne%20Grenzen%20ist%20eine,die%20
gr%C3%B6%C3%9Fte%20Not%20vor%C3%BCber%20ist

die Aufgabe von MSF, diesen Missstand zu bekämpfen? Oder sollte man sich besser auf die Kernkompetenz konzentrieren, nämlich kurzfristig Menschenleben zu retten?

Die Entscheidung, dass das Krankenhaus in Kalundja gebaut werden sollte, war lange vor meiner Zeit gefällt worden, und die detaillierten Gründe dafür sind mir nicht bekannt. Als MSF 2003 in Baraka gestartet war, hatte sich die Region mitten in einem Notfall befunden. Und 17 Jahre später war die Lage immer noch dramatisch. Ein *everyday emergency*. Und so wurde die eigentlich klare Trennlinie zwischen kurzfristiger humanitärer Hilfe und langfristiger Entwicklungshilfe allmählich unscharf. Eines der vielen Probleme und Dilemmas von humanitärer Hilfe. MSF sagte dazu: ›Politische Instabilität oder chronische Krisen können allerdings eine Übergabe der Projektaktivitäten erschweren und die Präsenz von Ärzte ohne Grenzen über Jahre hinweg notwendig machen.‹

Ich muss auch gestehen, dass ich froh bin, solche Entscheidungen nicht treffen zu müssen. Die Komplexität ist gigantisch, und ein klares Richtig und Falsch kann es nicht geben. Aber 17 Jahre hatten mit kurzfristiger Hilfe nicht mehr viel gemein.

Anruf aus dem Kongo

Mein Handy klingelte, ein eingehender Videoanruf von Akas! Draußen lag Schnee, es waren Minusgrade – und das in Hamburg. Schnell nahm ich den Anruf entgegen, und sofort war ich wieder mitten im Kongo. Das wackelige Bild zeigte meinen kongolesischen Freund, wie er bei herrlichem Sonnenschein auf einer Bank unter einem großen Mangobaum saß. Auf dem Schoß hielt er seine kleine, einjährige Tochter, und im Hintergrund war eine braune Lehmhütte mit Strohdach zu sehen. Der Ton war glasklar: »*Jambo kaka, habari gani?*«

Uns trennten Tausende Kilometer, aber es fühlte sich an, als wäre ich wieder in Baraka. Ich konnte die kongolesische Wärme auf meiner Haut spüren, das Meckern der Ziegen erahnen und die rote Erde fühlen. Da war sie wieder, diese Unbeschwertheit, obwohl eigentlich gar nichts leicht ist. Ich löcherte Akas mit Fragen, die er bereitwillig beantwortete. Der Familie ging es gut, aber er habe nach wie vor keine Arbeit, bewarb sich weiterhin fleißig. *C'est compliqué.* Nelson hatte einen Job im Warenlager bei der NGO International Medical Corps ergattern können, und Francois hielt sich mit Gelegenheitsjobs über Wasser.

Und dann erzählte Akas, dass das Corona-Zentrum, das wir eilig in den letzten Tagen errichtet hatten, noch im Betrieb sei und sich Dr. Joseph weiter darum kümmerte. Auch die Triagen vor dem Krankenhaus und dem Centre de Santé funktionierten nach wie vor einwandfrei. Und glücklicherweise schien die Pandemie wesentlich glimpflicher abzulaufen, als befürchtet. Es freute mich riesig, das zu hören. Auf den letzten Drücker hatten wir Strukturen geschaffen, die vom lokalen Gesundheitssystem übernommen wurden. Es war doch nicht alles für die Tonne gewesen.

Als wir aufgelegt hatten, begann es wieder, leicht zu schneien, und der Kongo war unendlich fern. Ich konnte kaum glauben, dass ich es war, der all das erlebt haben sollte. Ich hatte es immer wieder vor mir hergeschoben, einen Strich unter die Zeit im Kongo zu ziehen und zu rekapitulieren. Denn eine Frage stand im Raum und wurde immer lauter: Hatte es sich gelohnt?

Ursprünglich war ich in den Kongo gegangen, um daran mitzuwirken, dass ein Krankenhaus gebaut werden kann. Ein Krankenhaus im Kongo, das den Menschen vor Ort das Leben leichter macht und eine Perspektive gibt. Jetzt war ich wieder zurück, und das Krankenhaus würde nie gebaut werden. Das gesteckte Ziel war nicht erreicht worden. Wie man es auch drehte und wendete, das Vorhaben war fehlgeschlagen. Aus der Traum.

Eine weitere traurige Realität war auch, dass fehlgeschlagene Projekte im Osten des Kongos nichts Ungewöhnliches waren. Die ganze Region glich einem Scherbenhaufen. Einige wollten die Trümmer mühsam wieder zusammensetzen und das Land aufbauen und beleben. Andere dagegen profitierten genau von diesem Chaos. Die Welt hatte ich auf jeden Fall nicht gerettet. Um es mit den Worten des älteren Mannes aus der Seesterngeschichte zu sagen: »Was du tust, ändert nicht das Geringste.« Ich musste an die Entführungen denken, an das erste Corona-Zentrum, das wir zurückbauen mussten, und natürlich an die Männer an der Brücke in Sebele. Helfen ist wesentlich komplexer ist, als es auf den ersten Blick scheint. Ein Flickenteppich aus Dilemmas und nervenaufreibenden Kompromissen.

Aber nur weil etwas komplex ist, bedeutet das noch lange nicht, dass man nicht versuchen sollte, das Problem anzugehen und zu lösen. Im Gegenteil! Nichts zu tun war doch auch keine Alternative. Natürlich darf Hilfe nicht in blindem Aktionismus ausufern, ein Abhängigkeitsverhältnis kreieren und die Hilfsbedürftigen weiter in eine Opferrolle drücken und kleinhalten. Das Mädchen aus der Seesterngeschichte beschäftigte sich mit dem Leid und suchte nach Lösungen. Vielleicht hatte sie noch nicht den perfekten Ansatz gefunden, doch es war ihr nicht egal, sie sah nicht weg. Wie wir mit Problemen umgehen, sagt viel über unseren Charakter und unsere Moralvorstellung aus. Die Welt lässt sich nur in vielen winzigen Schritten retten, aber auch nur dann, wenn sie uns nicht egal ist.

Und wer weiß, vielleicht gehen Katharina und ich nach ihrem Studium gemeinsam auf eine Mission mit MSF. Es ist kaum zu glauben, was alles passieren kann, wenn man den Mut hat, seinem Herzen zu folgen!

Danksagung

Zuerst geht der Dank an meine Frau Katharina. Ohne dein Zutun hätte ich das Abenteuer Kongo sicherlich nicht gewagt. Du bist und bleibst meine Traumfrau!

Dann möchte ich meiner Familie und meinen Freunden danken, die mich während der Zeit im Kongo besonders unterstützt haben. Auf euch konnte ich mich zu jedem Zeitpunkt uneingeschränkt verlassen.

Vielen Dank an Simone, Ursel, Anika, Justus und meine Mutter, die immer wieder neue Zeilen lesen mussten. Die langen Telefonate, Spaziergänge und Gedankenaustausche mit euch haben mir stets eine neue Perspektive gegeben und das Buch deutlich besser gemacht.

Ein großer Dank geht an Matthias Walter vom CONBOOK Verlag, der kurzentschlossen meine Buchidee unterstützt hat und mehr Vertrauen in meine Schreibkünste hatte als ich selbst. Vielen Dank an meinen Lektor Artur Senger. Du hattest immer einen guten Rat und konntest dem Buch den entscheidenden Schliff gegeben.

Mein größter Dank und tiefe Bewunderung gelten all den Menschen, die sich allen Widrigkeiten zum Trotz weiterhin für das Wohl anderer einsetzen und in Krisengebieten Unglaubliches leisten. Ihr seid wahre Helden.

Ein wahnwitziges Reiseabenteuer auf 14.037 Radkilometern

Markus Maria Weber
Ein Coffee to go in Togo
Ein Fahrrad, 26 Länder und jede
Menge Kaffee

ISBN 978-3-95889-138-8
ISBN 978-3-95889-143-2

»*Eine köstliche Geschichte!*«
(Trekkingbike)

»*Unsere Empfehlung: mitkommen auf diese Reise!*« *(Africa live)*

»*Kurzweilig, ungefiltert und schonungslos ehrlich.*« *(Badische Zeitung)*

Eines Tages wirft der Unternehmensberater Markus Weber seine heile Welt über den Haufen und stürzt sich Hals über Kopf in ein Abenteuer. Er setzt sich auf sein Fahrrad und fährt los – durch 26 Länder, bis nach Togo. Seine Reise führt ihn durch verlassene osteuropäische Dörfer und über zermürbende Sandpisten in Westafrika.

Er fährt per Anhalter durch die Sahara, radelt durch den unerschlossenen guineischen Regenwald und schmuggelt sich in Liberia über geschlossene Grenzübergänge. Alles, um zwei Fragen zu beantworten: Wer bin ich? Und: Gibt es eigentlich *Coffee to go in Togo*?

Ein besonderes Gespann unterwegs zum nördlichsten Bahnhof Europas

Ein quietschvergnügtes Zugabenteuer

Emma Bessi
Tante emma und der schnee-express
Wie ich mit meiner kleinen Nichte die Eisenbahn in die Arktis nahm

Emma Bessi
Tante Emma und der Schnee-Express
Wie ich mit meiner kleinen Nichte
die Eisenbahn in die Arktis nahm

📖 ISBN 978-3-95889-401-3
📱 ISBN 978-3-95889-412-9
🌐 www.conbook-verlag.de/buecher/
   tante-emma-und-der-schnee-express

»*Meine Tante und ich fahren zum Polplanet. Der ist ganz oben auf meiner Weltkarte. Wir fahren mit dem Zug dorthin.*« (Lia, 6 Jahre)

Zwischen Emma und ihrer kleinen Nichte Lia liegen 20 Jahre – doch sie verbindet weit mehr als nur eine Vorliebe für schnelle Züge. Beste Voraussetzungen, um gemeinsam in die Arktis zu fahren, sagen sich die beiden. Und als von Lias Mutter das lachende »Go!« kommt, brechen Tante und Nichte auf zu ihrem ersten großen Abenteuer. Sie tollen durch Skandinavien, staunen nicht schlecht beim Anblick echter Elche, begegnen zänkischen Streithammeln, samischen Ureinwohnern und gutmütigen Polizisten. Dabei geht schief, was schiefgehen kann: Lia wird krank, Emma darf die Bordtoilette saubermachen, die beiden verpassen beinah ihren Zug und werden im Schneesturm fast voneinander getrennt. Doch jede Nacht fallen sie todmüde und heillos glücklich in ihre Betten und freuen sich darauf, dass auch der nächste Tag wieder eine Antwort auf eine von Lias unzähligen neugierigen Fragen bringen wird.

Ein einzigartiger Blick auf ein Deutschland zwischen Spießertum und Popkultur

Unterhalt-
samer Bild-
band und
Kulturführer

Marcus S. Kleiner
Deutschland 151
Porträt eines bekannten Landes in
151 Momentaufnahmen (Edition 151)

📖 ISBN 978-3-95889-403-7

🌐 www.conbook-verlag.de/buecher/
deutschland-151

*Editionsausgabe der 151er
als hochwertiges Hardcover*

Deutschland – ein Land, das wir alle kennen, weil wir hier leben. Vielleicht schauen wir gerade deshalb nicht mehr so genau hin. Deutschland steht für Vieldeutigkeit und Widersprüche: Beamte, die im Berghain tanzen. FKK-Fans verteidigen die Kehrwoche. Satire schlägt Sauerkraut. Deutschland wandelt sich beständig, obwohl wir oft glauben, dass nichts vorangeht, wie z. B. die Digitalisierung.

Marcus S. Kleiners Deutschlandreise beginnt mit der Zuckertüte in der Hand mitten im Wirtschaftswunder. Er geht mit uns als Urlaubsweltmeister in Sandalen und Socken durch Mallorca. Als Sparfuchs versteht er keinen Spaß am Jägerzaun, der sein Eigenheim schützt. Er spricht mit uns über Emanzipation und Karneval, Klimawandel und Wohlstandsmüll. Den König Fußball lässt er auch mal danebenschießen. Die Ironie erklärt er für beendet. Und schließlich kommt er ganz pünktlich im Streamland an. Mit diesen 151 Momentaufnahmen werden Sie garantiert anders auf das Land blicken.

CON
BOOK.

Jetzt gesteht Nick, was nicht so geil war in zehn Jahren Weltreisen

Nick Martin
Die geilste Lücke im Lebenslauf – Die dunkle Seite
Was nicht so geil war in 10 Jahren Weltreisen

🖥 ISBN 978-3-95889-402-0
📱 ISBN 978-3-95889-407-5
🌐 www.conbook-verlag.de/buecher/
die-geilste-luecke-im-lebenslauf-
die-dunkle-seite

Ein Jahrzehnt des Weltreisens hat aus Nick einen neuen Menschen gemacht: aufgeschlossen, abenteuerhungrig, aber auch nachdenklich. Und wer von ihm wissen will, ob seine Reisen wirklich immer geil waren, bekommt die ehrliche Antwort: »Nope.« Ob auf selbst gebastelten Krücken, während einer nächtlichen Schießerei oder ausgeraubt bis aufs letzte Hemd – Nick hat mehr als einmal erlebt, dass Fehltritte und Grenzerfahrungen zum Reisealltag dazugehören.

Mit Witz, Charme und Sarkasmus richtet er sein Spotlight auf die Welt hinter den turbulenten Storys, Once-in-a-Lifetime-Begegnungen und schillernden Fotos auf Instagram. Fast wünschte man sich, für immer in den eigenen vier Wänden zu bleiben, wäre da nicht Nicks unerschütterlicher Optimismus. Denn Dunkel gibt es nur, weil es Licht gibt, und so fordert Nick aufs Neue die Abenteuerlust seiner Leserinnen und Leser heraus.

»Nick sucht nicht mehr in der Ferne, er findet. Und er weiß nun, dass er nur für sich reist, er muss niemandem etwas beweisen. Genau das will er weitergeben.«

(Mittelbayerische Zeitung
zu Nicks Debüt »Die geilste
Lücke im Lebenslauf«)

CON BOOK.